主　　编　蒋惠岭　国家法官学院副院长
　　　　　　　　　最高人民法院司法案例研究院负责人
副 主 编　关　毅　国家法官学院科研部主任
　　　　　刘　畅　最高人民法院司法案例研究院规划部主任
主编助理　边疆戈　国家法官学院科研部编辑
　　　　　朱建伟　国家法官学院科研部编辑
　　　　　赵文轩　最高人民法院司法案例研究院规划部编辑

《中国法院年度案例》编辑人员（按姓氏笔画）
边疆戈　朱建伟　刘　畅　关　毅　杨小利
罗胜华　赵文轩　胡　岩　袁登明　唐世银
曹海荣　梁　欣　蒋惠岭　程　瑛　谭　红

本书编审人员　刘　畅

中国法院

2020年度案例

国家法官学院
最高人民法院司法案例研究院◎编

土地纠纷

（含林地纠纷）

中国法制出版社
CHINA LEGAL PUBLISHING HOUSE

《中国法院年度案例》通讯编辑名单

序

坚持和完善中国特色社会主义法治体系，是党的十九届四中全会作出的一项重要部署。作为其核心组成部分，高效的法治实施体系所要实现的就是让静态的法律制度在实践中得到良好实施。《中国法院年度案例》丛书的价值追求，即公开精品案例，研究案例所体现的裁判方法和价值理念，提炼裁判规则，助推司法标准统一。

《中国法院年度案例》丛书，是国家法官学院于2012年开始编辑出版的一套大型年度案例丛书。丛书由国家法官学院案例开发研究中心具体承担编辑工作，每年年初定期出版。此前，该中心坚持20余年连续不辍编辑出版了《中国审判案例要览》丛书近90卷，分中文版和英文版在海内外发行，颇有口碑，享有赞誉。作为一种全新的案例研究产品，《中国法院年度案例》丛书旨在加强完善中国特色案例指导制度，探索编辑案例的新方法、新模式，以弥补当前各种案例出版物的不足。该丛书2012~2019年已连续出版8套，一直受到读者的广泛好评，并迅速售罄。为更加全面地反映我国司法审判执行工作的发展进程，顺应审判执行实践的需要，响应读者需求，2014年度新增3个分册即金融纠纷、行政纠纷、刑事案例，2015年度将刑事案例调整为刑法总则案例、刑法分则案例2册，2016年度新增知识产权纠纷分册，2017年度新增执行案例分册，2018年度、2019年度将刑事案例扩充为4个分册。现国家法官学院及时编撰推出《中国法院2020年度案例》系列丛书，共23册。

当前市面上的案例丛书百花齐放，又有裁判文书网，可以查询各级法院、各类的裁判文书，还有各种专门领域的案例汇编书籍，以及各种案例指导、案例参考等读物，各具特色。而《中国法院年度案例》丛书则以开放务实的态度、简洁明快的风格，试图把案例书籍变得“好读有用”，故在编辑中坚持以下方法：一是高度提炼案例内容，控制案例篇幅，每个案例基本在3000字以内；二是突出争议焦点，剔除无效信息，尽可能在有限的篇幅内为读者提供有效、有益的信息；三是注重对案件裁判文书的再加工，大多数案例由案件的主审法官撰写“法官后语”，高度提炼、总结案例的指导价值。

同时，《中国法院年度案例》丛书还有以下特色：一是信息量大。国家法官学院案例开发研究中心每年从全国各地法院收集到的上一年度审结的典型案例近万件，使该丛书有广泛的选编基础，可提供给读者新近发生的全国各地多种类型的代表性案例。二是方便检索。为体现以读者为本，丛书分卷细化，每卷下还将案例主要根据案由分类编排，每个案例用一句话概括裁判规则、裁判思路或焦点问题作为主标题，让读者一目了然，迅速找到目标案例。

中国法制出版社始终全力支持《中国法院年度案例》丛书的出版，给了作者和编辑们巨大的鼓励。2018年、2019年连续推出数据库增值服务，2020年继续提供数据库增值服务并充实完善数据内容。购买本书，扫描前勒口二维码，即可在本年度免费查阅往年同类案例数据库。我们在此谨表谢忱，并希望通过共同努力，逐步完善，做得更好，真正探索出一条编辑案例书籍、挖掘案例价值的新路，更好地服务于学习、研究法律的读者，服务于社会，服务于国家的法治建设。

本丛书既可作为法官、检察官、律师等司法实务工作人员的办案参考和司法人员培训推荐教程，也是社会大众学法用法的极佳指导，亦是教学科研机构案例研究的精品素材。当然，案例作者和编辑在编写过程中也难以一步到位实现最初的编写愿望，可能会存在各种不足，甚至错误，欢迎读者批评指正，我们愿听取建议，并不断改进，不断扩大案例研究领域，实现中国特色案例研究事业新发展。

从今年起，《中国法院年度案例》改由国家法官学院与最高人民法院司法案例研究院共同编辑。最高人民法院司法案例研究院是中编办批准设置的最高人民法院的司法案例专门研究机构，与国家法官学院合署办公，在最高人民法院领导下，秉持服务司法审判实践、经济社会发展、法学教育研究、中外法学交流、法治中国建设的办院宗旨，坚持“服务、创新、合作、开放、共享”工作原则，依托国家法官学院开展司法案例的收集、生成、研究、发布和国际交流工作。司法案例研究院的加入，必将使本套丛书的编辑力量更加壮大，案例质量将进一步提升。

国家法官学院副院长

最高人民法院司法案例研究院负责人

蒋惠岭

目　录

Contents

一、土地承包经营权确认纠纷

二、承包地征收补偿费用分配纠纷

三、土地承包经营权转包纠纷

四、土地承包经营权转让纠纷

五、土地承包经营权出租纠纷

六、土地承包经营权继承纠纷

七、其他土地承包经营纠纷

八、宅基地使用权纠纷

九、林地纠纷

十、建设用地使用权纠纷

一、土地承包经营权确认纠纷

1

对于离婚程序中未处理的承包地权益，离婚后妇女基于承包权有资格参与分配

——郁某杰、郁某辰诉丁某兵、丁某华土地承包经营权案

【案件基本信息】

1. 裁判书字号

江苏省启东市人民法院（2017）苏0681民初8797号民事判决书

2. 案由：土地承包经营权纠纷

3. 当事人

原告：郁某杰、郁某辰

被告：丁某兵、丁某华

【基本案情】

郁某杰与丁某兵系再婚家庭，双方各带一个孩子即郁某辰、丁某华，二人再婚后未再生育。双方因感情问题于2014年经法院判决离婚。2016年8月，法院就郁某杰提起的离婚后财产纠纷诉讼组织双方调解并就财产分配达成一致，双方均表明无其他纠葛。2016年9月起，案外人南通某工程公司因海复镇宁启铁路安置房建设工程需要征用案涉土地，共给付丁某兵78940元。2017年3月，经土地确权登记，案涉土地承包经营权共有人为郁某杰、郁某辰、丁某兵和丁某华。2017年11月24日，郁某杰、郁某辰认为补偿款中的一半应归其所有，故起诉要求丁某兵、丁某华

给付。丁某兵、丁某华认为，案涉土地系再婚前分配给丁某兵家庭的，土地分配时郁某杰尚未嫁给丁某兵，且在离婚调解时，郁某杰已经拿走应当拿走的东西并明确双方已无纠葛，说明郁某杰已经放弃了土地权益，法院应当驳回郁某杰等起诉。审理中，郁某杰、郁某辰撤回对丁某华的起诉。

【案件焦点】

1. 离婚后土地权益能否默示放弃；2. 如何保护离婚妇女的土地权益。

【法院裁判要旨】

江苏省启东市人民法院经审理认为：农民基于集体经济组织成员身份取得相应的农村土地承包经营权，夫妻双方及其子女等的农村土地承包经营权是以农户名义取得的。土地承包经营权是一项在农村社会中人人有份的最低生活保障性权利，故在涉及该权利的处分上，必须予以明确、具体。《中华人民共和国农村土地承包法》第三十条①明确规定，承包期内妇女离婚或者丧偶，仍在原居住地生活或者不在原居住地生活但在新居住地未取得承包土地的，发包方不得收回其原承包地。该规定表明，妇女在承包期内所享有的承包经营权不因婚姻关系的改变而改变。郁某杰与丁某兵在离婚时虽然对共同财产的分割进行了约定，但未就案涉承包经营权进行处分，故郁某杰仍享有承包经营权及相应收益。郁某杰与丁某兵离婚后，丁某兵共获得案外人南通某工程公司支付的土地使用费78940元，该土地收益应由案涉农村土地承包经营户的成员即郁某杰、郁某辰和被告丁某兵、丁某华四人共有，郁某杰、郁某辰依法应各取得四分之一，故丁某兵应分别向郁某杰、郁某辰各支付19735元。据此，依照《中华人民共和国婚姻法》第三十九条第二款，《中华人民共和国农村土地承包法》第十六条②、第三十条规定，判决：

一、丁某兵于本判决生效之日起十五日内向郁某杰支付19735元；

二、丁某兵于本判决生效之日起十五日内向郁某辰支付19735元。

---

① 编者注：本条对应2018年12月29日发布的《中华人民共和国农村土地承包法》第三十一条。

② 编者注：本条参照2018年12月29日发布的《中华人民共和国农村土地承包法》第十七条。

【法官后语】

家庭是国家发展、民族进步、社会和谐的重要基点，婚姻家庭的和谐幸福是人民群众美好生活需要的重要组成部分，是高质量生活的重要体现。近年来，随着人们婚姻家庭观念的转变，离婚率上升成为一种社会现象，也导致一系列家庭问题的出现，比较突出的就是侵犯妇女权益，特别是妇女的土地权益受到侵害的现象比较常见，在办案过程中如何妥善处理此类纠纷，保障妇女的权益是我们需要思考和实践的。

首先，家庭联产承包责任制虽然以家庭为单位分包到户，但分配土地时系按照人口进行分配，所以土地权益存在一定的人身依附性，也就是说土地作为农民最基本生活的保障，不因身份关系的变化而当然改变。相关土地权益即便要变更，也应当明示且要办理相关手续。在本案中，虽然郁某杰与丁某兵在离婚后财产纠纷处理时，约定了双方就财产问题已无纠葛，但双方并未就土地问题进行处理，因为土地不同于其他财产，所以不能以郁某杰没有提土地权益要求就当然地认为郁某杰放弃其应有的土地权益。

其次，在农村，家庭户主通常为男性，对外也以户主为代表，但离婚信息属于个人隐私，并不会向各方公开，相关权益变动手续也不一定同步办理。就本案而言，丁某华利用其户主地位与征收单位接洽征地事宜并领取了补偿款，丁某华从未告知郁某杰征地情况，丁某华的行为明显侵犯了郁某杰的知情权。当郁某杰知道其权益受到侵害时补偿工作已经结束，其再去维权相应的成本和困难就会增大，也可以看出妇女在离婚后就更为弱势，因此也凸显保护妇女权益的必要性。

最后，妇女离婚后，往往会离开原来的住所，导致她们使用土地不便利，即便使用也会矛盾丛生，极易引发新的冲突，使得其土地权益不能很好地实现。在当下，随着国家发展多种形式的土地适度经营的推进、城镇化进程的发展、乡村振兴战略的实施，农民取得土地收益方式实现多样化，不单纯依靠耕作取得收入，农民获取土地权益更为容易，也为解决这一类矛盾提供了契机。土地权益货币化补偿是当前的一种趋势，也能使妇女更为直接地获取相关的土地权益，避免了新的矛盾冲突。

编写人：江苏省启东市人民法院　毛才华

2

非因法定事由不得剥夺户口迁出村民的原土地承包经营权

——赵某云、卢某华诉兴隆县青松岭镇北三岔口村村民委员会、卢某林土地承包经营权案

【案件基本信息】

1. 裁判书字号

河北省承德市中级人民法院（2017）冀08民终2406号民事判决书

2. 案由：土地承包经营权纠纷

3. 当事人

原告（被上诉人）：赵某云、卢某华

被告（上诉人）：卢某林

被告：兴隆县青松岭镇北三岔口村村民委员会（以下简称北三岔口村委会）

【基本案情】

赵某云、卢某华系母女关系，在第一轮土地联产承包时，在原兴隆县茅山镇东峪村（以下简称东峪村）居住生活，赵某云与东峪村村民王甲系夫妻关系，在1983年实施农村家庭联产承包责任制时，以王某为户主联产承包了三口人土地、果树，其中包括王某和赵某云、卢某华。1993年王某因病去世，赵某云带着三个未成年子女（包括卢某华）改嫁到兴隆镇黄酒馆村生活，王某名下承包的土地、果树无人经营，应交的税费无人承担，经王某所在村、组与卢某林口头协商，将土地交给卢某林经营管理，卢某林负担部分税费。1999年，东峪村在进行土地延包过程中，将诉争的土地、果树仍登记在王某名下（延包合同上王某的签名不知何人所签），根据延包合同书记载，承包土地三块，其中北沟1.4亩，四至为东至王乙，西至坡，南至坡，北至坡，卢某勋房场0.3亩，四至为东至王某山，西至王乙，南至王丙，北至王某山，青灰岭0.1亩，未标明四至；承包果树，北岔红果树4棵，

白梨树9棵，安梨树3棵，麻梨树1棵，杏树5棵，石湖上红果树3棵，小南沟红果树2棵，零散红果树12棵。1999年，卢某华结婚迁至兴隆镇中央村居住生活。赵某云、卢某华在现居住地均未取得承包土地、果树。2001年4月3日，东峪村委会与卢某林签订承包土地果树协议，约定将王某三口人土地、果树承包给卢某林，期限至2028年12月止。卢某林经营诉争土地果树至今，其经营过程中在北沟和北岔土地上栽植了核桃树和柿子树。2003年东峪村委会撤并入现北三岔口村委会。赵某云、卢某华要求卢某林、原东峪村委会返还土地、果树未果，遂提起诉讼。

【案件焦点】

1. 农村家庭承包土地的承包方是农户的含义；2. 出嫁或者改嫁并将户口迁出的原承包户成员的承包经营权如何保护。

【法院裁判要旨】

河北省兴隆县人民法院经审理认为：赵某云、卢某华所诉土地、果树，在两轮承包中均登记在王某名下，赵某云、卢某华在王某农户内取得了相应承包份额，虽然赵某云、卢某华已经迁出所在村组，但在新居住地未取得承包土地、果树；虽然在二轮延包时，王某已经死亡，但根据延包合同书和卢某林与东峪村委会的合同，应视为原王某农户取得承包经营权，故对赵某云、卢某华要求确认享有诉争土地、果树的承包经营权的请求，予以支持。赵某云、卢某华在迁出东峪村后，未对承包的土地果树进行经营管理和安置，属于弃耕行为，卢某林、原东峪村委会主张是赵某云、卢某华主动交回土地果树的证据不足，不予认定。赵某云、卢某华要求确认卢某林与原东峪村委会之间的承包合同无效，返还承包地、果树的请求，符合法律规定，予以支持。东峪村委会撤并入北三岔口村委会，应由北三岔口村委会承担相应责任。卢某林在土地上的合理投入，可另行主张权利。

河北省兴隆县人民法院依照《中华人民共和国农村土地承包法》第十五条①、第三十条②，《最高人民法院关于审理涉及农村土地承包纠纷案件适用法律问题的

---

① 编者注：本条对应2018年12月29日发布的《中华人民共和国农村土地承包法》第十六条第一款。

② 编者注：本条对应2018年12月29日发布的《中华人民共和国农村土地承包法》第三十一条。

解释》第六条规定，作出如下判决：

一、确认卢某林与原东峪村委会之间于2001年4月3日就王某三口人土地果树签订的承包土地果树协议无效；

二、确认赵某云、卢某华对诉争的原王某名下三口人土地果树享有承包经营权；

三、北三岔口村委会、卢某林于判决生效后三十日内将原王某名下三口人土地果树（以承包合同登记为准）返还给赵某云、卢某华。

卢某林不服一审判决，提起上诉。

河北省承德市中级人民法院经审理认为：赵某云、卢某华作为原东峪村村民，在两次承包中均享有家庭土地承包经营权。虽然王某在第二次承包时已经去世，但并不影响其家庭成员对原承包地的继续承包经营。且发包方也始终没有提供已与王甲户解除承包合同的相关证据。赵某云、卢某华在户口迁出后既未农转非也未重新获得承包地。故原判支持赵某云、卢某华返还承包地经营权的诉讼请求合理。卢某林要求撤销一审判决的上诉理由，不予支持。

河北省承德市中级人民法院据此认为，卢某林的上诉请求不能成立，不予支持，一审判决认定事实清楚，适用法律正确，应予维持。依照《中华人民共和国民事诉讼法》第一百七十条第一款第一项规定，作出如下判决：

驳回上诉，维持原判。

【法官后语】

自从我国实施减免农业税费以及退耕还林优惠政策以来，因出嫁、转非、投亲等原因发生户口迁移，对原承包土地弃耕，或者未签订二轮延包合同，未实际经营原来承包土地的人员，在发生土地征占、开发、确权时，经常提出诉求，主张相应经营权。特别是近两年开展不动产确权登记过程中，由于人们对于土地价值的认识逐步提高，要求确权的案件时有发生。又由于在二轮延包过程中，法律规定不健全，执行人员把握标准不一，没有完全按照当时政策实施，造成部分地区出现一定的不规范现象。

依据《中华人民共和国农村土地承包法》第十五条“家庭承包的承包方是本集体经济组织的农户”的规定，土地承包经营权的承包方是农户，而非农户内的成员。在签订二轮承包合同中，一些地方按照原始承包合同的记载情况进行续签，部分农户的原户主已经死亡，或者迁出发生变化，在合同中没有得到体现。对于此类问题，应当根据其历史渊源客观地对待。我国从二十世纪八十年代初开始实施的土地家庭联产承包责任制，始终以户作为单位，而不是以个人进行承包，对此，2002年通过的《中华人民共和国农村土地承包法》以法律形式予以确定。对于在延包时，原户主已经死亡，不论是由于工作的疏忽，还是为了操作的便利，仍以原户主进行延包的情况，只要户内还有家庭成员存在（不论是原成员还是后来增加的成员），即使原成员户口已经迁出，都不能以延包时户主已经死亡，而否认延包合同的效力。只要农户内还有家庭成员，就应当允许其继续承包经营土地。

我国实行的户籍管理制度，很多地方曾经有购买城镇非农业户口的情况。如今，可谓风向倒转，时有要求转回农业户口，或者从城镇迁入农村的事情。从土地承包期内收回土地问题看，《中华人民共和国农村土地承包法》规定了自愿交回、可以收回和不得收回的条款，从发包方可以依职权主动收回的法律规定看，只有《中华人民共和国农村土地承包法》第二十六条第三款①有明文规定，"承包期内，承包方全家迁入设区的市，转为非农业户口的，应当将承包的耕地和草地交回发包方。承包方不交回的，发包方可以收回承包的耕地和草地"。从规定看，条件是清楚、明确并且严格的，如果发包方以其他理由主张收回，需要合同约定或者承包方同意。同时，从法律对妇女的倾斜保护来看，对妇女承包地的收回专门作出规定很有必要，因男女不平等的现实还将长期存在，司法对出嫁女基本生存保障的土地权益，还要依法加强保护，不轻易不论或者说无法定理由时不得剥夺出嫁女的土地承包权，即使存在弃耕或者权利的一度放弃。

编写人：河北省兴隆县人民法院　马建民

① 编者注：本条参照2018年12月29日发布的《中华人民共和国农村土地承包法》第二十七条第三款。

3

未经出嫁女同意，处分其享有承包经营权的土地无效

——朱某诉朱某林、张某民土地承包经营权案

【案件基本信息】

1. 裁判书字号

黑龙江省泰来县人民法院（2018）黑0224民初8号民事判决书

2. 案由：土地承包经营权纠纷

3. 当事人

原告：朱某

被告：朱某林、张某民

【基本案情】

朱某系朱某林的女儿，张某民系朱某林的妹夫。

二轮土地承包时，朱某林（家庭三口人有朱某林与前妻赵某杰、女儿朱某）在黑龙江省泰来县胜利蒙古族乡大新村民委员会（以下简称大新村委会）分得承包土地25.9亩（至2013年已全部改成水田），每口人承包土地份额为8.63亩。2005年，朱某林与赵某杰离婚，分出4.8亩土地由赵某杰耕种经营。2013年7月，朱某与周某龙结婚后，朱某享有经营权的土地一直由朱某林耕种经营。2016年10月20日，朱某与朱某林签订《协议书》，约定从二轮承包土地中分出7.7亩由朱某耕种经营，并由大新村委会盖章确认。2017年1月，朱某林与张某民口头约定，朱某林将房子和二轮承包全部土地（包括已分给朱某的7.7亩土地）交给张某民，以抵偿朱某林经张某民向他人借款所欠债务。朱某认为朱某林、张某民的行为侵犯了其土地承包经营权，故起诉至法院，请求法院判令朱某林、张某民返还朱某7.7亩土地承包经营权。

【案件焦点】

1. 已出嫁女儿是否享有娘家的土地承包经营权；2. 土地承包户的户主是否有权处分其户名下的所有土地。

【法院裁判要旨】

黑龙江省泰来县人民法院经审理认为：二轮土地承包时，朱某作为朱某林家庭成员，对该家庭承包的25.9亩土地中的人均承包份额即8.63亩土地享有承包经营权，受法律保护。朱某与朱某林协议约定从上述土地中分出7.7亩由朱某耕种经营，是双方的真实意思表示，合法有效。朱某林与张某民擅自处分朱某承包土地的行为，侵犯了朱某的土地承包经营权，该处分行为自始无效。故朱某的诉讼请求合法有理，应予支持。鉴于朱某林同意返还朱某7.7亩土地的经营权，土地由张某民占有经营的事实，故应由张某民将该7.7亩土地返还给朱某耕种经营。具体地块及面积由大新村委会指定。

黑龙江省泰来县人民法院依照《中华人民共和国物权法》第三十四条、第一百二十五条，《中华人民共和国农村土地承包法》第六条、第五十三条①规定，作出如下判决：

张某民于判决生效后即将7.7亩土地返还给朱某耕种经营。

【法官后语】

随着现代经济的发展，我国农村的面貌也发生了翻天覆地的变化，尤其在国家出台了一大批惠农政策后，农村集体围绕土地经营权这个中心又产生了许多利益格局，当然，以土地承包权为主要标的的纠纷也在多方面演化。而随着国家法制化进程的不断推进，农民整体的维权意识也在逐渐增加，直接体现在面向农村、农民的基层法院案件数量的激增上。

农村农民的土地承包经营权主要以户为单位，即二轮土地承包以家庭农户为单位，而非个人，而农村土地的所有权又属于集体所有，惠及本集体经济组织成员，故由于子女成年、兄弟分家、婚姻关系、赡养老人等原因，农户内家庭成员间要求

① 编者注：本条参照2018年12月29日发布的《中华人民共和国农村土地承包法》第五十六条。

分户、分割土地承包经营权的纠纷时有发生。

依据《中华人民共和国农村土地承包法》第十五条①“家庭承包的承包方是本集体经济组织的农户”的规定，土地承包合同是以户为生产经营单位与村集体签订的合同，以户为单位行使承包经营权的。因此，无论是第一轮土地承包时计入分地名册的家庭成员还是后来新增加的家庭成员，只要具有本集体经济组织成员的资格，都平等地享有承包经营权。出嫁女、入赘男只要在新居住地生产、生活，一般可视为取得新居住地的集体经济组织成员资格，成为家庭承包土地新的共同权利人，同时也就丧失了原居住地集体经济组织成员资格和原有的土地承包经营权。

但是，本案中，朱某虽已外嫁，2016年10月20日，其与其父亲朱某林签订《协议书》，约定从二轮承包土地中分出7.7亩由朱某耕种经营，并由大新村委会盖章确认，这是双方的真实意思表示，根据我国审理民事案件的普遍认可原则即“法无禁止即自由”，双方签订的该协议已然成立并生效，故朱某林负有将该7.7亩土地承包经营权返还给朱某的责任，而朱某林却在2017年未经朱某同意，擅自将其在村委会名下的土地（包含该7.7亩土地）抵债给张某民并由张某民实际耕种，显然已构成侵权，故朱某林与张某民理应将7.7亩土地返还给朱某。

目前，虽然《中华人民共和国农村土地承包法》在一些法条上特别注重对妇女承包经营权的保护，但是由于我国长期存在的传统，农村在确定各个农户应承包的土地面积时，或者未将妇女计入农户人口之中，或者对妇女确定低于男子的土地分配份额，从而损害了妇女的利益。甚至认为已出嫁的女儿不应再在娘家分得土地。对于这种情况，应当从两方面来考虑，一方面，单从承包户上来讲，土地是分给家庭承包户整体的，户内人员的变更不影响承包土地的情况，另一方面，尽管农村土地承包实施“增人不增地、减人不减地”，从应分地的数量上讲，在分配之初是基于每一个承包户内人口的数量来确定总的分配数额，所以，每一个家庭承包户的成员都有其应分得的土地面积，是法律确定其应得的财产，法律确定的“家庭承包的承包方是本集体经济组织的农户”并不影响承包户内成员对其享有的应分承包土地份额的处分，若户内成员迁出本集体经济组织，对其本户内享有的土地份额可以约

① 编者注：本条对应2018年12月29日发布的《中华人民共和国农村土地承包法》第十六条第一款。

定处分，户主无权处分其户名下所有土地的全部承包经营权，本案中，朱某与朱某林对朱某享有的7.7亩土地承包经营权的处分可以对抗朱某林对其户名下所有土地全部承包经营权的处分。

编写人：黑龙江省泰来县人民法院　邹鑫

4

出嫁女对娘家承包地是否享有土地承包经营权的认定

——李某甲等诉李某戊土地承包经营权案

【案件基本信息】

1. 裁判书字号

广西壮族自治区崇左市中级人民法院（2018）桂14民终119号民事判决书

2. 案由：土地承包经营权纠纷

3. 当事人

原告（上诉人）：李某甲、李某乙、李某丙、李某丁

被告（被上诉人）：李某戊

【基本案情】

李某甲、李某乙、李某丙、李某丁（以下简称李某甲等4人）与李某戊是同胞兄妹。其父亲李某于1998年病故，其母亲杨某于2011年病故。李某戊在1985年第一轮土地承包到户之前已分家立户，其以户主身份获得家庭承包土地，土地使用证记载家庭在册人口为5人，劳动力2人。承包土地为：底屋（古龙）早稻0.58亩，底屋（古龙）中稻0.23亩，底屋（古龙）中稻0.40亩，才缝中稻0.32亩，才缝中稻0.17亩，才缝中稻0.10亩，那标中稻0.27亩，木迭中稻0.20亩，央共中稻0.20亩。第二轮土地承包系第一轮的延续及新增荒地。李某戊户的农村土地承包经营权证记载承包期限至2024年12月31日止，共有人为李某戊。

2016年，凭祥一宁明贸易加工产业大道项目征收怀利村天丈屯各类土地，其

中李某戊被征收土地为0.86亩水田（土地经营权证登记的另周、底领实际面积），8.96亩甘蔗地（土地经营权证登记的三解实际面积），0.38亩荒地（地名另周），3.39亩甘蔗地（土地经营权证登记的茶右实际面积），征地补偿款合计746690元。其中0.86亩水田、0.38亩荒地、3.39亩甘蔗地已获补偿款，合计318240元。

李某甲于1985年出嫁，李某乙于1982年出嫁，李某丙于1990年出嫁，李某丁于1991年出嫁，其四人户口已分别迁入夫家，并在夫家生活，以耕田务农为生。2017年李某甲等4人向法院起诉，请求均分李某戊所获征地补偿款。李某戊主张李某甲等4人早已不属于本地经济联合社小组成员，在该小组无土地承包经营权，无权要求分配因责任田被征收所得的补偿费用。

【案件焦点】

李某甲等4人对娘家土地是否具有承包经营权。

【法院裁判要旨】

广西壮族自治区宁明县人民法院经审理认为：土地征收补偿费是对土地承包经营权人因土地被征收的合理补偿。我国现行的农村土地承包经营制度，是以家庭承包为基础的经营体制，承包方是本集体经济组织的农户，而非个人。李某戊在第一轮土地承包到户时已分家立户，获得本案被征土地的承包经营权，李某甲等4人并非该土地的共同承包经营人。李某戊所获得的征收补偿费是基于其享有的土地承包经营权，并未占有李某甲等4人应得的份额。李某甲等4人既不是土地承包经营权证上的共有人，也不是李某戊的家庭成员。故李某甲等4人请求分割征地补偿费的诉讼请求理由不成立，不予支持。

广西壮族自治区宁明县人民法院依照《中华人民共和国农村土地承包法》第十五条①、第十六条②，《中华人民共和国物权法》第一百三十二条，《中华人民共和国民事诉讼法》第六十四条规定，作出如下判决：

驳回李某甲等4人的请求。

---

① 编者注：本条对应2018年12月29日发布的《中华人民共和国农村土地承包法》第十六条第一款。

② 编者注：本条参照2018年12月29日发布的《中华人民共和国农村土地承包法》第十七条。

李某甲等4人不服一审判决，提起上诉。

广西壮族自治区崇左市中级人民法院经审理认为：承包地征收补偿费用分配纠纷是指土地承包经营权人承包经营的土地被征收后，因国家依法给予失地者的补偿费用分配问题而发生的纠纷，以土地承包经营权的存在为前提。本案诉争的实质是李某甲等4人是否具有涉案土地承包经营权，继而享有涉案土地征收补偿费，属于土地承包经营权纠纷，一审法院认定本案案由为“承包地征收补偿费用分配纠纷”不妥，应纠正为“土地承包经营权纠纷”。宁明县人民政府颁发的《中华人民共和国农村土地承包经营权证》载明承包方为李某戊，承包期为1995年至2024年12月31日，承包范围包括涉案被征土地，可以认定涉案土地的承包经营权人为李某戊家庭户。李某甲4人等于1992年前已经出嫁且户口迁入夫家，在夫家实际生活，该四人的生产、生活已经脱离李某戊家庭，不再属于李某戊家庭成员。因此，取得涉案土地承包经营权至被征收时，李某戊家庭成员不包括李某甲等4人，即涉案土地承包经营权人不包括李某甲等4人，李某甲等4人无权要求分割对涉案土地的征收补偿费。一审法院对李某甲等4人请求分割征地补偿费的诉讼请求不予支持并无不妥，予以维持。

广西壮族自治区崇左市中级人民法院依照《中华人民共和国民事诉讼法》第一百七十条第一款第一项规定，判决：

驳回上诉，维持原判。

【法官后语】

承包地征收补偿费用分配纠纷，是指土地承包经营权人承包经营的土地被征收后，因国家依法给予失地者的补偿费用分配问题而发生的纠纷。该类纠纷是“土地承包经营权纠纷”的下级案由。一般情况下，当事人对土地承包经营权的有无不存在争议，只是对补偿费用的具体分配有争议时，可以“土地征收补偿费用纠纷”立案，但是如果当事人对承包经营权本身有争议，因审理要素包含“确权”，不能为“分配纠纷”所涵盖，故确定为“土地承包经营权纠纷”案由更为妥当。近年因农村土地征收补偿费用分配引发的纠纷急剧增加，其中以出嫁女能否参与征地补偿款分配最具争议性。此类案件中，费用分配争议往往是其起因或表现形式，因分配对象限于征地时享有土地承包经营权的人，故其实质是土地承包经营权有无之争。本案即因出嫁女承包地征收补偿费用分配争议引发，关键是要判断出嫁女在征地时对被征收土地有无承包经营权。所以二审将其案由改为“土地承包经营权纠纷”。

本案争议焦点是李某甲等4人对李某戊户的承包地是否享有承包经营权。解决这一争议，需厘厘清两个问题，一是李某戊户土地是否属于李某户土地；二是李某甲等4人对李某户土地是否享有土地承包经营权。解决这两个问题的关键需要厘清诉争土地的历史变迁情况。诉争土地曾在包产到户时期作为责任田分给李某户，李某甲等4人婚前与父母李某、杨某共同生产生活，属于李某户成员，因此李某甲等4人婚前对李某户基于包产到户所取得的诉争土地享有权益。但彼时农村土地承包制未正式推行，包产到户责任田不属于承包地。1985年第一轮土地承包到户，该地被分家的李某戊户承包，已不属于李某户承包地。因此，李某甲等4人对被征收土地自始至终不享有土地承包经营权。加之，李某甲等4人在20世纪八十年代先后结婚，婚后均随夫家生活，实际耕作夫家的承包地，且户口均已迁至夫家所在地，故属于在其他地方获得土地承包经营权，不属于依赖娘家承包地生产生活的人员。因此，李某甲等4人婚前在娘家生产生活，共享娘家土地权益；婚后因共享夫家土地承包经营权，不再享有娘家所在集体经济组织的土地承包经营权，更无权与李某戊共享诉争被征土地的承包经营权。

编写人：广西壮族自治区崇左市中级人民法院　罗永秀

5

外嫁女是否享有土地承包经营权的认定

——姚某慧等诉灵山县新圩镇元屋岭村民委员会细王坡生产队承包地征收补偿费用分配案

【案件基本信息】

1. 裁判书字号

广西壮族自治区灵山县人民法院（2018）桂0721民初1387号判决书

2. 案由：承包地征收补偿费用分配纠纷

3. 当事人

原告：姚某慧、姚某梅、姚某旺

被告：灵山县新圩镇元屋岭村民委员会细王坡生产队（以下简称细王坡生产队）

【基本案情】

姚某坤、宁某庆生育有儿子姚某富、姚某宝及女儿姚某慧、姚某旺、姚某梅共5个子女。姚某坤、宁某庆、姚某富、姚某宝、姚某慧、姚某旺、姚某梅在石狗岭（地名）耕种有坡地。因建设需要，细王坡生产队所有的位于灵石狗岭的坡地被有关部门征用，其中包括由宁某庆户耕种的1.12亩坡地。石狗岭的坡地被征用后，有关部门按照政策规定支付了土地补偿费给细王坡生产队。细王坡生产队得到土地补偿费后，作出了分配方案，其中被征用的宁某庆户耕种的1.12亩坡地，以宁某庆的名义公示应得土地补偿费52924.5元。但上述土地补偿费细王坡生产队没有支付给姚某慧等。

【案件焦点】

1. 是否需要对涉案土地1.12亩的承包经营权予以确权；2. 姚某慧、姚某梅、姚某旺是否属于适格的主体。

【法院裁判要旨】

广西壮族自治区灵山县人民法院经审理认为：由灵山县新圩镇元屋岭村民委员签章确认属实的《元屋岭村委细王坡队石狗岭坡地各农户面积数》，证实了两个事实，一是宁某庆户被征用坡地为1.12亩；二是宁某庆户应分配得到土地补偿费52924.5元。由于我国农村土地承包以农村土地承包经营户为主体，宁某庆户追根索源，属姚某坤、宁某庆、姚某富、姚某宝、姚某慧、姚某旺、姚某梅一户，姚某坤于1985年病故；姚某富于1993年病故；姚某宝于2003年8月病故；2004年6月姚某旺出嫁后户籍迁出细王坡生产队，落户至灵山县灵城街道前进村委会特楼二队；宁某庆于2005年11月病故；姚某慧出嫁后于2007年将户籍迁出细王坡生产队，落户至灵山县新圩镇沙路村委会14队。所以，宁某庆户现在只有姚某梅。

依照《中华人民共和国土地承包法》第十六条第二项①、《最高人民法院关于审理涉及农村土地承包纠纷案件适用法律问题的解释》第二十四条，作出如下判决：

一、细王坡生产队支付土地补偿费52900元给姚某梅；

二、驳回姚某慧、姚某旺的诉讼请求。

【法官后语】

土地是农民的生存之本，对农民合法权益的保护，首先是对其土地承包经营权的保护。我国法律明文规定：承包地被依法征收、征用、占用的，有权依法获得相应的补偿。本案突出反映了外嫁女的承包地征收补偿费用分配的问题。笔者认为，要解决这个问题，必须首先确定外嫁女是否具有土地承包经营权，其次还要确定原告的主体资格问题。审理好此类案件不仅是对外嫁女合法权益的维护，更有利于和谐社会的发展和稳定，有法必依，相互包容的法治社会才会更加公平、公正。

综合全案证据，对案涉1.12亩土地的承包经营权予以确权，原告姚某慧、姚某旺不属于适格的主体，姚某梅属于适格的主体。主要理由如下。

根据《中华人民共和国土地承包法》第十六条第二项“承包地被依法征收、征用、占用的，有权依法获得相应的补偿”及《最高人民法院关于审理涉及农村土地承包纠纷案件适用法律问题的解释》第二十四条“农村集体经济组织或者村民委员会、村民小组，可以依照法律规定的民主议定程序，决定在本集体经济组织内部分配已经收到的土地补偿费。征地补偿安置方案确定时已经具有本集体经济组织成员资格的人，请求支付相应份额的，应予支持。但已报全国人大常委会、国务院备案的地方性法规、自治条例和单行条例、地方政府规章对土地补偿费在农村集体经济组织内部的分配办法另有规定的除外”的规定可知，《元屋岭村委细王坡队石狗岭坡地各农户面积数》实质是细王坡生产队土地补偿费分配方案，该方案确定时，姚某梅是宁某庆户的代表，具有细王坡生产队集体经济组织成员资格，依照上述法律规定，姚某梅有权取得宁某庆户应分配得到的土地补偿费52924.5元。依照上述法律规定，宁某庆在分配方案确定时已死亡多年，不属于细王坡生产队集体经

① 编者注：本条参照2018年12月29日发布的《中华人民共和国农村土地承包法》第十七条第四项。

济组织成员，本案土地补偿费不属于宁某庆个人所有，不具有遗产性质，姚某慧、姚某旺对涉案土地补偿费不能通过继承取得权利。因此，姚某梅属于唯一适格的主体。

长期以来，一些地方对农村外嫁女土地承包经营权问题没有引起足够的重视，以及在解决力度方面不够下功夫，导致生产队以各种理由，通过截留外嫁女本应获得的土地补偿费，进一步否定了外嫁女不具有涉案土地的承包经营权。这不仅仅是对外嫁女合法权益的侵犯，更是对外嫁女土地承包经营权的否定。此类案件处理不好，会导致矛盾激化，引发群众上访甚至大规模群体性事件，影响农村社会发展和稳定。因此，笔者认为，必须在合法的基础上，倾斜保护弱势群体的利益，从程序和实体两方面入手，以维护外嫁女合法权益为出发点，公平、公正地作出裁判，才能无愧于民、无愧于心。

编写人：广西壮族自治区灵山县人民法院　崔明伟

6

集体经济组织成员土地补偿分配权的认定

——韦某耀诉象州县寺村镇花池村民委西热水村民小组侵害集体经济组织成员权益案

【案件基本信息】

1. 裁判书字号

广西壮族自治区象州县人民法院（2018）桂1322民初404号民事判决书

2. 案由：侵害集体经济组织成员权益纠纷

3. 当事人

原告：韦某耀

被告：象州县寺村镇花池村民委西热水村民小组（以下简称西热水组）

【基本案情】

韦某耀系西热水村集体经济组织成员韦某华之子，2014年3月15日出生在西热水村，现在该村居住生活。2013年5月10日、12月14日，象州县土地储备中心与西热水组三次签订协议，征收西热水组集体土地2377.088亩，作为古象温泉二期生态温泉项目规划建设拟用地，共支付给西热水组土地补偿费82465090.1元。

2014年1月3日，西热水组召开村民大会讨论并形成征地补偿费分配方案决议，以下四类人不予分配：1. 有子留女落户不分配给落户子女；2. 有二女只分配给一个落户女；3. 随娘嫁迁的子女不分配；4. 嫁出门的女不分配。西热水组于2014年1月至2015年12月三次分配土地补偿费给村民，每人每次分别分配40000元、55000元、15500元。三次分配中，韦某耀只分得第三次土地补偿费15500元，韦某耀认为自己的合法权益受到侵害，向法院提起诉讼，以同村同龄人得到分配，本人应当享有平等分配权为由，请求西热水组支付第二次分配的土地补偿费55000元。

【案件焦点】

1. 土地补偿费取得的时间节点；2. 韦某耀是否享有土地补偿费的分配权。

【法院裁判要旨】

广西壮族自治区象州县人民法院经审理认为：农村集体经济组织成员资格的确定，是该集体经济组织成员参与土地征收补偿费分配的基本前提和条件。土地补偿费的取得应以征地补偿安置方案确定时为时间节点。根据《最高人民法院关于审理涉及农村土地承包纠纷案件适用法律问题的解释》第二十四条“农村集体经济组织或者村民委员会、村民小组，可以依照法律规定的民主议定程序，决定在本集体经济组织内部分配已经收到的土地补偿费。征地补偿安置方案确定时已经具有本集体经济组织成员资格的人，请求支付相应份额的，应予支持……”的规定，韦某耀于2014年3月15日出生在西热水村，系西热水村经济组织成员韦某华之子，韦某耀一出生原始取得西热水村集体经济组织成员资格。西热水村2013年12月14日签订《征收土地协议书》时，韦某耀尚未出生，故韦某耀在征地补偿安置方案确定时尚未具有西热水村集体经济组织成员资格，依法不应享有参与分配该土地补偿款的权利。西热水村称第二次分配土地补偿款确定参与分配人口时，韦某耀尚未出生，不应参与分配的抗辩观点，有事实和法律依据，依法予以支持。

综上所述，韦某耀的诉讼请求，无事实和法律依据，不予支持。为维护社会和谐稳定和当事人的合法权益，依照《中华人民共和国村民委员会组织法》第二十七条，《最高人民法院关于审理涉及农村土地承包纠纷案件适用法律问题的解释》第二十四条，《最高人民法院关于民事诉讼证据的若干规定》第二条规定，判决如下：

驳回韦某耀的诉讼请求。

【法官后语】

本案是城市化进程不断加快，农村集体土地被大量征收现状的缩影，集体土地一旦被征收，即面临着征地补偿费的分配问题。土地补偿费分配的对象是征地补偿安置方案确定时具有农村集体经济组织成员资格的人，因而农村集体经济组织成员资格的认定是处理土地补偿费分配纠纷的基本前提。在审判实践中，《第八次全国法院民事商事审判工作会议（民事部分）纪要》第二十三条是认定农村集体经济组织成员资格的基本裁判依据。

一、农村集体经济组织成员资格取得的方式及认定农村集体经济组织成员资格取得有两种形式：一是原始取得，即基于出生于本集体而自动取得该集体成员资格；二是后续取得，即基于婚姻、收养、移民、非转农等关系或原因通过迁入村集体而取得该村集体成员资格。

根据《第八次全国法院民事商事审判工作会议（民事部分）纪要》第二十三条规定的精神，认定土地补偿费分配相关权利主体时，应综合考虑的主要要素包括：1. 当事人生产生活状况；2. 户口登记状况：3. 农村土地对农民的基本生活保障功能。一般据此认为，农村集体经济组织成员资格的认定，以是否依法取得登记的集体经济组织所在地常住户口为基本形式要件；以是否与该集体经济组织形成较为固定的生产、生活关系为基本条件；以是否需要本集体经济组织农村土地为基本生活来源和保障为实质要件。其中，是否需要本集体经济组织农村土地为基本生活来源和保障最为关键，对认定的结果起决定性作用，对此，要以当事人是否获得其他替代性基本生活保障为考量因素，只有在确认其已经取得其他稳定的保障来源后，才能慎重认定其权利主体资格丧失。

二、农村集体集体经济组织成员资格纠纷的解决途径

村民委员会对村民自治事项具有自治权，认定农村集体经济组织成员资格属于村民自治事项之一。实践中，由于立法的缺乏及认识水平的限制，农村传统社会的乡规民约可能与法律规定的精神或原则相悖，如村民委员会在认定时可能存在唯“户籍论”的思维，只因欠缺户籍的形式要件，就将享有资格的成员排除在分配权利主体之外；受征地补偿利益驱使，常有多数人利用民主损害少数人的合法利益，以民主的形式随意否定成员资格或减少其分配份额的情形。《中华人民共和国物权法》第六十三条第二款规定，集体经济组织、村民委员会或者其负责人作出的决定侵害集体成员合法权益的，受侵害的集体成员可以请求人民法院予以撤销。鉴于实践中很少单独因资格认定问题提起诉讼，多是伴随征地补偿分配等民事纠纷一并提出，而成员资格认定又是解决征地补偿分配等纠纷的前提，故应在民事纠纷中一并解决成员资格认定问题，切实维护集体经济组织成员的合法权益。

对于涉及农村土地征收补偿费用分配问题的民事诉讼，法院应当根据案件具体情况合理认定当事人的村民组织成员资格，特别是涉及嫁娶、入赘、离婚或丧偶妇女、外出学习、服兵役、务工、经商人员、新出生人口、“空挂户”等几类特殊主体成员资格的认定，在审核其资格时，应重点把握其取得资格的时间点以及征地补偿安置方案确定时是否具有资格。本案中的杨某香等即属于新出生人口，基于出生原始取得所在村集体成员资格，但土地补偿费分配的对象是征地补偿安置方案确定时具有农村集体经济组织成员资格的人，案涉征地补偿安置方案于杨某香等出生之前已经确定，杨某香等依法不应享有参与分配土地补偿费的权利，法院依法审查后判决驳回杨某香等的诉讼请求并无不当。

编写人：广西壮族自治区象州县人民法院　曾维秋

7

另立新户的原承包户成员不得主张分割原承包户的承包地

——杨某香等诉代某林等农村土地承包合同案

【案件基本信息】

1. 裁判书字号

湖北省宜昌市中级人民法院（2018）鄂05民终2321号民事裁定书

2. 案由：农村土地承包合同纠纷

3. 当事人

原告（上诉人）：代某玲、代某晴、杨某香

被告（被上诉人）：代某林、陈某翠、代某成

第三人：当阳市玉泉办事处合意村村民委员会（以下简称合意村委会）

【基本案情】

1999年农村土地承包，代某林、陈某翠、代某成、杨某香等作为家庭成员共同承包了合意村耕地3.38亩，期限至2028年12月31日。代某林与陈某翠系夫妻，有子代某成、代某宝；代某宝与杨某香系夫妻，有女代某玲、代某晴。1999年代某宝去世，2000年，杨某香与代某成结为夫妻，后因故离婚，离婚后杨某香、代某玲、代某晴的户口从大家庭中分出。2016年8月，当阳市农村土地承包经营权确权期间，代某林作为承包方代表，在与合意村委会签订承包合同时，基于杨某香、代某玲、代某晴的户口已分出，未将杨某香、代某玲、代某晴同时申报为土地承包人。目前杨某香、代某玲、代某晴的户口仍登记在合意村。

【案件焦点】

1. 另立新户的原家庭成员能否主张分割原承包户的承包地；2. 如何保护未分得土地的集体经济组织成员的利益。

【法院裁判要旨】

湖北省当阳市人民法院经审理认为：杨某香、代某玲、代某晴诉争的土地已经相关行政部门确权登记，不属于人民法院受理民事诉讼的范围。依照《中华人民共和国民事诉讼法》第一百一十九条，《最高人民法院关于适用〈中华人民共和国民事诉讼法〉的解释》第二百零八条第三款规定，裁定如下：

驳回杨某香、代某玲、代某晴的起诉。

杨某香、代某玲、代某晴不服一审裁定，提起上诉。

湖北省宜昌市中级人民法院经审理认为：《中华人民共和国物权法》第一百二十七条第一款规定："土地承包经营权自土地承包经营权合同生效时设立。"即认定土地承包经营权归属的依据是土地承包经营权合同，而非土地承包经营权证。一审认为案涉土地已经相关行政部门确权登记，所以本案不属于民事诉讼案件受理范围的理由不能成立，予以纠正。但是，即使一审法院驳回杨某香等人起诉的理由不当，也不意味着杨某香等人当然享有诉权。《中华人民共和国物权法》第一百二十四条第一款规定："农村集体经济组织实行家庭承包经营为基础，统分结合的双层经营体制。"也就是说，农村家庭经营承包户是最基本的承包经营单位，不允许在"户"以下再行分割，承包户中的成员并不享有土地承包经营权。我国农村家庭承包实行"增人不增田，减人不减田"的制度，原承包户中部分成员另行立户，并不意味着新户可以向原承包户主张分割承包地。杨某香等人的诉讼请求，实质属于《最高人民法院关于审理涉及农村土地承包案件纠纷适用法律问题的解释》第一条第二款规定的"集体经济组织成员因未实际取得土地承包经营权……"的情形。杨某香等人应向有关行政主管部门申请解决，而无权提起民事诉讼。综上，杨某香等人的上诉请求不能成立，应予驳回。

湖北省宜昌市中级人民法院依照《中华人民共和国民事诉讼法》第一百七十条第一款第一项规定，裁定如下：

驳回上诉，维持原裁定。

【法官后语】

本案的争议焦点为农村土地承包户内的成员能否分割承包地，根据《中华人民共和国物权法》第一百二十四条第一款规定："农村集体经济组织实行家庭承包经营为基础、统分结合的双层经营体制。”《中华人民共和国农村土地承包法》第三条、第十五条[①]规定：“国家实行农村土地承包经营制度。农村土地承包采取农村集体经济组织内部的家庭承包方式，不宜采取家庭承包方式的荒山、荒沟、荒丘、荒滩等农村土地，可以采取招标、拍卖、公开协商等方式承包。”“家庭承包的承包方是本集体经济组织的农户。”土地承包经营权的承包方是农户，即承包户是最基本的承包经营单位，而非承包户内的成员，不允许在“户”以下再行分割，承包户中的成员并不单独享有土地承包经营权。我国农村家庭承包实行“增人不增田，减人不减田”的制度，无论是土地承包合同上登记在册的家庭成员，还是后来因为嫁娶、新生等原因新增加的家庭成员，只要具有本集体经济组织成员资格，都平等地享有承包经营权，但均是以承包户的家庭成员为基础，且以“户”为单位享有土地承包经营权，不能由成员个人单独享有或作划分。故原承包户中部分成员另行立户，不再是承包户内的家庭成员时，新户不能向原承包户主张分割承包地。

本案杨某香等人虽另立新户，不再享有原土地承包经营权，但其仍为合意村集体经济组织成员，并未实际取得土地，根据《最高人民法院关于审理涉及农村土地承包纠纷案件适用法律问题的解释》第一条第二款规定：“集体经济组织成员因未实际取得土地承包经营权提起民事诉讼的，人民法院应当告知其向有关行政主管部门申请解决。”杨某香等人应向有关行政主管部门申请解决，而无权提起民事诉讼。根据《中华人民共和国农村土地承包法》第十一条、第十二条[②]规定“……县级以上地方人民政府农业、林业等行政主管部门分别依照各自职责，负责本行政区域内农村土地承包及承包合同管理。乡（镇）人民政府负责本行政区域内农村土地承包及承包合同管理。”“农民集体所有的土地依法属于村农民集体所有的，由村集体经济组织或者村民委员会发包……国家所有依法由农民集体使用的农村土地，由使用该土地的农村集体经济组织、村民委员会或者村民小组发包。”[③] 杨某香等人可向

---

① 编者注：本条对应2018年12月29日发布的《中华人民共和国农村土地承包法》第十六条第一款。

② 编者注：本条对应2018年12月29日发布的《中华人民共和国农村土地承包法》第十三条。

③ 编者注：本条参照2018年12月29日发布的《中华人民共和国农村土地承包法》第十二条第二款、第三款。

相应的行政主管部门申请解决未取得承包地的问题，也可向合意村委会反映情况，要求其发包相应的土地。

编写人：湖北省当阳市人民法院　来雨

8

未实际取得农村土地承包经营权的纠纷不属于人民法院的受案范围

——冯某旺诉苏仙区许家洞镇板子楼村茶木冲组农村土地承包合同案

【案件基本信息】

1. 裁判书字号

湖南省郴州市中级人民法院（2019）湘10民终70号民事裁定书

2. 案由：农村土地承包合同纠纷

3. 当事人

原告（上诉人）：冯某旺

被告（被上诉人）：苏仙区许家洞镇板子楼村茶木冲组（以下简称茶木冲组）

【基本案情】

邱某丽出生于茶木冲组，以家庭承包经营的方式承包经营了茶木冲组的土地。邱某丽先后经历了两段婚姻，但未取得过配偶方农村土地承包经营权，1997年6月20日后，茶木冲组以邱某丽系外嫁女为由收回其承包经营田并发包给本村其他村民。于是邱某丽及冯某旺向苏仙区农村土地承包经营纠纷调解仲裁委员会申请仲裁，冯某旺（2007年生）系邱某丽的非婚生子，自出生起户口就登记在茶木冲组，茶木冲组以冯某旺系外人为由一直不予分配土地，冯某旺认为茶木冲组的做法不符合法律规定，本人应享受农村土地承包权等村民相关权利。

2018年，邱某丽及冯某旺向苏仙区农村土地承包经营纠纷调解仲裁委员会申请仲裁，仲裁委员会作出苏农仲裁案（2017）第2号仲裁裁决书，认为茶木冲组收回承包经营土地的做法违反法律规定，限三个月内返还邱某丽；但冯某旺一是本人未在仲裁申请书上签名，二是与邱某丽的仲裁申请不是同一法律关系，不能一案仲裁，所以裁决驳回冯某旺的仲裁申请。邱某丽与冯某旺不服该仲裁决定向法院提起诉讼。诉讼期间，邱某丽自愿申请撤回其作为原告主体的所有诉请，但仍坚持让法院依法对冯某旺的诉请作出判决，请求判令茶木冲组发包承包地给冯某旺。

【案件焦点】

1. 冯某旺与集体经济组织之间的土地承包经营合同关系是否成立；2. 冯某旺可否向法院提起发包承包地之诉。

【法院裁判要旨】

湖南省郴州市苏仙区人民法院经审理认为：本案争议的焦点是冯某旺可否向法院提起发包承包地之诉。农村土地属于村集体所有，集体经济组织是土地发包方，有权发包本集体经济组织的土地，其他任何组织和个人均无发包权，集体经济组织是否向其成员发包土地以及发包土地的数量、位置等，属于集体经济组织公共管理事务的范围，应由集体经济组织决定。冯某旺从出生至今未实际取得承包经营权，可见冯某旺与集体经济组织之间的土地承包经营合同关系尚未成立，双方发生的纠纷不属于合同履行中发生的纠纷，故冯某旺的诉请不属于法院民事诉讼受案范围，其应向有关行政主管部门申请解决。

据此，依照《中华人民共和国农村土地承包法》第十九条①，《最高人民法院关于审理涉及农村土地承包纠纷案件适用法律问题的解释》第一条第二款，《中华人民共和国民事诉讼法》第一百一十九条、第一百二十四条、第一百五十四条规定，裁定如下：

驳回冯某旺的起诉。

冯某旺不服一审裁定，提起上诉。

---

① 编者注：本条对应2018年12月29日发布的《中华人民共和国农村土地承包法》第二十条。

湖南省郴州市中级人民法院经审理认为：本案的争议焦点是冯某旺起诉要求判令茶木冲组发包该集体所有的土地给冯某旺承包，人民法院是否应当受理。《中华人民共和国民法通则》第二条规定，中华人民共和国民法调整平等主体的公民之间、法人之间、公民和法人之间的财产关系和人身关系。可见，只有当民事主体依法取得民事权利形成特定法律关系后，该民事权利才属于民法调整的范围。《最高人民法院关于审理涉及农村土地承包纠纷案件适用法律问题的解释》第一条第一款、第二款规定："下列涉及农村土地承包民事纠纷，人民法院应当依法受理：（一）承包合同纠纷；（二）承包经营权侵权纠纷；（三）承包经营权流转纠纷；（四）承包地征收补偿费用分配纠纷；（五）承包经营权继承纠纷。集体经济组织成员因未实际取得土地承包经营权提起民事诉讼的，人民法院应当告知其向有关行政主管部门申请解决。"冯某旺从出生至今未实际取得承包经营权，即冯某旺和茶木冲组尚未形成土地承包经营关系，因此，冯某旺尚未取得该法律关系中的此项权利，其要求法院判令茶木冲组发包给其承包地，法院应不予受理。对此项请求冯某旺可向有关行政主管部门申请解决。

综上所述，冯某旺上诉请求不能成立，一审裁定认定事实清楚，适用法律正确，依据《中华人民共和国民事诉讼法》第一百七十条第一款第一项、第一百七十一条规定，裁定如下：

驳回起诉，维持原裁定。

【法官后语】

近年来，土地承包合同纠纷大量产生，有其深刻的历史背景和社会原因。我国人多地少，户籍制度又极大限制了农业人口的流动，农村土地一直是稀缺资源，且直接关乎农民的基本生活保障。但长期以来，农村土地承包经营权性质模糊不清，基层干部和广大农民法律意识、合同意识淡薄，政府相关部门的监督管理缺位，加之国家近年来的惠农支农政策不断出台，农村土地承包引发的诉讼和信访事件频发。及时掌握和准确处理此类纠纷，直接关系到农民的切身利益、农村的经济发展乃至整个社会的稳定和谐。

农村土地承包纠纷作为一类特殊的民事纠纷，具有不同于其他类型民事纠纷的内在特征和处理原则。这种特殊性不仅体现在对土地承包经营权权利性质的正确认识方面，还体现在对土地承包经营权保护方法以及纠纷处理规则的准确适用方面。农村土地承包合同虽然也属于民事合同，但在它之上却体现了强度远超普通民事合同的国家干预色彩。比如，从农村土地家庭承包合同的订立程序、履行、效果，甚至合同的变更抑或解除，法律均作出了细致全面的专门规定，体现了国家对土地承包经营权人的特别保护。其原因不仅在于承包合同履行的保障和对耕地资源的保护，更是为农民的生存权提供基本保障。所以，将其置于一般民事纠纷的处理平台予以考量，至少是不完全准确和适当的。基于此，农村土地承包纠纷案件数量所呈现的持续增长态势对司法审判工作而言不仅仅意味着案件数量猛增所带来的工作强度加大，更为重要的是如何妥善解决此类案件中夹杂的新情况和新问题。

关于集体经济组织成员因未实际取得土地承包经营权提起的民事诉讼，人民法院应否受理的问题，《最高人民法院关于审理涉及农村土地承包纠纷案件适用法律问题的解释》第一条第二款有明确规定。从民事诉讼层面来说，诉权以具体的纠纷为前提，但有了具体的纠纷，当事人并不必然享有诉权。这种衡量是通过民事诉讼法的规定加以明确的。如果程序法将某类纠纷排斥于民事诉讼救济途径之外或者设置了纠纷解决的前置程序，则当事人就不享有诉权或者诉权受到了限制。不能得到司法救济或者不能通过司法救济途径解决纠纷的当事人或许享有其他的救济权利。如本案中，冯某旺从出生至今一直未取得土地承包经营权，即未实际取得土地承包经营权而提起诉讼的情况，就属于法院依法不应受理的范围，但一审、二审法院在依法裁定驳回诉请的同时，均告知当事人可向有关行政主管部门申请解决。

编写人：湖南省苏仙区人民法院　王新龙　刘阳
湖南省郴州市中级人民法院　陈道勇

9

集体经济组织重新发包后应按照新的土地承包合同确认土地承包经营权属

——张某祥诉许某章、张某波土地承包经营权案

【案件基本信息】

1. 裁判书字号

河北省赵县人民法院（2017）冀0133民初2311号民事判决书

2. 案由：土地承包经营权纠纷

3. 当事人

原告：张某祥

被告：许某章、张某波

【基本案情】

根据赵县谢庄乡党委和谢庄乡人民政府联合出具的关于赵县谢庄乡谢庄村（以下简称谢庄村）集体果树重新承包情况的说明，谢庄村于1983年按照国家政策将集体果树进行了逐人承包，承包年限为30年，各小队也分别于1984年不同日期与各承包户签发了承包合同，党委、乡政府根据谢庄村实际情况，2014年10月21日决定成立村集体果树承包工作领导小组，由谢庄村党支部书记王某彬担任组长，并负责谢庄村全面工作。谢庄村与本村村民于2015年2月开始签订集体果树承包合同。2015年3月5日，张某祥与谢庄村委会签订集体果园承包合同，承包村集体梨树地0.88亩，该地块位于谢庄村东至许某信，西至张某敏、张某彬，南至两地头、张某波房屋，北至张某敏、许某强。承包年限15年。许某章称，其提交的自己绘制的现场图阴影部分的面积系本案争议地，其中大阴影部分北至许某强，西至张某敏，南至张某波、平安巷，东至许某信，该地块现由许某章耕种。两小块阴影部分

四至不清。张某祥称阴影部分的面积为0.8亩，许某章认可0.5亩。张某祥前去管理该梨树地时，张某波干涉，致使张某祥对自己承包的梨树无法经营管理。故起诉至法院，请求法院依法判决许某章、张某波停止对张某祥承包经营权的干涉，归还张某祥承包的0.88亩梨树地。

【案件焦点】

1. 村民对于集体土地承包合同的异议是否影响集体土地承包合同的效力；2. 如何保护新承包户基于新承包合同享有的承包经营权。

【法院裁判要旨】

河北省赵县人民法院经审理认为：1983年谢庄村集体按照国家政策将集体果树进行了承包，并与承包户签订了承包合同，承包期限为30年，根据果树承包方案显示一轮果树承包期限到2014年5月20日止。因第一轮集体果树承包期已到，为了集体和群众的利益，实行对果树的重新承包，虽然部分村民有抵触情绪，但均应从大局出发，配合乡、村两级的工作，根据新的承包合同，新、旧承包户应自动履行进行交付。张某祥与谢庄村委会于2015年3月5日签订的集体果园承包合同，系双方真实意思表示，并未违反法律、法规的强制性规定，应认定有效。张某祥对位于谢庄村东至许某信，西至张某敏、张某彬，南至两地头、张某波房屋，北至张某敏、许某强的0.88亩承包地享有经营权。现位于谢庄村北至许某强，西至张某敏，南至张某波、平安巷，东至许某信地块0.5亩，双方当事人均认可系争议地，包含在上述0.88亩中，现该地块由许某章耕种，许某章应返还给张某祥。张某祥的证据不能证明张某波对其承包地的经营管理进行过干涉，应承担举证不能的法律后果。依照《中华人民共和国合同法》第八条，《中华人民共和国农村土地承包法》第十一条①、第十二条②规定，判决如下：

在本判决生效后第一个农作物收获期满后十日内许某章向张某祥返还争议地0.5亩（位于谢庄村北至许某强，西至张某敏，南至张某波、平安巷，东至许某

---

① 编者注：本条参照2018年12月29日发布的《中华人民共和国农村土地承包法》第十二条。

② 编者注：本条对应2018年12月29日发布的《中华人民共和国农村土地承包法》第十三条。

信）由张某祥耕种管理，许某章、张某波不得干涉。

【法官后语】

根据《中华人民共和国农村土地承包法》第十二条“农民集体所有的土地依法属于村农民集体所有的，由村集体经济组织或者村民委员会发包；已经分别属于村内两个以上农村集体经济组织的农民集体所有的，由村内各该农村集体经济组织或者村民小组发包”的规定，集体经济组织或者村民委员会对土地承包经营权享有自治权利，土地承包合同的签订属于集体经济组织或者村民委员会的自治权范围，对于集体经济组织与其所属村民签订的符合《中华人民共和国农村土地承包法》第十八条[①]及第十九条[②]关于农村土地用途和土地承包程序规定的土地承包合同，应赋予其法律效力。同时，土地承包经营权作为一种用益物权，通过土地承包合同获得，自土地承包经营合同生效时设立。反之，土地承包合同解除的，土地承包经营权消灭。根据一物一权原则，同一土地之上不能同时存在两个用益物权。

本案中，谢庄村集体在前一轮集体果树承包到期的情况下，进行重新发包，在此过程中，张某祥与谢庄村集体所签涉案承包合同依法成立且有效，张某祥据此取得涉案土地承包经营权。此时，许某章、张某波再继续占有、经营该土地，就失去了正当权利依据，构成无权占有，侵犯了张某祥的合法权益。根据《中华人民共和国物权法》规定，土地承包经营权受到侵害和妨害时，承包人享有依法排除对物的侵占和妨害、返还原物的请求权。故张某祥作为争议土地的承包权人，有权要求许某章、张某波返还占有的土地。许某章关于部分谢庄村村民不同意重新发包方案的主张，不能对抗张某祥依法取得的土地承包经营权。

编写人：河北省赵县人民法院　杨旭宁　张雅郡

---

① 编者注：本条对应2018年12月29日发布的《中华人民共和国农村土地承包法》第十九条。

② 编者注：本条对应2018年12月29日发布的《中华人民共和国农村土地承包法》第二十条。

10

农村土地承包合同的解除方式认定

——姜某山诉北京市平谷区马昌营镇前芮营村民委员会土地承包经营权确认案

【案件基本信息】

1. 裁判书字号

北京市第三中级人民法院（2018）京03民终11294号民事判决书

2. 案由：土地承包经营权确认纠纷

3. 当事人

原告（上诉人）：姜某山

被告（被上诉人）：北京市平谷区马昌营镇前芮营村民委员会（以下简称前芮营村委会）

【基本案情】

姜某山系前芮营村村民。1998年9月1日，姜某山与前芮营村委会签订《土地承包合同书》，约定前芮营村委会将本村“大坨”南段2.7亩土地发包给姜某山承包经营，经营期限为30年，自1998年9月15日至2028年9月25日。后姜某山经营该土地。2000年，前芮营村委会对全村承包地统一进行调整，姜某山承包地调整至本村“新平地”地块，亩数为2.7亩，但未签订土地承包合同。同年，前芮营村委会以给村民创收为由将包括姜某山承包地在内的本村1000亩土地出租给王某生经营，被占地承包户每人给予500元青苗补偿。2001年3月16日，前芮营村委会与王某生签订《土地租赁合同》。姜某山从前芮营村委会领取青苗补偿费2250元。王某生经营至2003年年底，其离开前芮营村，至今下落不明。2004年前芮营村委会对全村承包地统一进行调整，但均未与承包户签订土地承包合同。此后至2016年，前芮营村委会数次对全村承包地统一进行调整，变更并重新确定承包地所在地块及承包期限，而且随着承包户家庭人口变化，其承包地面积亦随之变化。其中2009年至2011年，姜某山未要求经营承包地，其选择确地返利方式，从前芮营村委会领取了2009年、2010年、2011年的“不要地户退地款”。2010年11月11日，前芮营村实行股权制并进行股权登记。2013年，因平原绿化工程占用前芮营村350亩土地，其中包括涉案2.7亩土地。2015年12月27日，前芮营村召开村民代表会议，决定对养殖小区外所有剩余口粮田、崔某宝牛场外、原小学校东（姜某超承包地和姜某成河边地合同到期）公开招标，2016年7月1日，前芮营村委会与姜某超签订土地承包合同。

【案件焦点】

姜某山与前芮营村委会于1998年9月1日签订的《土地承包合同书》是否已经解除。

【法院裁判要旨】

北京市平谷区人民法院经审理认为：承包合同自成立之日起生效，承包方自承包合同生效时取得土地承包经营权。前芮营村委会于1998年9月1日将涉案2.7亩土地发包给姜某山承包经营，双方之间已形成土地承包合同关系，且未违反法律、行政法规的强制性规定，应属有效，姜某山依法取得涉案2.7亩承包地的土地承包经营权。2000年前芮营村委会对全村承包地统一进行调整，姜某山承包地调整至本村“新平地”地块，此后至2016年，前芮营村委会数次对全村承包地统一进行调整，每次调整均重新确定承包地所在地块及承包期限，而且随着承包户家庭人口变化，承包地面积亦随之变化。前芮营村委会于2000年对全村承包地统一进行调整时，虽然前芮营村委会与姜某山并未明确表示解除双方于1998年9月1日签订的《土地承包合同书》，但姜某山自2000年起至今，并未实际经营涉案2.7亩土地，且涉案土地发包给他人经营以及2013年因平原植树造林被占用期间，姜某山均未提出异议。自2000年起，前芮营村委会每次对全村承包地统一进行调整，前芮营村委会与承包户之间均形成新的土地承包合同关系。因此，前芮营村委会与姜某山于1998年9月1日签订的《土地承包合同书》，已于2000年前芮营村委会对全村承包地统一进行调整时解除，双方之间的权利义务关系终止。姜某山要求确认其对前芮营村“大坨”南段2.7亩土地享有承包经营权的诉讼请求无事实及法律依据，不予支持。北京市平谷区人民法院依照《中华人民共和国农村土地承包法》第九条[①]、第二十二条[②]规定，判决如下：

驳回姜某山的诉讼请求。

姜某山不服一审判决，提起上诉。

北京市第三中级人民法院经审理同意一审法院裁判意见，依照《中华人民共和国民事诉讼法》第一百七十条第一款第一项规定，判决如下：

驳回上诉，维持原判。

【法官后语】

一、土地承包经营权的确认

土地承包经营权是一种重要的用益物权，其成立于土地承包经营合同生效时，无须进行登记，仍具有对抗第三人之物权性。土地承包经营权确认纠纷是指就土地承包经营权是否成立及其归属和内容所发生的纠纷，以土地承包经营权是否存在为前提。而土地承包经营权在农村土地承包经营合同生效时设立。本案中，前芮营村委会与姜某山于1998年9月1日就涉案2.7亩土地签订《土地承包合同书》，该合同未违反法律、行政法规的强制性规定，合法有效，双方之间就涉案2.7亩土地形成土地承包合同关系，姜某山依法取得该2.7亩土地的土地承包经营权。

二、土地承包经营权的终止

土地承包经营权因承包合同的生效而设立，因承包合同的解除或到期而终止。其中，合同解除，是指合同当事人一方或者双方依照法律规定或者当事人约定，依法解除合同效力的行为。合同解除分为法定解除和约定解除两种情况。根据《中华人民共和国合同法》第九十四条规定，法定解除的条件包括：1. 因不可抗力致使不能实现合同目的。2. 在履行期限届满之前，当事人一方明确表示或者以自己的行为表明不履行主要债务。3. 当事人一方迟延履行主要债务，经催告后在合理期限内仍未履行。4. 当事人一方迟延履行债务或者有其他违约行为致使不能实现合

---

① 编者注：本条对应2018年12月29日发布的《中华人民共和国农村土地承包法》第八条。

② 编者注：本条对应2018年12月29日发布的《中华人民共和国农村土地承包法》第二十三条。

同目的。5. 法律规定的其他情形。合同的约定解除，是指双方当事人协商一致解除原合同关系。其实质是在原合同当事人之间重新成立一个合同，其主要内容为废弃双方原合同关系，使双方基于原合同发生的债权债务归于消灭。约定解除的要件包括：1. 当事人具有相应的行为能力；2. 意思表示真实；3. 内容不违反强行法律规范和社会公共利益；4. 采取适当的形式。农村土地承包经营合同的解除方式亦包括上述两种，发包方或承包方既可依据法律规定的条件，行使合同法定解除权，也可由双方通过协商一致解除已生效的农村土地承包经营合同。

三、农村土地承包合同解除的认定

本案的争议焦点在于涉诉农村土地承包合同是否已经解除，涉案土地的承包方交回土地的行为是否可以认定为承包方与发包方通过行为方式协商解除农村土地承包经营合同。《中华人民共和国农村土地承包法》第二十九条[①]规定："承包期内，承包方可以自愿将承包地交回发包方。承包方自愿交回承包地的，应当提前半年以书面形式通知发包方。承包方在承包期内交回承包地的，在承包期内不得再要求承包土地。"根据该条规定，承包方在承包期内自愿将承包地交回发包方的，可以视为承包方与发包方通过行为方式协商将农村土地承包经营合同予以解除。同时，应注意在认定承包方是否自愿交回土地问题上，应注意：1. "自愿交回土地"这一事实的举证责任由发包方承担，如承包方不予认可，发包方应提交充分、确实的证据予以证明；2. 对于证据的审查不宜机械，不能将有无书面申请、书面通知或解除合同等作为唯一的判断标准，要结合农村的实际情况综合考虑以下因素：(1) 土地收回时间及当事人是否提出异议，即在村委会收回土地后至起诉期间承包方对村委会收回土地有没有提出过异议，未提出异议的原因是否合理；(2) 虽然没有直接证据证明，但如果有相关证据形成一定证据链条，可以推定承包方系出于自愿交回土地的，也可以认定自愿交回这一事实。结合本案情况来看，2000年起，前芮营村委会数次对全村承包地统一进行了调整，均重新确定了承包地所在地块、承包地面积及承包期限。因其调整均涉及承包合同的标的、期限等主要合同条款的变更，故每次调整都具有终止原承包合同、成立新承包合同的效力。在此期间姜某山未提出异

① 编者注：本条参照2018年12月29日发布的《中华人民共和国农村土地承包法》第三十条。

议并领取了相应补偿，可以认定姜某山经营涉诉承包地至2000年，通过协商将其承包经营的涉案土地交回给前芮营村委会。即可以通过双方的行为认定姜某山与前芮营村委会已经于2000年通过协商方式解除了原农村土地承包合同。双方原有的农村土地承包合同已经解除，姜某山要求确认对涉案2.7亩土地享有承包经营权的诉讼请求也就没有了事实和法律依据，故一审、二审法院均未支持姜某山的诉讼请求。

编写人：北京市平谷区人民法院　张琳琳

11

失踪人口的集体经济组织成员资格认定

——吴某发等诉梁振某、梧州市万秀区龙湖镇旺步村横石口经济合作社承包地征收补偿费用分配案

【案件基本信息】

1. 裁判书字号

广西壮族自治区梧州市中级人民法院（2018）桂04民终443号民事判决书

2. 案由：承包地征收补偿费用分配纠纷

3. 当事人

原告（上诉人）：吴某发、吴某艳、吴某熠

被告（上诉人）：梁振某

被告（被上诉人）：梧州市万秀区龙湖镇旺步村横石口经济合作社（以下简称横石口经济合作社）

第三人（上诉人）：梁某玉

第三人：梁永某、梁某仙、张某芝

【基本案情】

居住在横石口经济合作社的村民梁某芬和聂某英系夫妻关系，生育子女长子梁

永某、长女梁某仙、次子梁振某、次女梁某玉。梁永某与张某芝系夫妻关系，张某芝、梁永某先后于1977年8月、9月离家出走，当年，梁某芬和聂某英多方寻找无果，至今音讯全无。梁某仙于1979年与案外人吴某安结婚，吴某安户籍所在地为广西壮族自治区藤县新庆镇都永村，其在该村承包了土地。婚后梁某仙的户口没有迁离横石口经济合作社，于1980年8月10日生育吴某发，于1987年7月25日生育吴某艳。吴某发婚后于2014年8月8日生育吴某熠。吴某发、吴某艳、吴某熠出生后户籍随梁某仙落户在横石口经济合作社，并与梁某仙共同居住、生活在横石口经济合作社。梁振某于1981年到重庆市读大学时将户籍迁往学校所在地，毕业后相继在河池市、梧州市工作，为非农业户口，并纳入城镇居民社会保障体系。梁某玉于1987年6月结婚，1994年将户籍由横石口经济合作社迁往梧州市富民三路×号，现享受城镇社会保险待遇。

1985年农村实行联产承包责任制时，梁某芬户户籍情况记载如下：梁某芬、聂某英、梁永某（1978年注销、失踪）、梁某仙、梁振某（1981年9月迁重庆钢铁……学校）、梁某玉、张某芝（1977年6月24日迁入、1978年注销）、吴某发。故梁某芬户在首次实行联产承包责任制时，户籍在册人口有5人，为梁某芬、聂某英、梁某仙、梁某玉、吴某发，该户按当时家庭实际劳动力共领取三份责任山、责任地。梁某芬家庭承包土地后，主要由梁某芬、聂某英、梁某玉对承包的土地进行耕作，梁某仙、梁振某经常回家帮忙耕种。梁某仙于1986年将户口从梁某芬家庭户分出，以其个人家庭作为独立户，户籍仍在横石口经济合作社。吴某发、吴某艳及后来出生的吴某熠均随梁某仙户。梁某芬于1994年4月去世。1999年12月31日，第三人梁某仙代表梁某芬户与横石口经济合作社签订《梧州市郊区农村集体土地承包合同书》，在1985年农村集体土地承包责任制的基础上，实行延长土地承包期。同日，梧州市郊区人民政府颁发《土地承包经营权证》，该证内容载明：承包户主梁某仙，家庭人口5人，承包土地总面积0.949亩，期限30年，承包期自2000年1月至2029年12月。故在第二轮土地承包时，原梁某芬户已经分立两户，一户是以聂某英为户主的原梁某芬户，另一户是分立出来的梁某仙户，原梁某芬户户籍在册人口有4人，为聂某英、梁某仙、吴某发、吴某艳。聂某英于2007年8月去世。

因塘源一号路项目建设需要，梁某芬户承包的山林、菜地、耕地被政府征用，政府按照地类性质给予经济林（投产三年以上）35160元/亩的补偿（其中土地补偿费17580元/亩、安置补助费13185元/亩、青苗补偿费4395元/亩），菜地按10925.75元/亩补偿［其中土地补偿费37592元/亩、安置补助费（人均≤0.3）70485元/亩、青苗补助费1174.75元/亩］。该户因地类调整，政府在征收林地中土地补偿费按每亩增值1758元予以补偿。梁振某于2013年10月30日领取第一笔被征用山林6.75亩补偿款249197元（其中土地补偿费118665元、地类增值11866.50元、安置补助费88999元、青苗补偿费29666元）；于2015年5月12日领取第二笔征用山林4.459亩补偿款164617元（其中土地补偿费78389元、地类增值7839元、安置补助费58792元、青苗补偿费19597元），同日领取第三笔征用菜地0.066亩青苗补偿费7211元（其中土地补偿费2481元、安置补助费4652元、青苗补偿费78元），耕地出租收益294元，以上四笔款项合计421318元。

梁振某将该上述款项分两次支付了113000元给梁某仙，支付了125000元给梁某玉，后来梁某玉在其所得金额中支付了5000元给梁某仙，故梁某仙实际得款为118000元，梁某玉实际得款为120000元，余下款项183318元为梁振某所得。

吴某发等及梁振某、梁某玉均认可涉案林地的林木属自然生长，不需要人为种植及日常护养。

梁某芬、聂某英去世后，涉案菜地由梁某仙种植、收获。

【案件焦点】

1. 各方当事人是否具有横石口经济合作社集体经济组织成员资格、是否可以领取征地补偿款；2. 涉案征地补偿款如何分配。

【法院裁判要旨】

广西壮族自治区梧州市万秀区人民法院经审理认为：第一，关于各方当事人是否具有横石口经济合作社集体经济组织成员资格、是否可以领取征地补偿款的问题。农村土地的承包方须具有本集体经济组织成员资格，对农村土地的承包经营权是以家庭为一个统一体，家庭成员共同享有权利，无论当时计入划地人数的成员还是后来新增加的家庭成员，只要具有本集体经济组织成员资格，都享有土地承包经营权。由于土地承包经营权时间长，随着时间的流逝，土地承包后，梁某芬家庭成员发生了变化，梁某芬、聂某英先后去世，已经丧失了本集体组织成员资格。梁振某、梁某玉户籍变化后已不是横石口经济合作社村民，丧失了该社集体经济组织成员资格，不应享有土地承包经营权。梁永某虽离家出走多年，至今仍下落不明，但只要没有证据证实其已经死亡，其仍然属于梁某芬家庭成员之一，亦具备横石口经济合作社集体经济组织成员资格，故梁永某享有土地承包经营权。张某芝在第一轮土地承包前已经离开横石口经济合作社，至今没有在横石口经济合作社实际生产、生活，不具备该社集体经济组织成员资格。由于吴某发等出生后选择户籍随梁某仙入户，并一直与梁某仙共同居住、生活，系梁某仙的家庭户成员，具有该集体经济组织成员资格。综上，梁某芬家庭承包户在征地补偿安置方案确定时的原承包人员剩下梁永某、梁某仙、吴某发、吴某艳、吴某慆，均有资格领取梁某芬户的征地补偿款。

第二，关于涉案征地补偿款如何分配的问题。综合第一轮、第二轮土地承包时梁某芬户的承包人情况、承包人对承包地的管理情况及该户现有家庭人口情况，法院酌定涉案征地补偿款按以下方式予以分配：土地补偿费梁永某取得1/3，梁某仙户取得2/3，吴某发等按征地补偿安置方案确定时是否为横石口集体经济组织成员在梁某仙户中予以分配；鉴于被征林木均为自然生长，故青苗补偿费随土地补偿费一并处理，菜地的青苗补偿费78元归其种植者梁某仙所有；安置补助费应按取得征地补偿款时该户中为横石口经济合作社集体经济组织成员的人数平均分配；土地增值部分，鉴于梁永某外出多年未参与土地管理，故地类增值款应归梁某仙户所有。

综上，梁永某应取得涉案征地款中的117969元；梁某仙应取得90687.58元；吴某艳、吴某发各应取得90609.58元；吴某慆应取得31442.25元。

依照《中华人民共和国继承法》第三条第一款，《中华人民共和国农村土地承包法》第三条、第十五条，《中华人民共和国土地管理法》第四十七条第一款、第二款[①]，《最高人民法院关于审理涉及农村土地承包纠纷案件适用法律问题的解释》第二十四条，《中华人民共和国民事诉讼法》第一百四十四条规定，作出如下判决：

一、梁振某应在领取的183318元征地补偿款中向梁永某退还117969元、向吴

① 编者注：本条参照2019年8月26日发布的《中华人民共和国土地管理法》第四十八条第一款至第三款。

某发退还65349元；

二、梁某仙应在领取的118000元征地补偿款中向吴某㥄退还27312.42元；

三、梁某玉应在领取的征地补偿款120000元中向吴某艳退还90609.58元、向吴某发退还25260.58元、向吴某㥄退还4129.83元；

四、驳回吴某发、吴某艳、吴某㥄的其他诉讼请求。

吴某发、吴某艳、吴某㥄、梁振某、梁某玉不服一审判决，提起上诉。

广西壮族自治区梧州市中级人民法院经审理认为：

第一，关于梁某仙户与梁某芬户是否作为两个独立的承包户分别向横石口经济合作社承包该集体土地的问题。自1985年第一轮家庭承包以后，经过多年的生活、工作变迁，梁某芬户的家庭成员情况已发生较大变化，部分家庭成员已脱离横石口经济合作社，不再属于该集体经济组织成员，同时也新增了部分家庭成员，且该户自1986年起分立为两户进行生产生活，即原梁某芬户分立为梁某芬户、梁某仙户，但梁某仙户并未从集体领取新的承包地，梁某仙于1999年12月31日作为梁某芬户的代表与横石口经济合作社签订《梧州市郊区农村集体土地承包合同书》，故1999年延包时梁某仙是作为原梁某芬户的代表签订延包合同的。吴某发、吴某艳、吴某㥄上诉认为梁某仙户与梁某芬户是两个独立的承包经营户，梁某仙是代表独立后的梁某仙户与横石口经济合作社签订《梧州市郊区农村集体土地承包合同书》的主张，与本案查明事实不符，不予采纳。因此，梁某仙户与梁某芬户并非作为两个独立的承包户分别向横石口经济合作社领取承包地。梁振某、梁某玉认为梁某仙、吴某发将户口独立出来后，梁某仙户与梁某芬户就是两个独立的家庭承包户，梁某芬户的家庭成员仅包括梁某芬、聂某英、梁永某、张某芝、梁振某、梁某玉，且梁某仙户与梁某芬户就土地承包经营权的分配达成内部协议，梁某仙户不承包原梁某芬户承包地的主张，亦与本案查明事实不符。首先，梁振某、梁某玉未能提供证据证明梁某仙户与梁某芬户就梁某仙户不承包梁某芬户承包地达成协议的存在；其次，1985年第一轮土地承包时梁某仙尚未将户口独立出去，当时梁某芬户在册登记的户籍人口为5人，而当时户口在梁某芬户的家庭成员只有梁某芬、聂某英、梁某玉、梁某仙、吴某发，故可以确认梁某仙、吴某发均为第一轮家庭承包时的梁某芬户的原始成员。梁振某、梁某玉虽否认梁某仙是梁某芬户的家庭成员，但对梁某仙后期一直耕种梁某芬户承包地的事实并未否认，梁振某、梁某玉主张梁某仙为代耕，但其未能提供代耕的证据，故梁振某、梁某玉的上述主张，因缺乏证据支持，亦与本案查明事实不符，不予采纳。梁振某、梁某玉主张梁某仙与吴某安结婚后在吴某安的户籍所在地广西藤县新庆镇都永村领取了承包地，但对此未能提供充分的证据证明，故不予采纳。

第二，关于梁某芬户承包的林地是否发生继承，是否存在由梁某芬、聂某英的继承人继承承包经营权的问题。家庭承包是以本集体经济组织内部的农户家庭为单位、户内成员人人有份的家庭土地承包经营，一般的家庭承包合同所确定的承包经营权不能继承。但是由于林地承包投资周期长、见效慢、收益期间长，所以《中华人民共和国农村土地承包法》规定林地的承包人死亡，其继承人可以在承包期内继续承包，对于林地承包人的继承人，我国法律并未限定于本集体经济组织成员，只要符合《中华人民共和国继承法》规定的继承人条件，均有权在承包期内继续承包。但对于林地承包继承的发生，还应当结合家庭承包的特点进行理解。若以家庭承包的方式承包林地，本质上也属于家庭承包，家庭承包的主体是农户而非某一特定的农民，家庭成员之一死亡，并不导致该农户整体消亡，农户仍然存在，其他家庭成员可以按照合同约定继续履行合同，不发生林地承包经营权继承问题，只有在家庭成员全部死亡，即该农户整体消亡的情况下，才发生继承问题。虽然梁某芬户历经多年，家庭成员发生了较大变化，但梁某玉于1994年将户口迁出梧州市时，梁某芬户内尚有人员聂某英、梁某仙、吴某发、吴某艳，后聂某英于2007年8月去世，该户的承包地则由其余人员继续承包经营，因此，梁某芬户在聂某英死亡后并不发生林地承包经营权继承的法律事实，梁振某、梁某玉提出梁某芬户承包经营的涉案林地在聂某英死亡后由其继承人梁永某、梁振某、梁某仙、梁某玉在剩余承包期内继续承包经营的主张，理据不足，不予采纳。

第三，关于梁某芬户所得的土地征收补偿费用应当如何分配的问题。本案实质上是户内成员之间就该户所得的征地补偿款应如何分配的纠纷。《中华人民共和国农村土地承包法》第十六条第二项[①]规定，承包方承包地被依法征用、占用的，有权依法获得相应的补偿，故征地补偿款应由对承包地进行承包经营的户内成员依法

---

① 编者注：本条参照2018年12月29日发布的《中华人民共和国农村土地承包法》第十七条第四项。

共同享有；同时《中华人民共和国土地管理法实施条例》第二十六条第一款规定："土地补偿费归农村集体经济组织所有；地上附着物及青苗补偿费归地上附着物及青苗的所有者所有。"结合梁某芬户人员的死亡出生情况、户籍变迁情况，并兼顾是否依赖该集体经济组织的土地作为基本生活保障等因素，对涉案各方当事人是否有权参与涉案征地补偿款的分配及涉案征地补偿款应如何分配的问题，作如下具体分析：1. 梁某芬、聂某英在涉案征地发生前已死亡，故不应参与涉案征地补偿款的分配。2. 梁永某出生、成长于横石口经济合作社，张某芝因结婚将户口迁入梁某芬户，梁永某、张某芝与涉案征地补偿款具有利害关系，至于能否有权分配需经案件实体审理后确定，吴某发、吴某艳、吴某愔上诉认为一审法院追加梁永某、张某芝为本案当事人程序违法，缺乏理据，不予支持。梁永某、张某芝在第一轮土地承包前便离家出走多年至今音讯全无，并被公安机关注销户口，一直未在横石口经济合作社生产、生活，故一审法院为失踪人员梁永某保留相应的土地补偿款份额不当，予以纠正。3. 农村土地被征收后的土地补偿费，在性质上是对集体土地所有权的补偿，土地补偿费的性质决定了土地补偿费只能在本集体经济组织成员内部进行分配，不具有集体经济组织成员资格的人，不能参与土地补偿费分配。城市居民基本生活保障与农村家庭承包具有相同的基本生活保障功能，梁振某、梁某玉在案涉征地发生前已取得非农户口，并被纳入城镇居民社会保障体系，故应丧失其原拥有的集体经济组织成员资格。一审法院认定梁振某、梁某玉不应参与涉案征地补偿款的分配并无不当，予以维持，梁振某、梁某玉上诉主张其应当参与分配理据不足，不予采纳。4. 梁某仙虽在第一轮土地承包时已与组外人员结婚，但婚后未将户口迁出，在案证据无法证明梁某仙在丈夫吴某安的户籍地也领取了承包地，且梁某仙婚后仍在原集体经济组织生活，梁某仙、吴某发在第一轮土地承包时户籍均在梁某芬户中，吴某艳、吴某愔出生在横石口经济合作社，在该集体经济组织居住生活，并依靠梁某芬户承包的土地进行生产、生活，故一审法院认定梁某仙、吴某发、吴某艳、吴某愔均有权参与涉案征地补偿款的分配并无不当，予以维持。

综合本案的实际情况，结合吴某发、吴某艳的诉请，对于涉案四笔征地补偿款的具体分配为：关于第一笔征地补偿费 249196 元，由梁某仙、吴某艳、吴某发各取得 83065.33 元；关于第二笔征地补偿款 164617 元，由梁某仙、吴某艳、吴某发、吴某愔各取得 41154.25 元；关于第三笔征地补偿款 7211 元，除青苗补偿费 78 元由菜地耕种、管理者梁某仙个人所得外，土地补偿费、安置补助费合计7133元由梁某仙、吴某发、吴某艳、吴某熖各取得1783.25元；关于第四笔土地收益294元，由梁某仙、吴某发、吴某艳、吴某熖各取得73.5元。综上，梁某仙应得款项为126154元，吴某发、吴某艳、吴某熖应得款项为295164元。由于吴某发、吴某艳、吴某熖在诉讼中表示其在本案中要求返还的是其三人应得的款项总额，至于其内部如何分配所得的款项问题，由其内部协商，故梁振某应在其领取的183318元征地补偿款内向吴某发、吴某熖、吴某艳返还178390元，向梁某仙返还4928元；梁某玉应在其领取的120000元征地补偿款内向吴某发、吴某熖、吴某艳返还116774元，由于梁某仙没有请求梁振某、梁某玉进行返还，故对此不予处理。吴某发、吴某艳、吴某熖基于涉案征地补偿款原来全部为梁振某所领取，故其在起诉时仅要求梁振某返还涉案征地补偿款，但本案在审理过程中查明梁振某已将部分涉案征地补偿款支付给了梁某仙、梁某玉，吴某发、吴某艳、吴某熖明确表示若法院经审理查明事实后梁某玉也需要返还涉案征地补偿款，则其在本案中也请求梁某玉进行返还，为免当事人讼累，故在本案中一并判决梁某玉对相应款项进行返还。因该户内人员对如何分配涉案征地补偿款一直未能有效协商一致，故吴某发、吴某艳、吴某熖请求支付利息的诉讼请求，理据不足，一审法院不予支持正确，但一审法院对吴某发、吴某艳、吴某熖在一审庭审后请求增加利息数额的诉讼请求不予处理不当，法院予以纠正，就吴某发、吴某艳、吴某熖在一审庭审后请求增加利息的主张，法院亦依法予以驳回。

第四，关于横石口经济合作社在本案中是否应当承担责任的问题。梁振某仅代表梁某芬户在横石口经济合作社处领取该户的土地征收补偿费用，至于该户的户内人员就所得的征地补偿款应当如何分配，横石口经济合作社并未参与，吴某发、吴某艳、吴某熖请求横石口经济合作社对梁振某应支付款项及利息承担连带责任理据不足，一审法院不予支持正确，予以维持。

第五，关于吴某发、吴某艳、吴某熖请求梁振某返还登记在梁某仙名下的《土地承包经营权证》及《林权证》的问题。因本案为承包地征收补偿费用分配纠纷，与吴某发、吴某艳、吴某熖请求返还《土地承包经营权证》及《林权证》不属同一法律关系，法院不作处理，吴某发、吴某艳、吴某熖可另行主张权利。一审法院对此予以处理不当，予以纠正。

依照《中华人民共和国民事诉讼法》第一百七十条第一款第二项规定，判决如下：

一、撤销广西壮族自治区梧州市万秀区人民法院（2017）桂0403民初505号民事判决；

二、梁振某应在其领取的183318元征地补偿款范围内向吴某发、吴某慆、吴某艳返还178390元；

三、梁某玉应在其领取的120000元征地补偿款范围内向吴某发、吴某慆、吴某艳返还116774元；

四、驳回吴某发、吴某慆、吴某艳请求梁振某、梁某玉支付利息的诉讼请求；

五、驳回吴某发、吴某慆、吴某艳请求横石口经济合作社承担连带责任的诉讼请求。

【法官后语】

本案是承包地征收补偿款在承包户内部成员之间的分配纠纷，应否为失踪人员梁永某、张某芝夫妇保留相应份额的征地补偿款为本案的一个争议焦点。

一审、二审就失踪人员能否参与分配涉案征地补偿款的问题均存在较大争议，一种意见认为应当保留，另一种意见认为不应当保留。保留的观点认为：梁永某出生、成长于横石口经济合作社，为该集体经济组织的原始成员，张某芝因结婚将户口迁入横石口经济合作社，在该集体经济经济组织有生活经历。二人虽离家出走多年，但没有证据证明其已经死亡，虽因长年未回家而被公安机关注销户口，但从未经任何法定程序宣告其死亡，现其所在集体经济组织横石口经济合作社也未明确表示其已丧失该集体经济组织成员资格，因被公安机关注销户口便认定其丧失村集体经济组织成员资格没有法律依据，本案中也缺乏支持梁永某、张某芝必然不以所在集体经济组织所有的土地为基本生活保障的证据，为二人保留征地补偿款项亦是对失踪人员合法权益的保护。不保留的观点认为：第一，梁永某、张某芝均未参与第一轮土地承包经营，并不具备保留相应份额的前提，且二人已经失踪近40年，继续保留不利于维护家庭及社会和谐；第二，二人离家后，家人分别向公安机关及横石口经济合作社报备二人为失踪人口并注销了户口，从户籍层面上看已经失去该经济合作社的成员基础，二人并不依赖该集体的土地生存，亦未与集体经济组织形成基本的权利义务关系。

本案对梁永某、张某芝土地补偿费份额保留与否的争议，实质是对其成员资格是否丧失的争议。保留观点的主要理由在于二人仅是失踪，并非死亡。笔者认为，首先应明确自然人失踪或死亡在法律上的直接效果是对其民事权利能力的影响，死亡直接导致其民事主体资格丧失，集体成员资格当然也不复存在；失踪是一个人的生存状态，其民事主体资格尚存，但是民事主体资格与集体成员资格并非对应关系，后者的取得与丧失有独立的判断标准，即，应当综合当事人在征地补偿安置方案确定时的生产、生活状况，户籍登记以及原农村土地对其是否具有基本生活保障功能等因素予以综合考虑。故，失踪并非必然导致集体经济组织成员资格的丧失，其成员资格的有无，应根据其失踪后的实际状态综合分析，以是否确属依赖原集体土地生存为判断依据，需要原集体土地作为生存保障的，应当保留其成员资格；否则应认定其丧失集体成员资格。二审法院最终采取了不保留的观点，主要理由是梁永某、张某芝已长达几十年不依赖横石口经济合作社的土地生存，不具备保留该集体经济组织成员资格的实质条件，亦不具备该集体组织登记户籍的形式要件。故不予为其保留相应份额的征收补偿款。

编写人：广西壮族自治区梧州市万秀区人民法院　何青夏

12

农村集体经济组织成员资格确认争议不是人民法院民事诉讼受理范围

——张甲、张乙诉遂平县濯阳办事处徐店居委会徐店八组征地补偿款分配案

【案件基本信息】

1. 裁判书字号

河南省遂平县人民法院（2018）豫1728民初2353号民事裁定书

2. 案由：征地补偿款分配纠纷

3. 当事人

原告：张甲、张乙

被告：遂平县濯阳办事处徐店居委会徐店八组（以下简称徐店八组）

【基本案情】

张甲户籍所在地为徐店八组。2012 年被招聘为遂平县在编教师。张乙 2015 年 4 月 30 日与张甲结婚，户口迁入徐店八组，2016 年被招聘为遂平县在编教师。张甲家庭成员还有父亲、母亲及儿子，共计五人。2017 年，政府因修建公路征用徐店八组土地，征地补偿款拨付给徐店八组后，徐店八组按每户每人 3600 元分配征地补偿款。因张甲和张乙已经被招聘为公办在编教师，徐店八组只分给张甲家庭三个半人的补偿款 12600 元，另外一个半人的补偿款 5400 元没有发放。2015 年 1 月 20 日遂平县产业集聚区户口迁入申请人登记表显示：徐店八组由 22 位村民签名同意张乙户口迁入徐店八组并参与分配征地补偿款。遂平县产业集聚区户口迁入居委会意见表显示：徐店居委会 7 位居委会成员均签名同意张乙户口迁入本居委会并参与分配征地补偿款、房屋拆迁等。

【案件焦点】

张甲、张乙是否具备该集体经济组织成员的资格。

【法院裁判要旨】

河南省遂平县人民法院经审理认为：根据《中华人民共和国土地管理法实施条例》第二十六条第一款规定，土地补偿款归农村集体经济组织所有。张甲、张乙起诉要求徐店八组向其分配的征地补偿款，属于徐店八组集体经济收益。根据《最高人民法院关于审理涉及农村土地承包纠纷案件适用法律问题的解释》第一条规定，提起承包地征收补偿费用分配纠纷的诉讼主体应为集体经济组织成员。该解释第二十四条规定，“农村集体经济组织或者村民委员会、村民小组，可以依照法律规定的民主议定程序，决定在本集体经济组织内部分配已经收到的土地补偿费。征地补偿安置方案确定时已经具有本集体经济组织成员资格的人，请求支付相应份额的，应予支持……”即适用本法条的前提条件是具有该农村集体经济组织成员这一身份不存在异议。现徐店八组以张甲、张乙已经被招聘为国家在编教师为由，拒绝按村民小组成员待遇对其分配征地补偿款，即徐店八组与张甲、张乙对张甲、张乙是否具有该村民小组集体经济组织成员资格尚存争议，而农村集体经济组织成员资格的确认问题，并不属于人民法院民事诉讼的受理范围。本案争议应当由有关行政机关协调解决。

综上，张甲、张乙的起诉不符合《中华人民共和国民事诉讼法》第一百一十九条第四项的规定，依照《中华人民共和国民事诉讼法》第一百五十四条第一款第三项、第一百六十二条规定，裁定如下：

驳回张甲、张乙的起诉。

【法官后语】

本案虽系征地补偿款分配纠纷，但双方当事人争议的实质系张甲、张乙是否具备该集体经济组织成员的资格问题。

1. 农村集体经济组织成员资格确认问题没有明确的法律规定

大多数的征地补偿款分配纠纷的发生，在某种程度上都可以归结为集体经济组织成员权的问题。集体经济组织成员权在集体土地所有权制度下，是指在该集体经济组织生产、生活，与该集体经济组织发生权利、义务的人平等地享有属于村集体所有土地的权利。关于农村集体经济组织成员权，相关立法已作出规定。《中华人民共和国民法通则》第二十七条规定："农村集体经济组织的成员，在法律允许的范围内，按照承包合同规定从事商品经营的，为农村承包经营户。"《中华人民共和国农村土地承包法》第五条规定："农村集体经济组织成员有权依法承包由本集体经济组织发包的农村土地。任何组织和个人不得剥夺和非法限制农村集体经济组织成员承包土地的权利。"相关立法虽然对集体经济组织成员权进行了规定，但司法实践中的征地补偿款分配纠纷往往体现为当事人是否具备集体经济组织成员资格的争议，相关法律、法规及司法解释未就集体经济组织成员资格的确认问题作出明确规定，人民法院在审理此类案件时是没有法律依据的。

2. 集体经济组织成员资格的确认争议不是单纯的民事纠纷

《最高人民法院关于审理涉及农村土地承包纠纷案件适用法律问题的解释》第一条规定："下列涉及农村土地承包民事纠纷，人民法院应当依法受理：……

（四）承包地征收补偿费用分配纠纷……”第二十四条规定：“……征地补偿安置方案确定时已经具有本集体经济组织成员资格的人，请求支付相应份额的，应予支持。但已报全国人大常委会、国务院备案的地方性法规、自治条例和单行条例、地方政府规章对土地补偿费在农村集体经济组织内部的分配方法另有规定的除外。”对于第一条的理解和适用，最高人民法院作了如下说明：涉及土地补偿费分配纠纷中，因当事人认为其具有集体经济组织成员资格却被排除于分配范围以外而产生的纠纷，因集体经济组织成员资格涉及广大农民的基本民事权利，认定标准应由全国人大常委会作出立法解释，在此之前人民法院不具备解决此类纠纷的必要条件。但在对第二十四条的理解和适用中，最高人民法院的解释是：对这一条款作技术处理的原因在于根据《国务院关于深化改革严格土地管理的决定》规定，省、自治区、直辖市人民政府应当根据土地补偿费主要用于被征地农户的原则，制定土地补偿费在集体经济组织内部的分配方法，如果法律、法规对此有规定，人民法院应当遵行。最高人民法院在颁布上述司法解释时已充分考虑到在立法机关未明确农村集体经济组织成员资格的标准前人民法院审理此类案件的可行性，因而未在行文中明确此类案件不予受理，而且在第二十四条中为将来受理此类案件作了技术处理，规定如果省、自治区、直辖市人民政府为解决此类问题作出规定时，人民法院就应当依据第一条规定受理案件。

通过最高人民法院的一系列答复解释可以看出，对于集体经济组织成员资格的确认问题，关系到广大农民的基本民事权利，属于《中华人民共和国立法法》第四十五条第一项规定的情形，其法律解释权在全国人大常委会，不宜通过司法解释对此重大事项进行规定。在相关法律规定未就此问题作出明确规定前，集体经济组织成员资格的确认问题能否通过民事诉讼解决是不确定的。

本案中，张甲、张乙与徐店八组之间的争议表面看是征地补偿款的分配问题，实质上是张甲、张乙是否具有徐店八组集体经济组织成员资格的问题。而集体经济组织成员资格的确认问题在相关立法未就此进行明确规定的情况下，人民法院不宜进行处理。

编写人：河南省遂平县人民法院　李冰

13

未成年人集体经济组织成员资格应依据户口、经济来源等要素综合认定

——李某宸诉泽州县金村镇东属村村民委员会承包地征收补偿费用分配案

【案件基本信息】

1. 裁判书字号

山西省晋城市中级人民法院（2018）晋05民终982号民事判决书

2. 案由：承包地征收补偿费用分配纠纷

3. 当事人

原告（被上诉人）：李某宸

被告（上诉人）：泽州县金村镇东属村村民委员会（以下简称东属村委会）

【基本案情】

李某宸之母祁某莎系东属村村民。2008年李某宸出生，随母亲落户东属村，祁某莎在该村购有房屋。1999年11月22日，祁某莎及其父祁某林取得土地承包经营权证书。2017年之前，东属村委会每年向集体经济组织成员每人发放300元土地补偿款，2017年发放土地补偿款9000/人时，将李某宸排除在外，理由是外嫁女的子女不予分配。

【案件焦点】

李某宸是否具有东属村集体经济组织成员资格。

【法院裁判要旨】

山西省泽州县人民法院经审理认为：根据《最高人民法院关于审理涉及农村土地承包纠纷案件适用法律问题的解释》第二十四条规定，“农村集体经济组织或者

村民委员会、村民小组，可以依照法律规定的民主议定程序，决定在本集体经济组织内部分配已经收到的土地补偿费。征地补偿安置方案确定时已经具有本集体经济组织成员资格的人，请求支付相应份额的，应予支持……”李某宸自出生起便随母落户于东属村，在该村生活，并在该村缴纳新型农村合作医疗保险，自然取得东属村集体经济组织成员的资格。东属村委会虽辩称李某宸未取得二轮土地承包经营权，且属于空挂户，不具有土地补偿费的分配资格，但并未提供证据证明。李某宸为未成年人，没有独立的经济来源，其生活及完成学业所必需的费用依赖于其父母的收入及户口所在地的土地。李某宸的母亲没有稳定工作及收入，李某宸生活与成长中对土地依赖性较强。对李某宸要求东属村委会支付土地补偿款的请求予以支持。

山西省泽州县人民法院依据《中华人民共和国民法总则》第三条，《最高人民法院关于审理涉及农村土地承包纠纷案件适用法律问题的解释》第二十四条，《中华人民共和国民事诉讼法》第六十四条，《最高人民法院关于民事诉讼证据的若干规定》第二条之规定，判决：

东属村委会在本判决生效后十五日内给付李某宸土地补偿款9000元整。

东属村委会不服一审判决，提起上诉。

山西省晋城市中级人民法院经审理认为：《中华人民共和国妇女权益保障法》第三十三条规定：“任何组织和个人不得以妇女未婚、结婚、离婚、丧偶等为由，侵害妇女在农村集体经济组织中的各项权益。因结婚男方到女方住所落户的，男方和子女享有与所在地农村集体经济组织成员平等的权益。”第五十五条规定：“违反本法规定，以妇女未婚、结婚、离婚、丧偶等为由，侵害妇女在农村集体经济组织中的各项权益的，或者因结婚男方到女方住所落户，侵害男方和子女享有与所在地农村集体经济组织成员平等权益的，由乡镇人民政府依法调解；受害人也可以依法向农村土地承包仲裁机构申请仲裁，或者向人民法院起诉，人民法院应当依法受理。”李某宸的母亲祁某莎是东属村村民，承包有土地，李某宸的父亲虽未在东属村落户，但李某宸在出生后即随母落户于东属村。东属村委会制订的分配方案规定，自二轮土地承包以后，本村男性结婚，妻子与出生子女未分得土地，现户口在村内的参加分配，享有100%的土地补偿费分配权。现东属村委会以李某宸未承包二轮土地为由主张李某宸无权参与分配，侵害了李某宸的平等分配权利。东属村委会称李某宸系空挂户人员，未提供相应充实的证据予以证明，东属村委会以此为由主张李某宸不应参加分配，理由不能成立。《最高人民法院关于审理涉及农村土地承包纠纷案件适用法律问题的解释》第一条规定，承包地征收补偿费用分配纠纷人民法院应当依法受理。第二十四条规定，征地补偿安置方案确定时已经具有本集体经济组织成员资格的人，请求支付相应份额的，应予支持。李某宸请求判令东属村委会支付其相应的土地补偿款，符合法律规定，一审法院予以支持并无不当。

综上所述，东属村委会的上诉请求不能成立，应予驳回；一审判决认定事实清楚，适用法律正确，应予维持。依照《中华人民共和国民事诉讼法》第一百七十条第一款第一项规定，判决如下：

驳回上诉，维持原判。

【法官后语】

农村集体经济组织成员资格是一种身份，是农民在该集体组织中取得生活保障的前提。未成年人与成年人一样，一旦取得某集体经济组织成员资格，就与其他成员享有平等的权利，非因法定事由不得被剥夺。《第八次全国法院民事商事审判工作会议（民事部分）纪要》“关于因土地承包、征收、征用引发争议的处理问题”中提出，审理此类案件要以当事人是否获得其他替代性基本生活保障为重要考量因素，注重依法保护妇女、儿童以及农民工等群体的合法权益。其意义在于强调了司法对未成年人等弱势群体的土地承包权益以及相关的土地征收补偿权益的特殊保护。

未成年人出生后，通过户口登记获得本村户籍并在本村生活，虽因土地政策未获得土地承包经营权，但其父母及自身生活依靠土地，应当认定其具有农村集体经济成员资格。《中华人民共和国未成年人保护法》第五十一条第一款规定：“未成年人的合法权益受到侵害，依法向人民法院提起诉讼的，人民法院应当依法及时审理，并适应未成年人生理、心理特点和健康成长的需要，保障未成年人的合法权益。”该规定同样适用于涉及未成年人集体成员权益被侵害的案件的处理。对于此类案件，法院审理时应综合考量其出生后的户籍登记、生活经济来源等因素对其成员资格予以认定。本案中，李某宸户籍地为东属村，在该村缴纳有医保，且随母在该村生活，依赖其父母的收入及户口所在地的土地，应认定为具有东属村集体经济组织成员资格，享有参与征地补偿款分配的权利。东属村委会以其母亲是外嫁女为由拒绝向其分配土地补偿款，没有法律依据，是对其集体组织成员权益的侵害，应向李某宸承担给付补偿款的责任。

实践中值得注意的是，农村基层自治组织往往通过村民会议的民主形式将未成年人等特殊群体排除在土地征收补偿款分配之外，不利于对未成年人等弱势群体利益的保护，法院应通过司法对侵害未成年人合法权益的行为和观念予以纠正，进一步引导、规范农村集体经济组织的管理行为，使其在今后的土地征收补偿及分配过程中依法行使自治权，保障每一位集体经济组织成员尤其是未成年子女的合法权益。

编写人：山西省泽州县人民法院　门三安　常霞

14

男方基于婚姻关系迁入女方户籍地可以取得集体经济组织成员资格

——黄某山等诉厦门市同安区洪塘镇塘边村山仔后第一村民小组、厦门市同安区洪塘镇塘边村山仔后第四村民小组承包地征收补偿费用分配案

【案件基本信息】

1. 裁判书字号

福建省厦门市中级人民法院（2018）闽02民终3603号民事判决书

2. 案由：承包地征收补偿费用分配纠纷

3. 当事人

原告（被上诉人）：黄某山、封某扁、黄某宏

被告（上诉人）：厦门市同安区洪塘镇塘边村山仔后第一村民小组（以下简称塘边一组）、厦门市同安区洪塘镇塘边村山仔后第四村民小组（以下简称塘边四组）

【基本案情】

塘边一组与塘边四组在厦门市同安区洪塘镇塘边村村民委员会（以下简称塘边村委会）属同一个核算单位。封某扁的父母亲均系塘边四组村民，封某扁出生后落户于塘边四组。1998年12月22日，塘边村委会颁发给封某水一家包括封某扁在内的《土地承包经营权证》，载明经营期限为1998年12月至2028年12月31日。2001年2月8日，封某扁与福建省漳浦县前亭镇大社村村民黄某山登记结婚，黄某山于2003年8月29日将其户口迁移至塘边四组封某扁处。封某扁与黄某山的儿子黄某宏于2003年7月16日出生，之后亦落户于塘边四组。2006年1月5日，塘边一组、塘边四组制订《山仔后第一、第四村民小组征地综合补偿款分配方案》，其中规定：户口在本村的，已嫁到外村的，现户口留在本村的嫁出女，随母在本村落户的子女，以及寄户人员，一律不给予分配。2017年1月22日、12月28日，塘边一组、塘边四组先后召开本组村民户主会议讨论，决定对324国道征地款和案外人纪某柱租赁后潭土地的租金收入按现有人口分红，每人2000元；以及对2017年城东中路和同龙路征地补偿款每人分红10000元。但塘边一组、塘边四组在具体落实上述两笔款分配过程中未分配给黄某山、封某扁、黄某宏。2007年10月，塘边一组、塘边四组曾有一笔每人3000元的征地补偿款没有分配给封某扁、黄某宏，被封某扁、黄某宏起诉至法院。法院于2008年11月20日作出（2008）同民初字第2501号民事判决书，认定封某扁、黄某宏系塘边一组、塘边四组集体经济组织成员，并判决塘边一组、塘边四组应支付封某扁、黄某宏各3000元。该民事判决书已发生法律效力。黄某山、封某扁、黄某宏认为塘边一组、塘边四组侵犯其集体经济组织成员合法权益，遂起诉至法院，请求判决塘边一组、塘边四组支付征地补偿款48000元。

【案件焦点】

黄某山等是否具备集体经济组织成员资格。

【法院裁判要旨】

福建省厦门市同安区人民法院经审理认为：封某扁的父母亲均系塘边四组的村民，封某扁出生后亦落户于塘边四组，并参与了家庭承包该村土地，属原始取得该组集体经济组织成员资格，其婚后并未从该组迁出户口，系该集体经济组织成员的事实未发生改变。同样，封某扁的儿子黄某宏出生后亦落户于塘边四组，也属于原始取得该组集体经济组织成员资格，且法院生效判决对该二人系塘边四组集体经济组织成员已作了确认。黄某山与封某扁结婚前虽是其他村村民，但与封某扁结婚后其户口迁移至塘边四组封某扁处，即依法取得户口所在地农村集体经济组织成员平等权益。《中华人民共和国妇女权益保障法》第三十三条规定："任何组织和个人不得以妇女未婚、结婚、离婚、丧偶等为由，侵害妇女在农村集体经济组织中的各项权益。因结婚男方到女方住所落户的，男方和子女享有与所在地农村集体经济组织成员平等的权益。"此外，《中华人民共和国村民委员会组织法》第二十七条第二款规定："村民自治章程、村规民约以及村民会议或者村民代表会议的决定不得与宪法、法律、法规和国家的政策相抵触，不得有侵犯村民的人身权利、民主权利和合法财产权利的内容。"塘边一组、塘边四组诉称黄某山、封某扁、黄某宏是寄户性质，不享有本小组集体组织成员资格，没有法律依据，且与上述法律规定相抵触。黄某山虽暂时在厦门正新橡胶工业有限公司工作，但塘边一组、塘边四组并未举证证明黄某山已纳入城市居民社会保障体系，或举证证明黄某山仍在享受原户籍所在地农村集体经济组织成员待遇，故黄某山目前的工作并不影响其依法享有塘边四组集体经济组织成员平等权益。塘边一组、塘边四组制订的分配方案侵害了黄某山在该农村集体经济组织中的合法权益，与上述《中华人民共和国妇女权益保障法》《中华人民共和国村民委员会组织法》的规定相抵触，对黄某山、封某扁、黄某宏不具有约束力。黄某山、封某扁、黄某宏主张的48000元，其中12000元系以黄某宏为独生子女，符合计划生育奖励政策为由，起诉请求增加的份额，该请求不属于人民法院民事案件受理范围，黄某山、封某扁、黄某宏应通过其他途径解决。另外36000元包含该集体经济组织的租金等收益在内，并不完全是征地补偿款，故本案系侵害集体经济组织成员权益纠纷。黄某山等主张塘边一组、塘边四组支付三人每人12000元，系黄某山、封某扁、黄某宏作为该集体经济组织成员依法应当平等享有的权益，应予支持。

福建省厦门市同安区人民法院依照《中华人民共和国妇女权益保障法》第三十三条，《中华人民共和国村民委员会组织法》第二十七条第二款，《最高人民法院关于审理涉及农村土地承包纠纷案件适用法律问题的解释》第二十四条，《中华人民共和国民事诉讼法》第六十四条第一款规定，判决如下：

塘边一组、塘边四组应于本判决生效之日起五日内支付封某扁、黄某山、黄某宏征地补偿款等收益各计12000元。

塘边一组、塘边四组不服一审判决，提起上诉。

福建省厦门市中级人民法院经审理认为：首先，封某扁与其子黄某宏自出生始，即落户于塘边四组，并一直在塘边四组生活至今。其间，未将户口转移至他处，亦未变更其生产、生活基础，故一审判决认定封某扁及黄某宏为塘边四组集体组织成员正确，应予以维持。其次，黄某山虽未出生在塘边四组，但其已经因婚姻关系落户于塘边四组，并生活至今。其在原户籍地亦未获得相应待遇，故应认定其系塘边四组集体组织成员，应取得征地补偿款等，一审判决认定事实清楚，适用法律正确。

福建省厦门市中级人民法院依照《中华人民共和国民事诉讼法》第一百七十条第一款第一项规定，判决如下：

驳回上诉，维持原判。

【法官后语】

现阶段，我国尚未出台关于农村集体经济组织成员资格标准的相关法律规定，各级法院在审理此类案件时一般以上级法院的指导意见作为裁断依据。《最高人民法院农村土地承包纠纷案件司法解释理解与适用》（最高人民法院民事审判第一庭编著），法院在认定成员资格时，原则上需要综合考量户籍、生产生活关系及生活保障基础三个因素。但在当前时代背景下，生产生活关系和生活保障基础逐渐由具象概念演变成抽象概念。鉴于农村外出务工人员不断增多，司法实践亦逐渐放宽了生产生活关系之认定，甚至有意忽略该标准。一般来说，生活保障基础的判断依赖于有形的是否承包土地之事实，但随着家庭分户及土地缺乏，越来越多的农村无地发包。在家庭未承包土地的情形下，生活保障基础便无法据此直接认定，实践中一般采取间接方式，通过查明家庭成员是否被纳入城镇居民社会保障体系及是否享有其他集体经济组织成员待遇进行判断，农村集体经济组织应承担相应的举证责任。

部分法院顾及乡风民俗，以指导意见的方式规定，男方到女方住所落户不符合“有女无儿、儿子没有赡养能力或女儿尽主要赡养义务”之情形，且未与女方所在集体经济组织建立生活保障依存关系的，男方能否取得该集体成员资格应由集体经济组织依民主程序自治决定。但是在风俗习惯基础上形成的裁判规则不能与现有法律规定相冲突，《中华人民共和国妇女权益保障法》第三十三条第二款明文规定："因结婚男方到女方住所落户的，男方和子女享有与所在地农村集体经济组织成员平等的权益。"换言之，男方基于婚姻关系到女方住所落户的，只要女方属于所在地农村集体经济组织成员，男方未被纳入城市居民社会保障体系，亦未再享受原户籍地集体经济组织成员待遇，且无证据证明双方结婚及男方迁户有悖诚实信用原则的，应当认定男方享有所在地农村集体经济组织成员资格，女方原生家庭情况及男方的工作生活状态不应成为判断男方是否享有成员资格的考虑因素。

本案中，法官并未查明封某扁的原生家庭状况，裁判理由中亦未直接涉及生产生活关系和生活保障基础两个抽象要素，而是着眼于黄某山与封某扁的婚姻关系，并通过证明责任的分配，以塘边一组、塘边四组未举证证明黄某山已纳入城市居民社会保障体系，或举证证明黄某山仍在享受原户籍所在地农村集体经济组织成员待遇为由，认可黄某山依法享有塘边一组、塘边四组集体经济组织成员平等权益，此裁判思路可供参考。

编写人：福建省厦门市同安区人民法院　陈炳杰

15

土地权属存在争议的土地侵权纠纷应由人民政府先行处理

——张某能农村土地承包经营户诉张某恒等返还原物案

【案件基本信息】

1. 裁判书字号

四川省广安市中级人民法院（2017）川16民终1683号民事判决书

2. 案由：返还原物纠纷

3. 当事人

原告（上诉人）：张某能农村土地承包经营户（以下简称张某能户）

被告（被上诉人）：张某恒、张某林、武胜县龙女镇沙河村村民委员会（以下简称沙河村委会）

【基本案情】

张某能与张某恒原系沙河村3组村民。张某能现户籍地址为四川省武胜县龙女镇袁家庙村大×号，张某恒现户籍地址为四川省武胜县龙女镇龙发路×号。张某恒与张某林系父子关系，二人已分家。1984年8月，张某能户取得农村土地承包经营权证，承包使用年限为15年以上，承包地人口6人，承包地面积27.5挑。1999年10月24日，张某能（甲方）与张某恒（乙方）签订《房屋买卖协议》，约定，张某能将位于沙河村3组的住房4间以及猪圈、竹林、院坝出卖给张某恒，价格1万元。2000年，双方在该《房屋买卖协议》上添加"原承包地（3人）交与张某恒承包"之内容。2009年8月30日签订的《农村土地承包合同》上填写的承包方户系"张某伦"，承包期限为1999年1月1日至2028年12月31日，合同承包方代表人签字处填写的姓名系"张某伦"。该合同附件即《土地承包情况登记表》（登记时间为2009年8月30日）上登记的户名为"沙河村3组张某伦"，承包方土地承包经营权共有人情况未填写，承包人签字处填写的姓名系"张某林"，承包地面积为2.998亩。《农村土地承包合同》上承包方代表人签字处的姓名"张某伦"，并非张某伦本人签字，该合同的附件即《土地承包情况登记表》上承包人签字处的姓名"张某林"，并非张某林本人签字。张某能与张某恒向法院提交的《土地承包情况登记表》系同一登记表。《农村土地承包经营权证》（2009年8月31日颁发）上承包方代表姓名先填写了"张某伦"，该名字被划掉后填写的姓名系"张某林"，土地承包经营权共有人记载的是张某林及其家庭成员，承包期限为1999年1月1日至2028年12月31日。承包地面积为2.998亩。诉争土地实际由张某林耕种。该起纠纷经武胜县龙女镇人民政府调解未果，争议承包地暂缓确权。张某能户遂诉至法院。

【案件焦点】

1. 张某能户对诉争土地是否享有承包经营权；2. 张某恒、张某林是否应当向张某能户返还承包地。

【法院裁判要旨】

四川省武胜县人民法院经审理认为：张某能户主张其系诉争土地的合法承包人，其将承包地转包给张某恒，未约定转包期限，现已向张某恒发出《解除合同通知书》，争议土地由张某林实际耕作，张某恒、张某林理应向张某能户返还承包地。张某恒辩称张某能户系将其承包地退出并交由张某恒承包而不是转包，张某恒代其子张某林接收了张某能户的承包地。张某林辩称在第二轮土地承包第二次确权时，村民委员会根据承包土地台账以及该承包地实际耕种情况进行了更正登记，其取得了新一轮的《农村土地承包经营权证》，张某林对诉争的土地享有承包经营权。双方对诉争土地的承包经营权的归属各执一词。

《中华人民共和国农村土地承包法》第二十二条①规定："承包合同自成立之日起生效。承包方自承包合同生效时取得土地承包经营权。"《中华人民共和国农村土地承包经营证管理办法》第九条规定："农村土地承包经营权证登记簿记载农村土地承包经营权的基本内容。农村土地承包经营权证、农村土地承包合同、农村土地承包经营权证登记簿记载的事项应一致。"本案《农村土地承包合同》（2009 年 8 月 30 日签订）上填写的承包方户系"张某伦"，承包方代表人签字处填写的姓名系"张某伦"，但该合同的附件即《土地承包情况登记表》上承包人签字处填写的姓名系"张某林"，《农村土地承包合同》与《土地承包情况登记表》系一整体，而承包方签字处分别填写了"张某伦"与"张某林"两个不同的姓名。同时《农村土地承包经营权证》（2009 年 8 月 31 日颁发）上承包方代表姓名先填写了"张某伦"，该名字被划掉后填写了"张某林"，《农村土地承包合同》《土地承包情况登记表》与《农村土地承包经营权证》上记载的重要事项即承包人姓名不一致。土地承包经营权的设立以土地承包合同生效为前提，本案《农村土地承包合同》上承包方代表人签字处的姓名"张某伦"，并非张某伦本人签字，该合同的附件即《土地承包情况登记表》上承包人签字处的姓名"张某林"，并非张某林本人签字，《农村土地承包合同》与《土地承包情况登记表》系一整体，无法确定在第二轮农村土地承包第二次确权时发包方将诉争土地发包给张某能承包还是张某林承包，同

---

① 编者注：本条对应 2018 年 12 月 29 日发布的《中华人民共和国农村土地承包法》第二十三条。

样亦无法确定本案诉争土地的承包经营权由张某能户享有还是由张某林享有。

土地使用权是土地承包经营权的基础和前提，土地承包经营权作为一种土地使用权，属于用益物权的一种，本案双方的争议实质上是土地使用权争议。本案诉争土地的使用权归属尚未明确，须先经有权的人民政府经法定程序予以确权。现张某能户未能举出充分的证据证实其对诉争的土地享有土地承包经营权，其应当承担举证不能的法律后果，故对张某能户的诉讼请求，不予支持。

四川省武胜县人民法院依照《中华人民共和国农村土地承包法》第二十二条，《中华人民共和国民事诉讼法》第六十四条第一款和《最高人民法院关于适用〈中华人民共和国民事诉讼法〉的解释》第九十条、第九十一条第一项规定，判决如下：

驳回张某能户的诉讼请求。

张某能户不服一审判决，提起上诉。

四川省广安市中级人民法院经审理认为：张某能与张某恒于1999年10月24日签订《房屋买卖协议》，约定由张某能将位于沙河村3组的住房4间以及猪圈、竹林、院坝出卖给张某恒。2000年，双方在该《房屋买卖协议》上添加“原承包地（3人）交与张某恒承包”这一内容，能够证明张某能有将案涉土地交与张某恒承包经营的意思表示，现案涉土地亦由张某林耕种。但现有证据既无法认定张某能户在第二轮农村土地承包确权时已取得案涉土地承包经营权，亦无法认定张某恒、张某林在第二轮农村土地承包确权时取得了案涉土地承包经营权。故诉争土地的承包经营权尚未明确，须经有权的人民政府经法定程序予以确权。因张某能户未能举出充分的证据证实其对诉争土地享有土地承包经营权，理应承担举证不能的法律后果，故对张某能户的上诉请求，不予支持。综上所述，张某能户的上诉请求不能成立，应予驳回；一审判决认定事实清楚，适用法律正确，应予维持。

四川省广安市中级人民法院依照《中华人民共和国民事诉讼法》第一百七十条第一款第一项规定，判决如下：

驳回上诉，维持原判。

【法官后语】

农村土地是“三农”之根本，是农业发展的基础，也是农民的基本生产资料和生活保障。近年来，小城镇建设、新农村建设如火如荼，涉及农村土地的各类矛盾纠纷层出不穷，如何妥善审理好涉及农村土地纠纷的案件，成为法院当前面临的一大难题。本案是一起因要求返还承包地及土地补偿费而引发的返还原物纠纷，争议焦点是张某能户对诉争土地是否享有承包经营权。土地承包经营权作为一种土地使用权，本案实质为土地使用权归属争议。

土地权属争议是指因土地所有权和使用权的归属不清，在争议产生前土地上的权利就处于不确定状态，因归属问题而引发的纠纷。按照产生争议的主体不同，可以将土地权属争议分为单位之间的争议、个人之间的争议以及个人与单位之间的争议。按照争议土地权属性质的不同，可以将土地权属争议分为土地所有权争议与土地使用权争议。此类争议主体具有多样性，争议客体具有特定性。形成的原因复杂多样，既有历史原因，又有地界划分和行政建制变化的原因。大多表现为年代久远、情况复杂、查证难度大以及政策性强等特征，这种纠纷的基础法律关系更多体现为行政法律关系。对土地权属争议解决路径的理解应把握：

一、对土地权属争议不能提起民事诉讼

土地权属争议从表面上看似乎是平等民事主体之间因“财产关系”而发生的争议，属于民事诉讼受案范围。但并非所有平等民事主体之间因“财产关系”而发生的争议均属于法院民事诉讼的受案范围。《中华人民共和国民事诉讼法》第一百二十四条第三项规定：“依照法律规定，应当由其他机关处理的争议，告知原告向有关机关申请解决。”根据《中华人民共和国土地管理法》和《中华人民共和国森林法》相关规定，土地或林地使用权确权及其争议处理，是政府的法定职权，同时也是其专属的行政权力，其他组织和部门无权作出处理决定。因审判权无权干预土地确权及其争议的处理，故通过司法审理土地纠纷的前提是诉争土地使用权明确。《中华人民共和国土地管理法》第十六条①也明确规定，行政处理是土地权属争议提起民事诉讼的前置程序，该类争议不能直接向法院起诉。

二、土地权属争议由政府予以处理的性质及其效力

土地权属发生争议后，当事人可协商解决，协商不成的，必须由有关人民政府

① 编者注：本条对应2019年8月26日发布的《中华人民共和国土地管理法》第十四条。

先行处理。这里的“处理”是指有关人民政府按照其职责与管辖范围，对土地所有权和使用权争议作出的一种行政裁决，属于国家行政机关运用国家行政权力解决实际纠纷的活动，是一种具体行政行为。若当事人对政府的行政处理结果不服，可在接到处理决定书之日起60日内，依照《中华人民共和国行政复议法》申请行政复议，也可不经行政复议，在接到行政处理决定书之日起30内直接向人民法院提起行政诉讼。

本案中张某能户以返还原物提出诉求，而行使返还请求权的前提是对标的有合法的所有权或使用权。但是本案双方当事人所举证据均不能证明自己对诉争土地享有明确的使用权，纠纷的实质是土地使用权争议。故本案不属于法院民事诉讼受案范围。

编写人：四川省武胜县人民法院　郑绍刚　滕俊贤

二、承包地征收补偿费用分配纠纷

16

承包地征收补偿款中的地上附着物及青苗补偿费、安置补助费等费用应当归属于实际经营权人

——陈某金诉厦门市同安区五显镇布塘村第一村民小组承包地征收补偿费用分配案

【案件基本信息】

1. 裁判书字号

福建省厦门市同安区人民法院（2018）闽0212民初2564号民事判决书

2. 案由：承包地征收补偿费用分配纠纷

3. 当事人

原告：陈某金

被告：厦门市同安区五显镇布塘村第一村民小组（以下简称布塘一组）

【基本案情】

陈某金系布塘一组集体经济组织成员。1996年3月19日，陈某金与布塘一组订立《山地承包合同》：陈某金向布塘一组承包址于腾四方、畅仔西的五十亩荒山地用于种植果树，承包期限共三十五年，自1996年4月1日至2031年3月31日。承包期内，若按国家的法律、法规、政策规定需终止本合同或国家、集体、外商的建设需要征用本山地，布塘一组应负责处理赔偿陈某金经济损失。

2016年，布塘一组集体所有的461亩土地因厦门火炬高新技术产业基地建设需

要被征收。根据同安区五显镇政府与同安区五显镇布塘村委会达成的征地折迁安置补偿协议，征地补偿款以包干形式发放，包干费用为综合地价6.4万元/亩，青苗、地上附着物及水利设施摊销费1.5万元/亩、按时交地奖励金0.8万元/亩、调剂费1.0万元/亩等。布塘一组已收到同安区五显镇政府支付的上述461亩土地的征地补偿款4250.17万元。布塘一组已按照7万元/人的标准发放土地补偿款。

陈某金承包的50亩山地在本次征收范围内。陈某金是厦门盈梅花圃有限公司的独资自然人股东及法定代表人。厦门盈梅花圃有限公司于陈某金承包经营的50亩山地范围内经营苗圃。为征收工作，厦门恒源房屋征迁服务有限公司委托厦门九十度测绘有限公司对被征收对象火炬二期厦门盈梅花圃有限公司（陈某金）测绘如下：龙眼树占地总面积为19.4亩，果苗占地面积为15.46亩，管理房及附属设施占地面积为1.19亩，地块内总面积为45.72亩。

2017年4月8日，同安区五显镇人民政府与厦门盈梅花圃有限公司就案涉土地上的苗圃搬迁征收拆除补助费达成协议：1. 大树移植搬迁及包干补助费：苗圃占地面积：386.08平方米（折合0.58亩）。按6万元/亩（无用地红线的按50%）的90%给予大树移植搬迁补助，补助款1.566万元。大树移植包干补助费：苗圃占地面积：386.08平方米（折合0.58亩）按2.5万元/亩（包含青苗包干1.5万元/亩，1万元调剂费）的90%给予补助，补助款1.305万元。2. 果苗移植及地上物包干补助费：苗圃占地面积10305.64平方米（折合15.46亩），按2.5万元/亩（包含青苗包干1.5万元/亩，1万元调剂费）的96%给予补助，补助款37.104万元。3. 青苗及地上物包干补助：苗圃总占地面积：12934.33平方米（折合19.4亩），青苗包干1.5万元/亩给予补助，补助款29.1万元。4. 简易房拆除补助费：简易房建筑面积494.63平方米，按160/平方米结合成新的95%给予补助，补助款75183.76元。5. 附属物拆除补助费：79895.46元。

2017年8月25日，陈某金就案涉山地起诉布塘一组要求分配补偿款，法院于2018年2月26日作出（2017）闽0212民初3961号民事裁定，以未经民主议定程序裁定驳回起诉。

【案件焦点】

实际经营权人分配地上附着物和青苗补偿款后，土地承包人是否有权以个人名义再分配附着物和青苗补偿款。

【法院裁判要旨】

福建省厦门市同安区人民法院经审理认为：陈某金起诉布塘一组要求分配地上附着物和青苗补偿款，法院在（2017）闽0212民初第3961号案件中以未经民主议定程序为由驳回起诉，现布塘一组已经民主议定程序发放了补偿款，故陈某金起诉布塘一组分配补偿款，法院予以受理。

关于陈某金是否有权要求布塘一组分配地上附着物和青苗补偿款的问题，陈某金作为自然人独资股东及法定代表人的厦门盈梅花圃有限公司在案涉土地上进行经营。2017年4月8日，同安区五显镇政府就案涉土地范围内的青苗、管理房及附属物与厦门盈梅花圃有限公司签订《苗圃搬迁征收拆除补助协议书》，并实际支付了相应的补偿款。其中，五显镇人民政府就厦门盈梅花圃有限公司的补偿计算方式系按照公司实际投入情况采取包干结合实物清点的补偿方式，就厦门盈梅花圃有限公司占用的讼争山地进行补偿。该补偿方式与五显镇人民政府与布塘村委会订立的补偿协议中纯包干的补偿方式明显不一致。在征收工作中，陈某金同意厦门盈梅花圃有限公司作为被征收对象，以厦门盈梅花圃有限公司作为权利人与五显镇人民政府订立补偿协议，厦门盈梅花圃有限公司已就地上青苗及附着物获得足额赔偿，故陈某金再行以个人名义要求补偿，缺乏事实和法律依据。退一步讲，陈某金主张其个人还在案涉土地上种植果树，与火炬二期厦门盈梅花圃有限公司测绘图纸记载矛盾，与事实不符。

福建省厦门市同安区人民法院依照《中华人民共和国民事诉讼法》第六十四条第一款、第一百四十四条规定，判决如下：

驳回陈某金的全部诉讼请求。

【法官后语】

为最大限度发挥农村集体所有土地生产力，《中华人民共和国农村土地承包法》规定单位和个人可以以其他方式承包集体土地，包括拍卖、竞价、议价、公开协商等。以其他方式承包集体土地，经依法登记取得权属证书的，可以依法采取出租、入股、抵押或者其他方式流转土地经营权。承包人将土地经营权流转给第三人，出现承包权和经营权的分离。在涉及土地征收补偿时，《最高人民法院关于审理涉及农村土地承包纠纷案件适用法律问题的解释》第二十二条第二款规定，“承包方已将土地承包经营权以转包、出租等方式流转给第三人的，除当事人另有约定外，青苗补偿费归实际投入人所有，地上附着物补偿费归附着物所有人所有”。

本案中，陈某金与布塘一组签订的《山地承包合同》即以其他方式承包集体土地，后以其个人独资并作为法定代表人的厦门盈梅花圃有限公司为名在案涉土地上经营，虽然未采取签订合同等方式，但案涉土地的土地经营权实际上已经流转至厦门盈梅花圃有限公司。案涉土地被依法征用后，土地补偿款归于集体经济组织，厦门盈梅花圃有限公司作为土地实际经营权人，对该地上附着物及青苗补偿费享有权利。

陈某金是案涉土地的承包人，又是实际土地经营权人厦门盈梅花圃有限公司的独资自然人股东及法定代表人，双方的主体地位在法律上是独立的，因此，在审查其法律地位时应将双方予以区分。陈某金主张除厦门盈梅花圃有限公司经营外，其本人亦在承包地上进行生产经营。陈某金作为厦门盈梅花圃有限公司的独资自然人股东及法定代表人，应当明知厦门盈梅花圃有限公司已就案涉土地地上附着物及青苗获得足额补偿，其再行主张权利，违背基本事实和诚信原则，不予支持。

编写人：福建省厦门市同安区人民法院　林思思

17

认定集体经济组织成员资格时应一并考量该组织经济民主认定程序产生的成员资格确认标准

——宋某莉诉江苏省南京市溧水区洪蓝街道无想寺社区居民委员会毛家山村村民小组、江苏省南京市溧水区洪蓝街道无想寺社区居民委员会承包地征收补偿费分配案

【案件基本信息】

1. 裁判书字号

江苏省南京市溧水区人民法院（2018）苏0117民初6012号民事判决书

2. 案由：承包地征收补偿费分配纠纷

3. 当事人

原告：宋某莉

被告：江苏省南京市溧水区洪蓝街道无想寺社区居民委员会毛家山村村民小组（以下简称毛家山村民小组）、江苏省南京市溧水区洪蓝街道无想寺社区居民委员会（以下简称无想寺社区居委会）

【基本案情】

宋某莉出生后即落户在毛家山村60号，系毛家山村村民并在该村享有土地承包经营权。2013年，宋某莉与南京市溧水区拆迁安置有限公司就其坐落在毛家山村的房屋达成拆迁补偿安置协议。2016年10月，毛家山村民小组在进行征地补偿款分配时，经投票表决后就外嫁女人口征地补偿款分配制订了口头方案：2013年9月24日之前人口款项每人165000元，外嫁女分配90%即148500元；2次分田人口款项每人80000元。其中确定“2013年9月24日之前人口”的标准为2013年9月24日拆迁小组进场之前本村民小组的常住户口。后毛家山村民小组按照上述方案向宋某莉发放了2013年9月24日之前人口款项148500元及2次分田人口款项80000元。宋某莉认为毛家山村民小组、无想寺社区居委会的行为侵害了其集体经济组织成员的权益，故起诉至法院，请求法院判令撤销毛家山村民小组集体征地资产分配中“2013年9月24日之前人口款项每人165000元，外嫁女分配90%”的方案，并要求毛家山村民小组、无想寺社区居委会支付其征地补偿款16500元。

【案件焦点】

1. 如何确认集体经济组织成员资格；2. 如何保护外嫁女的合法承包地征收补偿费分配权益。

【法院裁判要旨】

江苏省南京市溧水区人民法院经审理认为：《最高人民法院关于审理涉及农村土地承包纠纷案件适用法律问题的解释》第二十四条规定，农村集体经济组织或者村民委员会、村民小组，可以依照法律规定的民主议定程序，决定在本集体经济组织内部分配已经收到的土地补偿费。征地补偿安置方案确定时已经具有本集体经济组织成员资格的人，请求支付相应份额的，应予支持。毛家山村民小组已实际收到了讼争的土地补偿费；宋某莉出生后首次户口登记即在毛家山村民小组，至今未迁出，且在毛家山村民小组享有土地承包经营权，已取得毛家山村民小组的集体经济组织成员资格。加之毛家山村民小组在分配2013年9月24日之前人口款项时亦以2013年9月24日前农村集体经济组织所在地常住户口作为确定集体经济组织成员资格的标准，故宋某莉具有领取征地补偿款的资格。毛家山村民小组征地分配方案中“2013年9月24日之前人口款项每人165000元，外嫁女分配90%即148500元”的内容是对部分村民领取征地补偿款的不当限制，该分配内容虽经村民代表会议制定，但因侵犯了部分村民的合法财产权利，应当对该内容予以撤销。撤销该内容的法律效果为宋某莉享有与其他村民同等的待遇，故对宋某莉要求毛家山村民小组支付其征地补偿款16500元的诉请，予以支持。因无想寺社区居委会并非案涉征地分配方案的制订主体与征地补偿款的分配主体，故对宋某莉要求无想寺社区居委会承担责任的诉讼请求，不予支持。江苏省南京市溧水区人民法院依照《最高人民法院关于审理涉及农村土地承包纠纷案件适用法律问题的解释》第二十四条规定，作出如下判决：

一、撤销毛家山村民小组作出的分配方案中“2013年9月24日之前人口款项每人165000元，外嫁女分配90%即148500元”的决定；

二、毛家山村民小组于判决发生法律效力之日起十日内一次性支付宋某莉征地补偿款16500元；

三、驳回宋某莉的其他诉讼请求。

【法官后语】

随着城乡建设程度的不断加快及新农村建设的持续发展，出现大量农村土地被征收的现象。因农村土地属集体所有，本集体经济组织内部在承包地被征收后将面临补偿费如何分配的问题，随着人们维权意识的增强，承包地征收补偿费分配纠纷案件随之增多。

《最高人民法院关于审理涉及农村土地承包纠纷案件适用法律问题的解释》第二十四条规定，农村集体经济组织或者村民委员会、村民小组，可以依照法律规定的民主议定程序，决定在本集体经济组织内部分配已经收到的土地补偿费。征地补偿安置方案确定时已经具有本集体经济组织成员资格的人，请求支付相应份额的，应予支持。根据上述规定，土地补偿费的分配方案应当经由民主议定程序决定，但受根深蒂固的传统观念影响，集体经济组织在制订分配方案时往往对少数的“外嫁女”决定不分或少分土地补偿费，“外嫁女”合法的财产权益受到侵害。此处狭义的“外嫁女”指本集体经济组织已出嫁但户口未迁出的女性，广义的“外嫁女”则包括狭义的外嫁女所生的户口自出生时落户在本集体经济组织的子女以及入赘后户口迁入的女婿。

集体经济组织成员资格如何确认，目前法律、司法解释中并没有明确的规定，但分配承包地征收补偿费的前提必须要确认成员资格。通常而言，应当结合持续落户在本集体经济组织、在本集体经济组织内享有土地承包经营权或房屋、长期持续居住生活在本集体经济组织等因素来认定集体经济组织成员资格。此外，村民会议确定的成员资格确认标准也应一并作为确认成员资格的依据予以综合考虑。

村民会议经民主议定程序通过的分配方案能否产生约束力，不能将是否遵循村民自治原则作为唯一的衡量标准，衡量的首要标准应是分配方案内容是否符合合法性原则。分配方案的相关条款如侵犯了部分集体经济组织成员的合法财产利益，法院应当予以撤销。撤销相应条款的法律效果为利益受侵害的集体经济组织成员享有与其他村民同等的待遇，利益受侵害的集体经济组织成员要求支付相应征地补偿费的主张，应当予以支持。具体到本案，宋某莉出生后首次户口登记即在毛家山村民小组，一直未迁出，且在毛家山村民小组享有土地承包经营权，加之毛家山村民小组亦是以农村集体经济组织所在地常住户口作为确定集体经济组织成员资格的标准，应认定宋某莉已取得毛家山村民小组的集体经济组织成员资格。毛家山村民小组制订的分配方案不当地限制了宋某莉领取征地补偿费的权益，侵害宋某莉合法财产权益的条款应当被依法撤销，宋某莉请求支付相应份额征地补偿费的诉讼请求，依法应当予以支持。

编写人：江苏省南京市溧水区人民法院　逯婷婷

18

出嫁女、入赘男参与承包地征收补偿费用分配的资格认定

——刘某芬等诉刘某全、石某英承包地征收补偿费用分配案

【案件基本信息】

1. 裁判书字号

广西壮族自治区玉林市中级人民法院（2018）桂09民终1088号民事判决书

2. 案由：承包地征收补偿费用分配纠纷

3. 当事人

原告（被上诉人）：刘某芬、刘二某、刘三某

被告（上诉人）：刘某全、石某英

第三人（上诉人）：刘某超、刘某瑜、刘某有

第三人：刘某振

【基本案情】

刘某振、陈德某系刘某全、刘某芬、刘二某、刘三某父母，石某英系刘某全妻子，刘某超、刘某瑜、刘某有系刘某全、石某英儿女。文某清系刘某振母亲。

1984年落实农村土地责任承包制时，刘某振户共9人，包括刘某振、刘某全、石某英、刘某芬、刘二某、刘三某、陈德某、刘某超、文某清。刘某振户家庭承包了玉林市玉州区南江街道合汉村第九村民小组（以下简称合汉村九组）的水田8.24亩、坡地4.7亩。刘某芬、刘三某、刘二某先后于1988年、1989年、1993年出嫁，出嫁后3人均搬迁到夫家居住，并都已经转为非农户口，不再参与刘某振户承包土地的耕种、管护和收益。刘某振户承包的土地也一直未增未减，由刘某振、刘某全、石某英全家耕种、管护和收益。2015年，国家征用合汉村九组的土地建设玉东湖，根据《玉东湖征用九组土地补偿款登记表》记载，共征用刘某振户水田8.2193亩、旱地0.2055亩，共计8.4248亩。刘某全、石某英领取土地补偿款共计

497052.23元。玉东湖建设征用合汉村九组的土地分两部分，一部分是没有分包到户的集体管理的土地，土地补偿款经民主投票按投票表方案3即常住人口和实际人数进行分配；一部分是分包到户家庭承包经营的土地，土地补偿款的数额按征地亩数确定，分配到户。土地征用补偿款分配时，刘某振户常住人口有刘某振、刘某全、石某英、刘某超、刘某瑜、刘某有以及刘某瑜的妻子李某凤、孩子刘某园等。刘某芬、刘二某、刘三某请求刘某全、石某英支付应得份额遭拒后，认为根据《土地承包法》和《中华人民共和国妇女权益保障法》的相关规定，刘某全、石某英的行为已严重侵犯其合法权益，遂起诉至法院要求分配相应征地补偿款。

【案件焦点】

刘某芬、刘二某、刘三某是否具有参与合汉村九组被征用承包土地补偿费的分配资格。

【法院裁判要旨】

广西壮族自治区玉林市玉州区人民法院经审理认为：第一，刘某芬、刘二某、刘三某、刘某全、石某英以及刘某振、陈德某、刘某超、文某清原为同一户家庭成员，于1984年以家庭承包的方式共同承包合汉村九组的水田8.24亩、坡地4.7亩，其中刘某芬、刘二某、刘三某、刘某全、石某英、刘某振、陈德某、刘某超每人承包一份水田为0.97亩、坡地为0.55亩，文某清为半份。刘某全、石某英虽辩称，“1984年刘某振户系按户承包土地，刘某芬、刘二某、刘三某未承包土地”，但与法院查明的事实不符，不予采信。刘某全、石某英还辩称，“征地时刘某芬、刘二某、刘三某户口已迁出，非刘某振户和合汉村九组成员，无权领取征地补偿款”，刘某芬、刘二某、刘三某虽陆续出嫁，并将户口从刘某振户迁出到各自位于其他村的大家，但刘某芬、刘二某、刘三某在大家没有承包地。根据《中华人民共和国农村土地承包法》第三十条①的规定“承包期内，妇女结婚，在新居住地未取得承包地的，发包方不得收回其原承包地；妇女离婚或者丧偶，仍在原居住地生活或者不在原居住地生活但在新居住地未取得承包地的，发包方不得收回其原承包地。”再

① 编者注：本条对应2018年12月29日发布的《中华人民共和国农村土地承包法》第三十一条。

结合刘某芬、刘二某、刘三某的生产、生活状况，应当认定三人具有合汉村九组村民资格，对涉案土地仍享有承包经营权，理应分得相应的征地补偿款。

第二，合汉村九组出具的《证明》载明，“刘某振户1984年共有8.5人承包九组责任田、责任坡……2015年国家建设玉东湖征用刘某振户土地面积共8.4248亩，共得征地土地补偿款497052.23元，每人每份应得土地补偿款为58476.73元”，可见合汉村九组对土地补偿费的分配方案是按每户被征用承包地面积计算该户土地补偿款后，由该户按1984年落实农村土地责任承包制时确定的承包人员及相应份额进行平均分配。土地补偿款属于村民小组集体所有，合汉村九组对土地补偿款的分配决定属于行使村民自治权的行为，也是所有权人对财产权利处分的行为，没有违反法律强制性规定，故合汉村九组作出的上述土地补偿款分配方案，是合理、合法、有效的，对该方案户主刘某振也表示认可。刘某全、石某英作为刘某振户的代表到合汉村九组处领取了该户土地补偿款497052.23元，该款虽为户内共有财产，但该笔财产是从合汉村九组上述分配方案分配得来的，而且是特定承包人承包地被征收的补偿款，具有一定的相对性，因此，刘某全、石某英应向刘某芬、刘二某、刘三某每人支付土地补偿款58476.73元。刘某芬、刘二某、刘三某要求刘某全、石某英支付每人征地补偿款58476.73元的诉讼请求，有事实和法律依据，依法予以支持。

广西壮族自治区玉林市玉州区人民法院依照《中华人民共和国农村土地承包法》第三十条，《最高人民法院关于审理涉及农村土地承包纠纷案件适用法律问题的解释》第二十四条规定，作出如下判决：

刘某全、石某英向刘某芬、刘二某、刘三某各支付征地补偿款58476.73元。

刘某全、石某英、刘某超、刘某瑜、刘某有不服一审判决，提起上诉。

广西壮族自治区玉林市中级人民法院经审理认为：《最高人民法院关于审理涉及农村土地承包纠纷案件适用法律问题的解释》（法释〔2005〕6号）第二十四条规定：“农村集体经济组织或者村民委员会、村民小组，可以依照法律规定的民主议定程序，决定在本集体经济组织内部分配已经收到的土地补偿费。征地补偿安置方案确定时已经具有本集体经济组织成员资格的人，请求支付相应份额的，应予支持……”征地补偿费用分配权是基于集体经济组织成员的身份而产生的，只能在本集体经济组织成员内部进行分配，不具有集体经济组织成员资格的人，不能参与土地补偿费的分配。刘某芬、刘二某、刘三某虽然诉请参与分配刘某振户家庭承包经营土地被征用的土地补偿款，但刘某振户家庭承包的土地仍然是合汉村九组集体所有的土地。因此，刘某芬、刘二某、刘三某诉讼请求得到支持的前提，是三人具有合汉村九组集体经济组织的成员资格。而认定当事人是否具有集体经济组织的成员资格，要综合考虑当事人生产、生活状况、户口登记状况以及农村土地对农民的基本生活保障功能等因素综合认定，一般应考虑当事人是否在集体经济组织所在地生产、生活并依法登记为常住户口、是否以农村集体经济组织的土地为基本生活保障。刘某芬、刘二某、刘三某已先后与其他经济组织男性成员结婚，户口已迁入夫家所在地集体经济组织，并已到夫家所在地经济组织生产、生活，脱离了合汉村九组的生产、生活，20 多年均未参与刘某振户承包土地的耕种、管护和收益，也不以刘某振户承包土地作为其基本生活保障，应当认定为不具有合汉村九组成员资格，也不具有参与合汉村九组被征用承包土地补偿费的分配资格。至于刘某芬、刘二某、刘三某主张按照《中华人民共和国农村土地承包法》第三十条规定："承包期内，妇女结婚，在新居住地未取得承包地的，发包方不得收回其原承包地……"她们仍然是被征用土地的承包方，对承包土地征用补偿费有分配权，该理由不能成立。根据《中华人民共和国农村土地承包法》第十五条①规定："家庭承包的承包方是本集体经济组织的农户。"第二十七条第一款②规定："承包期内，发包方不得调整承包地。"第三十条规定："承包期内，妇女结婚，在新居住地未取得承包地的，发包方不得收回其原承包地……"这些都是对家庭承包方式的规定，特别是对依靠原承包土地生产、生活的出嫁妇女承包权的保护。但这一规定并不表示妇女出嫁以后，不再参与原家庭承包土地的耕种、管护和收益，不再依靠原家庭承包土地生产、生活，户口也不在当地的情况下，可以参与原家庭承包土地征地补偿款的分配。

综上，刘某全、石某英、刘某超、刘某瑜、刘某有关于刘某振户获得征地补偿款时，刘某芬、刘二某、刘三某已丧失分配资格，刘某芬、刘二某、刘三某的诉讼

---

① 编者注：本条对应 2018 年 12 月 29 日发布的《中华人民共和国农村土地承包法》第十六条第一款。

② 编者注：本条对应 2018 年 12 月 29 日发布的《中华人民共和国农村土地承包法》第二十八条第一款。

请求应不予支持的上诉请求成立，依法予以支持。刘某芬、刘二某、刘三某关于判令刘某全、石某英向其支付征地补偿款175430.19元（每人各58476.73元）的诉讼请求，没有事实和法律依据，不予支持。本案双方当事人刘某全、刘某芬、刘二某、刘三某系亲兄妹关系，血浓于水，虽然法律不支持刘某全、石某英必须把征地补偿款分配给刘某芬、刘二某、刘三某，但法律双方本着互谅互让、团结和睦、维护亲情的原则，尽量协商解决双方的矛盾纠纷。

广西壮族自治区玉林市中级人民法院依照《中华人民共和国民事诉讼法》第一百七十条第一款第二项规定，判决如下：

一、撤销广西壮族自治区玉林市玉州区人民法院（2017）桂0902民初1676号民事判决；

二、驳回刘某芬、刘二某、刘三某全部诉讼请求。

【法官后语】

依据《中华人民共和国农村土地承包法》第十五条“家庭承包的承包方是本集体经济组织的农户”的规定，土地承包经营权的承包方是农户，而非农户内的成员。农村土地承包实施“增人不增地、减人不减地”，农村土地承包经营户因死亡、出生、子女成年、兄弟分家、婚姻关系、赡养老人等原因，其户内成员会发生人数变动，直接影响到该户所得征地补偿款的分配。近年来，因国家征收农村土地承包经营户承包地的补偿费用分配纠纷时有发生。

《最高人民法院关于审理涉及农村土地承包纠纷案件适用法律问题的解释》（法释〔2005〕6号）第二十四条规定：“农村集体经济组织或者村民委员会、村民小组，可以依照法律规定的民主议定程序，决定在本集体经济组织内部分配已经收到的土地补偿费。征地补偿安置方案确定时已经具有本集体经济组织成员资格的人，请求支付相应份额的，应予支持……”征地补偿费用分配权是基于集体经济组织成员的身份而产生的，只能在本集体经济组织成员内部进行分配，无论是第一轮土地承包时计入分地名册的家庭成员还是后来新增加的家庭成员，只要具有本集体经济组织成员的资格，都可以参与土地补偿费的分配，不具有集体经济组织成员资格的人，不能参与土地补偿费的分配。而认定当事人是否具有集体经济组织的成员资格，要综合考虑当事人生产生活状况、户口登记状况以及农村土地对农民的基本生活保障功能等因素综合认定，一般应考虑当事人是否在集体经济组织所在地生产生活并依法登记为常住户口、是否以农村集体经济组织的土地为基本生活保障。出嫁女、入赘男只要在新居住地生产、生活，一般可视为取得新居住地的集体经济组织成员资格，成为家庭承包土地新的共同权利人，同时也就丧失了原居住地的集体经济组织成员资格和原有的土地承包经营权。

就本案而言，刘某芬、刘二某、刘三某出嫁后，户口已迁出娘家所在地集体经济组织，转为非农户口，并已到夫家所在地生产、生活，脱离了合汉村九组的生产、生活，20多年均未参与刘某振户承包土地的耕种、管护和收益，也不以刘某振户承包土地作为其基本生活保障，应当认定为不具有合汉村九组成员资格，也不具有参与合汉村九组被征用承包土地补偿费的分配资格，其请求分配征地补偿款不应得到支持。

编写人：广西壮族自治区玉林市中级人民法院　郑燕冰

19

具备集体经济组织成员资格的“外来户”有权参与农村土地征收补偿费用分配

——谭某兴等诉阳西县织篢镇联安村委会大地村村民小组侵害集体经济组织成员权益案

【案件基本信息】

1. 裁判书字号

广东省阳西县人民法院（2018）粤1721民初605号民事判决书

2. 案由：侵害集体经济组织成员权益纠纷

3. 当事人

原告：谭某兴、杨某媛、谭某铭、谭某创

被告：阳西县织篢镇联安村委会大地村村民小组（以下简称大地村）

【基本案情】

谭某高系谭某兴的父亲。谭某兴和妻子杨某媛生育儿子谭某铭、谭某创。

谭某高于新中国成立后到大地村居住、生活至今，其户籍亦一直登记在大地村。在二十世纪八十年代初，大地村实行第一轮家庭联产承包责任制分田到户，谭某高家庭在大地村分有责任田和自留地，并依法开展经营耕种。因建设高铁需要，国家于2015年6月9日、2015年7月3日、2016年11月28日和2018年1月9日征收了大地村凤岭、长岭尾、晒谷岭和网岭的土地，所得的征地补偿款分别为130783.15元、6608元、364692.67元、412790.55元。另外，2017年还有预留地折价96994.05元，合计1011868.42元。后经大地村村集体讨论决定：1. 2015年至2017年土地补偿款用于分配的款项为599077.87元，其中按田份分配的标准为每人1300元，按人口分配的标准为每人800元；2. 2018年土地补偿款用于分配的款项为412790.55元，其中按田份分配的标准为每人1300元，按人口分配的标准为每人800元；3. 以谭某兴等5户家庭不属于大地村刘氏太公后人，不是大地村村民且国家征用土地属于大地村刘氏宗族自留岭等为由，拒绝分配土地补偿费给谭某兴等5户家庭。为此，谭某兴等5户家庭分别向法院提起诉讼，请求大地村按分配标准分别支付土地征收补偿款4600元、1800元、1800元、1800元给谭某兴、杨某媛、谭某铭、谭某创。

【案件焦点】

1. 具备集体经济组织成员资格的“外来户”有无权利参与农村土地征收补偿费用的分配；2. 上述人员参与分配时是否受限于入户时间、被征收土地的性质及用途等因素。

【法院裁判要旨】

广东省阳西县人民法院经审理认为：根据《中华人民共和国物权法》第六十三条第二款规定，集体经济组织、村民委员会或者其负责人作出的决定侵害集体成员合法权益的，受侵害的集体成员可以请求人民法院予以撤销。《中华人民共和国村民委员会组织法》第二十七条第二款规定，村民自治章程、村规民约以及村民会议或者村民代表会议的决定不得与宪法、法律、法规和国家的政策相抵触，不得有侵犯村民的人身权利、民主权利和合法财产权利的内容。谭某高婚后生育三个儿子，即谭某弟、谭某兴、谭某才（其中谭某弟、谭某才已另案起诉），现已各自组建了家庭，其家庭成员的户口均在大地村，也一直耕种大地村分给谭某高的责任田和自留地，并在大地村建有房屋并居住、生活至今，应予认定大地村同意接收谭某高一家（包括其三个儿子各自组建的家庭）为其集体经济组织成员。《最高人民法院关于审理涉及农村土地承包纠纷案件适用法律问题的解释》第二十四条规定：“农村集体经济组织或者村民委员会、村民小组，可以依照法律规定的民主议定程序，决定在本集体经济组织内部分配已经收到的土地补偿费。征地补偿安置方案确定时已经具有本集体经济组织成员资格的人，请求支付相应份额的，应予支持……”大地村以谭某兴等5户家庭不属于大地村刘氏太公后人，不是大地村村民且国家征用土地属于大地村刘氏宗族自留岭等为由，拒绝给大地村村集体成员即户口仍登记在大地村的谭某兴等5户家庭分配土地补偿款，该行为违反了上述法律规定，侵犯了谭某兴等5户家庭的合法财产权益。现谭某兴家庭主张其应享有大地村村集体成员待遇，分得涉案土地补偿费的理据充分，予以支持。根据大地村确定的分配原则，谭某兴、杨某媛、谭某铭、谭某创有权按照参与分配的人的标准分得土地补偿款。

广东省阳西县人民法院依照《中华人民共和国物权法》第六十三条第二款，《中华人民共和国村民委员会组织法》第二十七条第二款，《最高人民法院关于审理涉及农村土地承包纠纷案件适用法律问题的解释》第二十四条规定，作出如下判决：

限大地村在本判决发生法律效力之日起十日内分别支付土地补偿款4600元、1800元、1800元、1800元给谭某兴、杨某媛、谭某铭、谭某创。

【法官后语】

随着我国城市化进程的加快，农村集体土地被大量征收征用，进而引发一系列有关土地征收补偿费用分配的问题。虽然《最高人民法院关于审理涉及农村土地承包纠纷案件适用法律问题的解释》第二十四条已经明确规定，具备集体经济组织成员资格的人员可以请求参与分配，但现实生活中，具备集体经济组织成员资格的人，也会因为外嫁女、入赘男、外来户等身份或者兄弟分家等情况而与集体经济组织发生纠纷。

本案中，大地村并未否认谭某兴家庭的集体经济组织成员资格，承认谭某兴家庭是大地村村民，拒绝分配征地补偿款给谭某兴家庭的理由是谭某兴家庭的村民资格是其父亲谭某高搬迁到本村生活居住而取得的，属外来户；而征收的土地为大地村刘氏宗祠地，非刘氏村民不得参与分配。这样的理由显然不能成立。首先，根据《中华人民共和国土地管理法》第九条“城市市区的土地属于国家所有。农村和城市郊区的土地，除由法律规定属于国家所有的以外，属于农民集体所有；宅基地和自留地、自留山，属于农民集体所有”的规定，土地属于国家所有或者农民集体所有，并不存在所谓“宗祠土地所有权”；其次，农民集体所有的性质是指所有成员平等所有，法条中未对“农民集体”一词作出任何形式的限定，姓氏、性别、年龄等因素都不能影响或限制某一个体成员享有的权利，更不能因这些因素剥夺成员的权利。且《最高人民法院关于审理涉及农村土地承包纠纷案件适用法律问题的解释》第二十四条规定，“征地补偿安置方案确定时已经具有本集体经济组织成员资格的人，请求支付相应份额的，应予支持”，该法条同样未对集体经济组织成员资格的取得方式、取得的时间作出任何限定，在实践中也不应当作限缩解释。现实生活中，存在部分村集体经济组织以“上门女婿”“外来户”“独门户”等种种理由拒绝分配补偿款给该部分村民的情况，实质上是一种不公正待遇甚至是歧视，有违公平正义的法律原则。回到本案中，谭某兴家庭的户口登记在大地村，其家庭在大地村分配的土地上耕种并长期生活、居住在大地村，具备大地村成员资格，有权参与土地征收赔偿款的分配。

农村城镇化的快速推进，加剧了农村地区的人口流动，有人进城务工，也有人通过购房、搬迁、入赘等各种方式迁入村集体经济组织，通过行使相应的权利履行相应的义务取得该村集体经济组织的成员资格。一旦取得成员资格，这些人与该集体经济组织的其他成员一样，平等地享有权利，其权利同样应该得到保护。如果将有权参与征地补偿款分配的村民从落户时间、落户方式、姓氏等方面作出限定，无疑违背了上述第二十四条规定的立法本意。因此，被征收的土地只要是属于集体经济组织的，其所得的征地补偿款就应当平等地分配给每一个成员，该土地此前的性质或用途、成员的姓氏或性别、成员资格的取得时间或取得方式等都不能成为限制、剥夺具备成员资格的村民参与分配的权利。

编写人：广东省阳西县人民法院　许彤彤

20

农村土地征收补偿款分配案件中的责任主体及父母子女间表见代理的认定

——张某芹诉汤阴县城关镇五里村村民委员会承包地征收补偿费用分配案

【案件基本信息】

1. 裁判书字号

河南省安阳市中级人民法院（2018）豫05民再42号民事判决书

2. 案由：承包地征收补偿费用分配纠纷

3. 当事人

原告（被上诉人、被申请人）：张某芹

被告（上诉人、再审申请人）：汤阴县城关镇五里村村民委员会（以下简称五里村委会）

【基本案情】

张某芹夫妇系五里村村民，在该村王家坟地块共分得承包地1.98亩（实际面积1.9014亩），并持有汤阴县人民政府颁发的《土地承包经营权证书》。张某芹的丈夫已经去世，其丈夫在世时，夫妇二人曾与三个儿子共同签订《赡养双老协议书》，约定将上述土地全部交给三个儿子平均耕种。长子张某忠（已故）因在该地块没有其他土地，故将属于自己的份额交给三子张某华耕种。2016年春，汤阴县人民政府征收了五里村集体耕地2.6666公顷（包括王家坟地块中的部分土地）。4月，张某芹通过五里村委会领取1.2616亩土地补偿款，张某芹次子张某国通过五里村委会领取2.5543亩土地补偿款和青苗补助费（包括张某芹分给其耕种的份额）。张某芹认为五里村委会将属于自己的0.6398亩土地补偿款发放给其次子系履行对象错误，遂向法院起诉，请求法院判决五里村委会向其补发0.6398亩的土地补偿款。

【案件焦点】

1. 张某芹的承包地是否属于征收范围；2. 五里村委会应否向张某芹支付土地补偿款。

【法院裁判要旨】

河南省汤阴县人民法院经审理认为：根据张某芹提供的《土地承包经营权证书》及家庭户口本，张某芹是本案争议的王家坟地块1.98亩耕地的土地承包经营权人。从张某芹提供的照片以及村委会记账凭证中的《五里村第二水厂占地明细》内容上均显示张某芹的名字及款项金额，张某芹的承包地在征收范围内，征收土地各项费用应当自征地补偿、安置方案批准之日起三个月内全额支付。五里村委会制作了征地明细表并代发放征地补偿款，但在履行过程中未能正确履行职责、精准发放补偿款，在张某芹未授权的情况下，擅自将张某芹的征地补偿款发放他人，应承担违约责任。

河南省汤阴县人民法院依照《中华人民共和国土地管理法》第四十六条[①]、第四十七条[②]，《中华人民共和国土地管理法实施条例》第二十五条规定，作出如下判决：

一、限五里村委会于本判决生效后 10 日内，向张某芹发放承包地征收补偿款 38260 元；

二、驳回张某芹其他诉讼请求。

五里村委会不服一审判决，提起上诉。

河南省安阳市中级人民法院同意一审法院意见，依照《中华人民共和国民事诉讼法》第一百七十条第一款第一项规定，作出如下判决：

驳回上诉，维持原判。

二审宣判后，五里村委会向河南省高级人民法院申请再审。

河南省高级人民法院于 2018 年 9 月作出裁定，以五里村委会将相应的承包地征收补偿款应当发放给谁、是否发放到位等事实认定不清为由，指令河南省安阳市中级人民法院再审本案。

河南省安阳市中级人民法院经再审认为：第一，张某芹的承包地虽现由其两个儿子进行耕种，但五里村委会无相关证据可以证明该涉案土地已经发生流转，且张某芹提供的《土地承包经营权证书》也可以说明涉案土地的承包土地经营权并未变更。故对于五里村委会称张某芹夫妇的土地已发生流转的主张，不予支持。第二，张某芹的承包地属于征收范围，五里村委会在代发放征地补偿款的过程中，未经张某芹授权，将张某芹征地补偿款发放给他人。由于五里村委会未能正确履行职责、精准发放补偿款，酿成本案纠纷，应承担相应责任，对其再审理由，不予支持。原一审、二审判决五里村委会向张某芹发放承包地征收补偿款并无不当，予以维持。

河南省安阳市中级人民法院依照《中华人民共和国民事诉讼法》第二百零七

① 编者注：本条参照 2019 年 8 月 26 日发布的《中华人民共和国土地管理法》第四十七条。

② 编者注：本条参照 2019 年 8 月 26 日发布的《中华人民共和国土地管理法》第四十八条。

条第一款，《最高人民法院关于适用〈中华人民共和国民事诉讼法〉的解释》第四百零七条第一款之规定，作出如下判决：

维持二审判决。

【法官后语】

农村土地征收与补偿是与农民利益切身相关的政府行为，此过程中涉及多方主体，因承包地征收补偿费用分配引发的纠纷也成为实践中的难题，这些法律问题在实践中均有不同的看法，本案不仅涉及村委会的主体资格，还涉及父母子女之间的代理等问题，具有典型性。

1. 村委会是否是适格主体

村委会是村民的自治组织，并不是国家政权机关，也不是乡镇的派出机构，其主要的职责有两个：一是以法人的名义进行民事活动，对村民进行经济管理和社会管理。二是受乡镇政府委托，办理与本村有关的事务。事实上在整个土地征收过程中，虽然大部分的审批权限在县、乡一级政府，但无论其是形式审查还是实质审查，村委会都会受政府委托协助审查，此时村委会行使的就是行政权力。而在最终的征地补偿款发放阶段，一般由征地单位将补偿款一次性拨给村委会，再由村委会发放至各个农民手中，村委会既充当政府补偿款的发放人，又是被征土地农民集体的代领取人。结合本案，张某芹的诉讼请求是要求五里村委会向其补发0.6398亩的土地补偿款，而五里村委会作为独立的法人组织，在发放补偿款的过程中将属于张某芹的补偿款发放给他人，故其是适格的民事被告，本案也属于民事案件。

2. 《赡养协议》中的约定是否发生土地流转的效力

首先，赡养老人是子女的法定义务，且赡养协议不得违反法律规定和老年人的意愿。其次，《中华人民共和国农村土地承包法》规定，承包方依法享有承包地使用、收益的权利，有权自主组织生产经营和处置产品。即承包土地的农民对其个人承包的耕地享有占有、使用、收益、流转、入股及处置等权利，这些权利可以单独处置也可以一并处置。本案中，张某芹与其三个儿子签订的赡养协议中，约定将土地交给自己的儿子耕种，其并未将自己的承包经营权全部处置，只是让渡出土地的占有、使用权，来确保自己得到赡养。同时，《中华人民共和国老年人权益保障法》第十七条规定："赡养人有义务耕种或者委托他人耕种老年人承包的田地，照管或者委托他人照管老年人的林木和牲畜等，收益归老年人所有。”这也说明，赡养协议中关于土地耕种的约定，只是年老者处置自己土地承包经营权中占有、使用权的行为，自己则依然享有收益、流转等权利。这一观点也在新修订的《中华人民共和国农村土地承包法》中得到验证。2018 年 12 月 29 日修订、2019 年 1 月 1 日施行的《中华人民共和国农村土地承包法》的亮点之一就是“三权分置”，即将土地的所有权、承包权、经营权分离，进一步明确了承包者既可以自己经营，也可以自己保留承包权，让渡经营权来获得财产权益，而在土地被征用以及退出后仍然享有获得财产补偿的权利。这一规定也有效地解决了与本案相类似的难题。

3. 父母子女之间代为民事行为是否构成表见代理

本案中，张某国作为张某芹的次子领取张某芹征地补偿款的行为是否当然属于表见代理，笔者认为，父母子女之间存在着特殊的身份关系，往往容易使相对人相信其存在代理权。为了在涉及第三人利益时的民事活动能够顺利进行，以及方便被代理人生活的需要，“一揽子”认定父母子女之间代为民事行为构成表见代理看似并无不妥，但是在一些重要的权益方面，则会损害被代理人利益甚至会损害第三人的利益。比如，本案中张某国领取张某芹土地补偿款的行为如果直接定性为表见代理，那么张某芹的利益将无法得到保护。故对于父母子女之间代为的民事行为不能一概而论，在实践中要根据案件的具体案情来判断，既要保护交易安全，又要考虑其亲属间的合法权益不受侵害，特别是重大事项，可以参照婚姻法解释中夫妻之间代理行为的规定，第三人需举证证明被代理人对代理人的代理行为有书面的授权或者知情且没有表示反对或者异议，方能认定一方以对方名义所为民事行为构成代理。

编写人：河南省安阳市中级人民法院 苏斐 郜云丽

21

农村集体经济组织成员资格的认定标准

——黄某花诉黄某京承包地征收补偿费用分配案

【案件基本信息】

1. 裁判书字号

广西壮族自治区崇左市江州区人民法院（2018）桂1402民初928号民事判决书

2. 案由：承包地征收补偿费用分配纠纷

3. 当事人

原告：黄某花

被告：黄某京

第三人：曾某英、黄某业、黄某娇、黄某海、黄某

【基本案情】

黄某花与黄某京系姐弟关系。曾某英与黄某京系夫妻关系，黄某、黄某业、黄某娇、黄某海系黄某京与曾某英的子女。1986年，黄某花从崇左市江州区濑湍镇岜羊村渠干屯出嫁到崇左市江州区江州镇渠座村岜宁屯。1995年，以黄某京为承包户户主，其户内成员有黄某等，与崇左市江州区濑湍镇岜羊村渠干经联社签订了土地承包合同书，承包期为30年（1995年6月1日至2024年6月1日），承包地有水田0.6亩，畲地6.7亩，开荒地5亩。2016年9月，崇左市政府因项目建设征收了崇左市江州区濑湍镇岜羊村渠干屯的土地，其中征收了以黄某京为户主名下的承包地27.611亩，所得的青苗补偿费及土地征收补偿费共计769625.65元。黄某花遂向法院提出诉讼，请求判令黄某京向其返还征地补偿款及青苗补偿费25万元。

另查明，以黄某花的丈夫黄某益为承包户户主的户内成员有黄某花、黄某精、黄某康，于2016年12月20日与崇左市江州区江州镇渠座村岜宁经联社签订了

《农村土地（耕地）承包合同》，承包期为30年（1995年1月1日至2024年12月31日），承包地有7.38亩田地。

【案件焦点】

在农村土地征收补偿费用分配纠纷中，农村集体经济成员的资格如何界定。

【法院裁判要旨】

广西壮族自治区崇左市江州区人民法院经审理认为：我国农村集体经济组织实行的是以家庭经营为基础、统分结合的双层经营体制，并实行“增人不增地，减人不减地”的土地承包原则。土地承包经营权属于用益物权的一种，是农村居民一项重要的民事权利，土地承包经营权共有人之间具有家庭关系，家庭成员所享有的土地承包经营权及其相应的收益属于家庭共有财产的范畴。由于农户承包土地的共有成员之间具有家庭关系，且没有约定该共有是按份共有，所以其权益应属家庭成员共同共有，家庭内部的所有成员依法对承包土地享有承包经营权，依法享有承包地征收补偿费用分配的权利。根据《中华人民共和国农村土地承包法》第十五条[①]规定：“家庭承包的承包方是本集体经济组织的农户。”只有在农户中生产、生活的人员，才具有农户成员的主体资格，而且农村土地承包经营权是农户成员从事生产、维系生活的基本保障，农民享有土地承包权的同时还要承担相应的义务。黄某花婚后已将户籍迁入夫家即崇左市江州区江州镇渠座村岜宁屯，并成为夫家承包户内的成员，失去了崇左市江州区濑湍镇岜羊村渠干屯的集体经济组织成员资格，现黄某花主张其应当参与分配黄某京户内承包地征收补偿费用，没有事实和法律依据，不予支持。黄某花主张其一直在涉案承包地耕种甘蔗，黄某京应当退还相应的青苗补偿费，但未能提交任何证据证实其耕作的甘蔗面积及损失，故不予支持。

依照《中华人民共和国农村土地承包法》第十五条、第十六条第二项[②]，《中华人民共和国物权法》第四十二条，《中华人民共和国土地管理法实施条例》第二十六条第一款，《中华人民共和国民事诉讼法》第六十四条，《最高人民法院关于

---

① 编者注：本条对应2018年12月29日发布的《中华人民共和国农村土地承包法》第十六条第一款。

② 编者注：本条参照2018年12月29日发布的《中华人民共和国农村土地承包法》第十七条第四项。

适用〈中华人民共和国民事诉讼法〉的解释》第九十条规定，判决如下：

驳回黄某花的全部诉讼请求。

【法官后语】

当前，农村集体土地征收时有发生，征收费补偿方面极易引起纠纷。而分配需要认定农村集体经济组织成员资格，对此学界提出了如下几种观点。第一，户籍说。此种观点认为户籍管理制度属于国家行政管理制度。它与村民资格有着最为密切的联系。户口的迁入和迁出是一种有据可查的行政行为，用以确认农村集体经济组织成员资格具有最大的公正性和合理性。第二，生活保障说。持这种观点的学者认为，“土地是农民集体成员的基本生存保障”。对农村土地采取集体所有的形式，“就是为了保障每一个农村居民平等地获得生存保障”，或者说，保障每一个农村居民平等地获得生存保障是集体所有制土地的基本功能，所以，某个自然人能否成为集体组织的成员，取决于“他是否依赖集体土地为其基本的生存保障”。第三，权利义务说。有学者认为，科学分析、综合判断集体经济组织成员资格的取得，关键是看某自然人是否与该集体经济组织或其成员形成特定的权利义务关系，是否在农村集体经济组织的土地上生产和生活。

笔者认为，农村土地征收补偿费用分配纠纷问题与农村集体经济组织成员的资格认定紧密相连，具备集体经济组织成员资格才有权参与农村土地征收补偿费用分配。集体组织成员资格的判断，在尊重村（居）民自治的前提下，应结合户籍因素和生活保障基础作综合考量。生活保障基础，是指村（居）民与集体组织形成较为固定的生产、生活关系，包括长期在集体组织所在地生产、生活或虽暂时不在集体组织所在地生产、生活，但其生活保障仍须依附于该集体组织等情形。总体来说，由于当前中国的社会结构包括农村的社会结构处于不断变动之中，农村集体经济组织成员资格的认定比较复杂。单一的户籍标准或单一的居住地标准已不适合作为集体成员资格的认定标准，为了兼具公平和效率，笔者建议借鉴部分省市的立法经验，以户籍为基础，以必要生活来源、权利义务对等因素为补充，作为集体经济组织成员资格认定的基本思路。本案涉及在农村土地征收补偿费用分配纠纷中，农村集体经济成员资格的界定。原告方通过婚嫁方式已在其他村落获得了土地承包经营权，按照利益对应的关系，其生活保障依附地应为夫家所在村落，再要求参与原户籍地承包地征收费用分配的理由不足。

编写人：广西壮族自治区崇左市江州区人民法院　许欢

22

以非家庭承包方式承包的农村土地被征收的，土地增值部分的补偿归集体所有

——曾某富诉来宾市兴宾区迁江镇迁江社区居民委员会、来宾市兴宾区迁江镇迁江社区第11生产队承包地征收补偿费用分配案

【案件基本信息】

1. 裁判书字号

广西壮族自治区来宾市兴宾区人民法院（2018）桂1302民初1910号民事判决书

2. 案由：承包地征收补偿费用分配纠纷

3. 当事人

原告：曾某富

被告：来宾市兴宾区迁江镇迁江社区居民委员会（以下简称居委会）、来宾市兴宾区迁江镇迁江社区第11生产队（以下简称11队）

第三人：来宾市兴宾区征地搬迁安置工作办公室（以下简称征地办）

【基本案情】

1996年11月19日，曾某富与居委会签订合同书承包那扭片荒岭（地名，亦称那定岭）南面30亩土地栽果育林，期限为三十年（1996年11月19日至2026年11月19日），承包费为200元/年。合同签订后，曾某富在该土地上种植蜜橘等作物，并向居委会缴纳承包费。此后，曾某富逐渐往那扭片荒岭北面扩大种植面积。

2016年9月，因“桂中治旱乐滩水库灌区二期工程迁江分干渠”项目征收那

扭片荒岭北面土地。经测量，征收面积为15.168亩，地类为旱地，地上种植有蜜橘，地类补偿标准为44002元/亩（包括征收集体土地的奖励标准10000元/亩），土地补偿费为667422元。因对该款项有争议，故征地办并未发放，而是由其暂时保管。青苗补偿费已发放给曾某富。

2016年12月1日，经兴宾区迁江镇政府组织居委会、11队共同协商，达成协议："一、高岭一带的那定岭即曾某富承包经营的土地权属为11队所有，原居委会与曾某富签订的发承包有效……二、居委会发包给曾某富承包经营种植的果树及其他物种权属归曾某富所有，承包期满该土地由11队自主经营……三、该土地如遇到国家项目征用，土地补偿费用归11队所有。果树及其他物种的补偿归承包者所有。"

2018年4月24日，曾某富与居委会因上述征地补偿款发生纠纷向迁江镇人民调解委员会申请调解，因双方分歧过大，曾某富放弃调解，该调解委员会决定终止调解。

2018年6月20日，曾某富以涉案土地经其耕种后由荒地变为旱地，该土地增值部分补偿费应归其所有为由诉至法院。诉讼中，法院根据曾某富的申请采取财产保全措施，并依法追加11队为本案被告。

【案件焦点】

1. 征地办是否是本案的适格主体；2. 涉案土地补偿款因土地的性质是否应当分配给曾某富。

【法院裁判要旨】

广西壮族自治区来宾市兴宾区人民法院经审理认为：本案是曾某富与土地所有人居委会、11队之间关于承包地征收补偿费用分配产生的纠纷，征地办虽不是土地的所有人，也不是地上附着物的所有人，但其根据法律规定发放土地征收补偿费，本案处理结果同其有法律上的利害关系，因此，征地办是本案的适格主体。

关于涉案土地补偿款因土地的性质是否应当分配给曾某富的问题。首先，补偿费是因土地被征收后，政府依法给予失地者的补偿费用，包括土地补偿费、安置补助费、地上附着物和青苗补偿费等费用。其次，土地补偿费是对农村集体土地所有权的补偿，只能被分配给本集体经济组织的成员，而青苗补偿费则是针对青苗的实际投入人的补偿，即谁耕种谁受益。涉案土地不属于曾某富，虽然由曾某富耕种管理，但并不影响或改变涉案土地的权属性质，且曾某富已经获得了青苗补偿费。最后，曾某富在涉案土地上投入资源提升地力，属于生产性投入，应归于生产成本，由此曾某富也获得了经营收益。综上所述，对曾某富要求支付征地补偿费增值部分，不予支持。

广西壮族自治区来宾市兴宾区人民法院依照《中华人民共和国物权法》第四十二条规定，作出如下判决：

驳回曾某富的全部诉讼请求。

曾某富不服一审判决，提起上诉。

广西壮族自治区来宾市中级人民法院经审理认为：我国农村土地承包的方式有两种形式，即“家庭承包”和“其他方式的承包”。根据法律规定，两种承包方式最大的区别在于，家庭承包的承包人享有在承包地被依法征用时获得相应补偿的权利，而其他方式的承包则没有这样的规定。这意味着以其他方式承包土地的承包人并不当然享有获得相应承包土地补偿费的权利。土地补偿费是国家在征收集体土地后，为了保障以土地为主要生产资料和生活来源的失地农民的基本生活，解决因土地被征收后剩余劳动力的安置问题而发给被征收单位的专属款项，只能补助给失去土地的农村集体经济组织及其成员。很显然，其他方式的承包人并不存在因土地被征用而丧失基本生产资料和生活来源的问题，不需要专门的安置，其因土地被征用而发生的损失，可以通过领取地上附着物和青苗补偿费的形式得到弥补，故以其他方式承包的承包人无权请求农村集体经济组织支付土地补偿费。本案双方签订的承包合同，从其权利义务、承包期限、承包费等条款内容来看，不是作为家庭承包基于集体经济组织成员的权利而确定，而是基于双方共同协商确定，带有明显的商业性质，应认定为是以其他方式承包的合同。除非双方另有约定，否则征用土地补偿费的补偿对象，只能是被征用土地的所有人。另外，曾某富提到的《最高人民法院关于审理农业承包合同纠纷案件若干问题的规定》（试行）因已经废止，故曾某富作为土地其他方式的承包人，现请求由居委会、11 队支付土地补偿费中因其承包行为而增值的部分 409566 元，没有法律依据，不予支持。一审法院认定事实清楚，处理正确，应予以维持。

广西壮族自治区来宾市中级人民法院依照《中华人民共和国民事诉讼法》第

一百七十条第一款第一项规定，作出如下判决：

驳回上诉，维持原判。

【法官后语】

本案是征收已流转的集体土地所产生的土地征收补偿费分配纠纷。根据《中华人民共和国物权法》第四十二条第二款规定："征收集体所有的土地，应当依法足额支付土地补偿费、安置补助费、地上附着物和青苗的补偿费等费用，安排被征地农民的社会保障费用，保障被征地农民的生活，维护被征地农民的合法权益。"因此，土地补偿费是对土地所有权人的补偿，农村土地所有权人为农村集体组织，因此归农村集体经济组织所有。

一方面，根据《中华人民共和国农村土地承包法》规定，我国农村土地承包方式分为两种，一种是仅针对本集体经济组织成员的"家庭承包"，一种是无须具有特别资格的"其他方式的承包"。此两种承包方式分别在该法的第二章、第三章作出了规定。家庭承包的承包人享有在承包地被依法征用时获得相应补偿的权利，而其他方式的承包则没有这样的规定。这意味着以其他方式承包土地的承包人并不当然享有获得相应承包土地补偿费的权利。土地补偿费是国家在征收集体土地后，为了保障以土地为主要生产资料和生活来源的失地农民的基本生活，解决因土地被征收后剩余劳动力的安置问题而发给被征收单位的专属款项，只能补助给失去土地的农村集体经济组织及其成员。

另一方面，关于农村其他土地承包方式土地征收补偿，法律并未作出明确规定。涉案土地由居委会与曾某富签订承包合同，承包给曾某富，双方也未就土地征收补偿费进行约定。在双方发生纠纷后，迁江镇政府组织曾某富、居委会、11队进行调解处理，双方达成了调解协议，约定若土地被征收，除青苗费等地上附着物的补偿费外，征地补偿费归11队所有。此时，双方对土地增值部分的补偿费达成了补充约定，该补充约定并未违反法律规定，应属有效。同时，该土地的所有人为11队，在特殊的历史条件下由居委会将涉案土地发包给曾某富，若将涉案土地增值部分的补偿给予曾某富，对以土地作为生活来源的11队成员来说显失公平，也会产生不良的社会效果。此外，涉案土地承包合同期限为三十年，曾某富已经经营了二十多年，其对土地的投入也大体通过经营收益获得绝大部分的回收。故，根据上述协议关于土地补偿费归属的约定，以及曾某富就其投入已获得相应收益的事实，其无权请求分配涉案土地的增值部分的补偿费。

编写人：广西壮族自治区来宾市兴宾区人民法院　谭敬东

23

村民组关于土地补偿款违背相关法律规定的分配方案无效

——王某诉霍山县经济开发区洛阳河村马厂岗村民组、霍山县经济开发区洛阳河村民委员会侵害集体经济组织成员权益案

【案件基本信息】

1. 裁判书字号

安徽省霍山县人民法院（2018）皖1525民初393号民事判决书

2. 案由：侵害集体经济组织成员权益纠纷

3. 当事人

原告：王某

被告：霍山县经济开发区洛阳河村马厂岗村民组（以下简称马厂岗村民组）、霍山县经济开发区洛阳河村民委员会（以下简称洛阳河村委会）

第三人：霍山县经济开发区管理委员会

【基本案情】

1998年5月14日，王某与马厂岗村民组邵某平结婚，婚后生有一儿一女，王某户口迁至马厂岗村民组，成为该村民组成员，并在马厂岗村民组取得了土地承包经营权。2013年，王某与邵某平离婚，女儿归邵某平抚养，儿子归王某抚养，在实际生活中，两个孩子都随王某生活。在征收马厂岗村民组土地过程中，王某因房屋被征收得到了房屋征收补偿安置，现在王某虽与他人结婚，但一直在马厂岗村民组生产、生活，户口一直在该村民组处。2013年、2014年马岗厂村民组土地被征收，王某也分配到了土地补偿款。2017年10月30日，马厂岗村民组被征收的土地补偿

款按人均分配是9055元，马厂岗村民组其他成员都分配到土地补偿款，唯独王某没有分配到，针对此情况王某多次找马厂岗村民组、洛阳河村委会及相关部门要求解决都无济于事，现一人份额的9055元土地补偿款由马厂岗村民组存放在霍山县经济开发区管理委员会处。

马厂岗村民组关于土地款分配在2013年10月制订了草案，土地款的分配按现有的人口分配，人不在本组或人在本组户口不是本组的，都不参与分配。

【案件焦点】

马厂岗村民组关于土地补偿款的分配方案是否适用于已经离婚但依旧在村民组内的王某。

【法院裁判要旨】

安徽省霍山县人民法院经审理认为：1998年5月14日王某与邵某平结婚户口迁至马厂岗村民组时，即为该村民组成员，2013年双方离婚后，王某的户口也未迁出，其依旧在该村民组居住生活，且已分得2013年、2014年土地补偿款。虽然农村集体经济组织或者村民委员会、村民小组，可以依照法律规定的民主议定程序，决定在本集体经济组织内部分配已经收到的土地补偿费，但征地补偿费安置方案确定时已经具有本集体经济组织成员资格的人，请求支付相应份额的，应该支持。马厂岗村民组辩称经村民讨论决定，离婚只承认一个人口参与分配的决定，违反了上述法律规定，侵害了王某的合法利益。王某要求分得土地补偿款、安置款共计9055元的主张，符合有关法律规定，应予支持。依照《中华人民共和国农村土地承包法》第五条、第六条、第三十条①、第五十八条②，《最高人民法院关于审理涉及农村土地承包纠纷案件适用法律若干问题的解释》第十八条、第二十四条规定，作出如下判决：

一、马厂岗村民组于本判决生效后十日内给付原告土地补偿款、安置款9055元；

二、驳回王某要求洛阳河村委会给付土地补偿款、安置款的诉讼请求。

---

① 编者注：本条对应2018年12月29日发布的《中华人民共和国农村土地承包法》第三十一条。

② 编者注：本条参照2018年12月29日发布的《中华人民共和国农村土地承包法》第六十一条。

【法官后语】

根据《中华人民共和国村民委员会组织法》第二十七条第二款规定："村民自治章程、村规民约以及村民会议或者村民代表会议的决定不得与宪法、法律、法规和国家的政策相抵触，不得有侵犯村民的人身权利、民主权利和合法财产权利的内容。"同时，《中华人民共和国宪法》及《中华人民共和国妇女权益保障法》明确规定：妇女在经济、政治、文化生活等各方面均享有同男子平等的权利。《中华人民共和国农村土地承包法》第三十条规定："承包期内，妇女结婚，在新居住地未取得承包地的，发包方不得收回其原承包地……"《最高人民法院关于审理涉及农村土地承包纠纷案件适用法律问题的解释》第二十四条规定，农村集体经济组织或者村民委员会、村民小组可以依照法律规定的民主议定程序决定在本集体经济组织内部分配已经收到的土地补偿费。征地补偿安置方案确定时已经具有本集体经济组织成员资格的人，请求发包方支付相应份额的，应予支持。

土地征收补偿费是对集体经济组织所有的集体土地所有权的补偿，被依法征收后取得的土地补偿费，应当归全体成员共同所有。土地征收补偿费用分配权是基于成员身份而来的，且是均等的。成员资格不是单纯由婚姻关系状况决定的，且有本组织户籍、在本组织综合土地承包经营权且一直在本组织生产、生活的村民，不因离婚而丧失成员身份。

本案中，马厂岗村民组所确定的分配方案表面上是村民代表民主表决的结果，但该结果以王某离婚为由剥夺其参与分配土地补偿款的权利明显严重违背相关法律法规，完全是以部分村民表决意见来限制甚至剥夺少数村民的权益，这种方式无形中剥夺并侵害了少数村民的合法权益，实际上否定了王某集体经济组织成员的资格。虽然该村民组通过的征地款决议内容是多数村民的意志表现，但如果以多数村民进行民主测评的方式来确定个别村民是否享受村民待遇，就会造成少数村民的利益难以保障。因此，马厂岗村民组所确定的分配方案已侵犯了有本村村民资格的王某的合法财产权利，该决议内容对王某是无效的。王某属于马厂岗村民组合法村民，具有该村集体经济组织成员资格，依法享有征地款分配的权利。

编写人：安徽省霍山县人民法院　柯东升

24

村民集体决议不得侵害出嫁女的征地补偿分配权益

——喻某婷诉营山县济川乡合兴村第七村民小组、营山县济川乡合兴村村民委员会侵害集体经济组织成员权益案

【案件基本信息】

1. 裁判书字号

四川省营山县人民法院（2017）川1322民初364号民事判决书

2. 案由：侵害集体经济组织成员权益纠纷

3. 当事人

原告：喻某婷

被告：营山县济川乡合兴村第七村民小组（以下简称合兴村七组）、营山县济川乡合兴村村民委员会（以下简称合兴村委会）

【基本案情】

喻某婷出生后，户籍登记在合兴村七组，并且拥有承包地。2016年2月22日，喻某婷与谢某办理结婚登记，出嫁到其他乡镇。但喻某婷的户籍并未迁移，且在合兴村七组处继续保留了承包地。

因营山县巴南广高速公路东互通建设需要，营山县政府对合兴村七组的部分土地予以征收。2016年4月4日，营山县土地统征储备中心作为乙方与合兴村七组作为甲方签订《征收土地补偿安置协议书》，载明甲方农业总人口266人（包括喻某婷在内），并对补偿款等进行了约定。现合兴村七组已经领取了营山县土地统征储备中心支付的土地补偿款，只是未分发给村民。2016年9月15日，合兴村七组组织召开了村民大会，经与会村民讨论，村民大会最终形成了初步意见，并签署了一份凭证，载明“同意东互通246人分钱全体社员签字2016年9月15日开始生效”。合兴村七组负责人解释此证据属实，且载明的“246人”中不包括喻某婷。

2013年起，营山威力商品混凝土有限公司（以下简称营山威力公司）租赁合兴村七组的土地作水泥搅拌场，约定租赁期限至2021年9月。2016年9月，营山威力公司与合兴村七组解除了土地租赁协议，并支付了违约金、复耕费、污染费。合兴村七组将该笔费用中的165728元分发给246位村民，每人673.69元。但这246人不包括喻某婷。理由在于，村民集体讨论认为，喻某婷已经出嫁，户口应该迁走，对此款没有分配资格。

喻某婷对上述两个分配方案表示不服，多次与合兴村七组、合兴村委会沟通。因村民的集体阻力（村民普遍认为喻某婷没有分配资格），始终未能达成一致意见。喻某婷以合兴村七组的行为侵害了自身合法权益为由，诉至法院。

【案件焦点】

1. 出嫁女对于土地收益是否享有分配权；2. 村民集体会议关于剥夺喻某婷分配征地补偿款的决议是否合法有效。

【法院裁判要旨】

四川省营山县人民法院经审理认为：农村集体土地所有权属于村民集体成员共同所有。所以，来源于农村集体组织所有的土地等自然资源所产生收益的分配，如果没有法律的特别规定，应由享有村民待遇、具有土地承包权的全体村民共同参与、平等分配。即基于集体组织成员资格而分配的土地收益应当均等分配，不能对出嫁女差别对待。本案喻某婷自出生，户籍就一直登记在合兴村七组，并且在该集体经济组织有承包地。而合兴村七组又无证据证实喻某婷出嫁后取得了新的承包地，属于另一集体经济组织的成员。因此，喻某婷仍然属于合兴村七组的村民，对该组的土地仍然享有土地承包经营权。从而，喻某婷对合兴村七组的土地收益享有分配资格，即喻某婷对于营山县土地统征储备中心、营山威力公司支付的土地补偿款、违约金等享有分配权。

根据我国法律规定，对农村集体组织征地补偿款的分配方案应按照以下原则进行审查：首先，应符合民主议定原则。村民会议或村民代表会议是村民实行自治决定重大事项的机构，其讨论土地收益款分配和各项村务事项的决定、决议必须遵循《中华人民共和国村民委员会组织法》第二十四条所规定的民主议定原则，做到程序合法；其次，应符合合法原则。农民集体所有权的主体是通过一定组织形式整合的全体农民集体成员，一定范围内的全体农民集体成员通过村民会议或村民代表会议的方式对集体所有财产的使用、分配作出决策，形成集体意志，这就是法律赋予的村民自治权。征地补偿款分配方案是村民行使自治权的体现，在充分尊重村民自治权的前提下，村民会议、村民代表会议所作出的收益分配方案等决定、决议不仅应符合民主议定程序，其在内容上必须合法。《中华人民共和国村民委员会组织法》第二十七条第二款规定："村民自治章程，村规民约以及村民会议或者村民代表会议的决定不得与宪法、法律、法规和国家的政策相抵触，不得有侵犯村民的人身权利、民主权利和合法财产权利的内容。"否则，应认定收益分配方案无效。本案喻某婷作为合兴村七组集体经济组织成员之一，依法与该组其他成员享有同等权益，该权益不允许也不能够任意由村民的表决加以剥夺。虽然合兴村七组在款项分配前召开了村民会议，符合民主议定程序，但作出的方案侵犯了喻某婷作为集体经济组织成员获得同等收益分配的权利，应予纠正。

据此，四川省营山县人民法院依照《中华人民共和国民法通则》第五条，《中华人民共和国村民委员会组织法》第二十七条第二款规定，判决如下：

一、喻某婷对营山县土地统征储备中心支付给合兴村七组的征地补偿款具有分配资格；

二、喻某婷对营山威力公司支付给合兴村七组的违约金、复耕费、污染费中的165728元享有分配资格，应分取623.04元。此款，由合兴村七组在本判决发生法律效力后十五日内支付给喻某婷；

三、驳回喻某婷的其他诉讼请求。

【法官后语】

1. 本案的实质——民间法与国家法的冲突问题

在复杂多样的当代社会中，不可能只存在一元法律规范或者单一的社会秩序。"即使是在当代最发达的国家，国家法也不是唯一的法律，在所谓正式的法律之外，还存在大量的非正式法律。"即存在着国家法与民间法共存的现象。

依据文义解释，"所谓民间法，意指一种存在于国家之外的社会中，自发或预设形成，由一定权力提供外在强制力来保障实施的行为规则"。民间法作为一种特定的社会秩序，具有地域性与非正式性等特征。而国家法主要是指国家制定法，具有全局性与正式性等特征。因此，从概念角度而言，国家法与民间法不是完全统一的，二者之间存在着对立与契合的情形。

在喻某婷案件中，我们可以清晰地看到，村民大会作出决议时主要依据的是村民长期遵守的生活规范、村规民约以及传统风俗。即该地区村民在出嫁女是否具备征地补偿分配资格上主要以民间法为运行机制，来约束自己的行为。但是，该民间法的规定与我国现行的法律条款明显相违背，即与国家法相冲突。因此，本案的实质就是民间法与国家法的冲突问题。

2. 由本案得出的启示

基层社会是国家治理之末端。实现民间法与国家法的良性互动，有利于推进基层治理的法治化转型，有利于优化基层治理结构，是推进国家治理体系和治理能力现代化的重要内容。

(1) 科学立法，制定出更符合我国国情的法律制度

针对个别法律条款与我国传统风俗不符的情形，应就此展开科学论证，推进立法工作，制定出更加符合我国国情的法律制度，提升我国法律制度的质量。

首先，立法机关应当加强立法调研工作，对民间法与国家法相冲突的事项进行重点调研，经过多轮多方论证之后再予以立法完善，制定出更符合我国具体国情的法律条款。同时，立法机关应当合理扩大法律条文草案的意见征求范围，分别征求不同阶层、群体的意见，以此制定出符合民众真正意愿的“良法”。

其次，人民法院作为专门的司法机关，除了公正司法、严格而准确地适用法律之外，还应当注意收集民众对于具体法律条款认知接受的数据，并及时地反馈和积极地建言献策，为立法机关掌握民众对于法律条款的接受程度提供真实的数据信息，为健全符合我国国情的法律制度体系而努力。

最后，积极吸收、借鉴中华传统法文化与西方法学思想的有益因素，不断提升我国的法律质量。但是，应当注意的是，在吸收借鉴的时候，特别是借鉴西方法学时，并不意味着对其一味地照抄照搬，而是应当取其精华、去其糟粕，只借鉴参考对我国社会主义法律制度建设有益的内容，做到批判性吸收。

(2) 加强法制宣传，提升民众的法制意识

通过本案可以看出，我国部分地区，特别是西部基层地区民众的法制意识较为淡薄，许多时候仍然以传统的风俗习惯来约束、规范行为。因此，在“七五普法”

之际，我们应继续加强法制宣传工作，推动法制宣传的纵深发展，提升社会民众的法制意识。下面，以法院的法制宣传工作为例，进行分析。

第一，开展专项法制宣传活动。随着经济水平与科技水平的不断提升，每个时期的案件热点均存在不同程度差异，因此，法院等政法机关应当及时总结工作数据，围绕最新的热点案件开展专项法制宣传活动。例如，围绕“出嫁女”“离婚案件的财产分割”与“征地拆迁”等主题开展专项法制宣传活动，促进社会民众法制意识的提升。

第二，结合地域实际开展法制宣传工作。首先，人民法院应当立足于本地实际开展法制宣传，应当充分考虑本地的经济发展水平、民众的受教育程度等现实因素，如在西部基层的法制宣传以生活纠纷为主，在沿海发达地域的法制宣传以经济纠纷为主；其次，即使在同一地域，也应分地段开展法制宣传。如人民法院应当以城镇、城乡接合部、农村等为划分标准，在不同的地点开展不同内容的法制宣传。

第三，开展形式多样的法制宣传工作。受益于科技水平的不断提升，当下的舆论手段也愈加丰富。因此，法院等政法机关应当与时俱进，不断创新法制宣传方式，除了传统的报刊、杂志宣传以外，还可以通过微信、微博、拍摄法制宣传片、小视频等方式进行宣传，有效扩大宣传范围。

(3) 加大调解力度，实现民事纠纷的和谐化解

第一，坚持全程调解工作理念。人民法院受理涉及出嫁女的征地拆迁补偿纠纷案件时，应当始终坚持“调解优先、调判结合”的司法政策，明确调解在此类案件中的作用价值，积极创新调解工作的方式方法，争取以调解方式结案。例如，承办法官在此类案件中，务必坚持全程调解工作理念，以庭审为节点，将庭前调解、庭审调解与庭后调解有机结合起来，通过普法释法、耐心沟通，逐步打开当事人的“心结”，最大限度地实现纠纷的和谐化解。

第二，发挥“大调解”制度优势。当前，我国各地在各级党委政府的组织下已经构建了全方位的“大调解”机制。因此，人民法院在司法审判中，应当充分发挥“大调解”制度优势，形成疑难复杂案件的调解合力。以喻某婷案件为例，人民法院可以通过“大调解”机制，寻求地方政府、村委会等协助，对村民开展更大范围的法制宣传教育，帮助村民树立正确的法制观念，促进调解工作取得更好的成效。

第三，推进法院附设型调解制度建设。当前，我国正在开展特邀调解、律师调解等试点工作，并取得了一定的成效。对此，各地法院应当结合自身实际，积极探索附设型调解制度，合理配置社会调解力量，实现其与法院调解制度的有益配合，形成调解的制度合力。

编写人：四川省营山县人民法院　罗钰蓉　刘旭

25

土地补偿费如何分配属于集体经济组织自治范畴

——唐某生诉本溪市南芬区郭家街道办事处柏峪村民委员会承包地征收补偿费用分配案

【案件基本信息】

1. 裁判书字号

辽宁省本溪市南芬区人民法院（2018）辽0505民初100号民事判决书

2. 案由：承包地征收补偿费用分配纠纷

3. 当事人

原告：唐某生

被告：本溪市南芬区郭家街道办事处柏峪村民委员会（以下简称柏峪村委会）

【基本案情】

唐某生与唐某叶系兄弟关系，唐某叶于2012年5月29日死亡，其生前系柏峪村七组村民，同唐某生共同生活，其自留山和承包地由唐某生帮助经营。唐某叶承包地面积有台账记载的为0.3亩，其自留山面积无法确认。2006年，因本钢南芬露天矿2号排土场扩帮工程征占柏峪村七组集体土地，柏峪村七组村民于2006年4月10日采取紧急避险搬迁，2007年7月15日，柏峪村七组村民同本钢南芬露天矿签订避险搬迁协议，土地审批报卷时间为2013年12月30日。2017年7月28日，柏峪村七组召开户代表大会，通过了《柏峪村七组本钢2#排土场征地补偿款分配方案》。方案中明确了土地补偿款的分配对象、分配比例以及照顾事项，对2006年4月10日至2014年1月1日死亡的农户给予适当照顾，给付比例为其生前对应身份应得比例的80%。唐某生对唐某叶应得的征地补偿款的数额存有异议，故提起诉讼。

【案件焦点】

唐某叶死亡后是否丧失参与分配土地补偿款的权利，是否还具备分得土地补偿款的主体资格，土地补偿费应当如何使用、分配。

【法院裁判要旨】

辽宁省本溪市南芬区人民法院经审理认为：合法的民事权益受法律保护。唐某生并非柏峪村集体经济组织成员，其虽帮助唐某叶经营自留山和承包地，但在唐某叶死亡后，该农户整户消亡，其承包的土地及分得的自留山应当收归农村集体经济组织所有，相应的土地补偿费亦应当归农村集体经济组织所有。根据《中华人民共和国村民委员会组织法》的规定，土地补偿费如何使用、分配属于涉及村民利益的事项，应经村民会议讨论决定方可办理。农村集体经济组织或者村民委员会、村民小组，可以依照法律规定的民主议定程序，决定在本集体经济组织内部分配已经收到的土地补偿费。针对土地补偿费如何分配，柏峪村委会组织召开了户代表大会，并形成了征地补偿款的分配方案，方案中明确了土地补偿款的分配对象、分配比例以及照顾事项，属于村民自治的范畴，不违反法律规定，予以确认，故唐某生关于土地补偿费的主张缺乏事实和法律依据，不予支持。关于唐某生主张的自留山的林木补偿款，应当依据自留山的林地面积进行确认，唐某叶所有的自留山面积无法确认，唐某生亦没有提供充分证据对唐某叶自留山面积加以确认，故唐某生关于自留山林木补偿款的主张，不予确认。依照《中华人民共和国土地管理法实施条例》第二十六条，《最高人民法院关于审理涉及农村土地承包纠纷案件适用法律问题的解释》第二十四条，《中华人民共和国村民委员会组织法》第二十四条及《中华人民共和国民事诉讼法》第一百四十二条规定，判决如下：

驳回唐某生的诉讼请求。

【法官后语】

随着我国农村城镇化、城市化进程的加快，大量农村集体土地经征收转变为城市建设用地或工业用地。土地征收是不可逆转的过程，对于农民而言，土地承载着农民就业和社会保障的重大功能。补偿制度是土地征收制度中的核心问题，是保障被征地农民合法权益的关键所在，而其中承包地征收补偿费用分配制度又成为土地征收制度中的重中之重。

审判实践中，承包地征收补偿费用分配纠纷案件是土地类纠纷中最受关注的案件，数量呈逐年上升的态势，并表现出矛盾激烈、调解难度大、诉讼周期长、信访率高等特点，且案件标的额也相对较大，妥善处理该类案件不单纯是法律问题，也是关系到维护农民合法权益，促进农村改革发展稳定的重大社会问题，因此该类案件也成为当前涉农案件审判工作的一大难点问题。

本案处理的重点主要在于明确土地补偿费的分配原则。土地补偿费是对失地进行的补偿，是对土地所有权人的补偿，农村土地所有权人为农村集体经济组织，因此它归农村集体经济组织所有。根据《中华人民共和国土地管理法实施条例》第二十六条规定，土地补偿费归农村集体经济组织所有，补偿费“分不分”“分给谁”由其决定。根据《中华人民共和国村民委员会组织法》规定，土地补偿费如何使用、分配属于涉及村民利益的事项，应经村民会议讨论决定方可办理。农村集体经济组织或者村民委员会、村民小组，可以依照法律规定的民主议定程序，决定在本集体经济组织内部分配已经收到的土地补偿费。通过村民自治形成的征地补偿款的分配方案，在不违反法律规定的前提下，法院应当依法确认其效力。具体到本案中，针对土地补偿费如何分配，柏峪村委会组织召开了户代表大会，并形成了征地补偿款的分配方案，方案中明确了土地补偿款的分配对象、分配比例以及照顾事项，属于村民自治的范畴，不违反法律规定，应当予以确认。

值得注意的是，村组制订分配方案是村组行使自治权的体现，但该自治权不是绝对的，应受到法律、法规和国家政策的限制。分配方案的形成首先应符合民主议定程序，其次内容须合法。《中华人民共和国村民委员会组织法》第二十七条第二款规定：“村民自治章程、村规民约以及村民会议或者村民代表会议的决定不得与宪法、法律、法规和国家的政策相抵触，不得有侵犯村民的人身权利、民主权利和合法财产权利的内容。”因此，法院在审查分配方案时，应以宪法、法律、法规和国家政策规定为依据，凡是未违反宪法、法律、法规和国家政策规定的，且未侵犯村民合法人身权利、财产权利的，应确认其有效，反之，应确认无效。对集体经济组织所确定分配方案的合法性进行司法审查，准确把握村民自治与司法介入的关系，既有利于引导集体经济组织依法决策，也能保障村民个体的权益不被侵犯，更好地服务农村经济社会发展，维护农村社会和谐稳定。

编写人：辽宁省本溪市南芬区人民法院　魏星

三、土地承包经营权转包纠纷

26

承包土地农户成员要求返还因弃耕而被转包土地的主体资格及性质认定

——梁某娥等诉孝义市兑镇镇梁家原村村民委员会等土地承包经营权案

【案件基本信息】

1. 裁判书字号

山西省吕梁市中级人民法院（2018）晋11民终1727号民事判决书

2. 案由：土地承包经营权纠纷

3. 当事人

原告（上诉人）：梁某兰、梁某娥、梁某红

被告（被上诉人）：孝义市兑镇镇梁家原村村民委员会（以下简称梁家原村委会）、陆某宽、杨某马、程某斌

【基本案情】

梁某兰、梁某娥、梁某红是梁某南、张某容夫妇的女儿。梁某南家庭从1986年10月30日起承包位于本村打古脑土地0.8亩，圪洞则土地2.09亩，桥上土地0.46亩和柿子树5棵。孝义市人民政府于1994年12月为张某容颁发《集体土地使用证》。梁某南于1994年去世，张某容于1999年去世。此后，上述土地由梁某兰之夫杨某和耕种。次年，杨某和不再耕种。梁家原村委会遂决定将打古脑0.8亩土

地承包给陆某宽，将圪洞则2.09亩土地承包给杨某马，桥上0.46亩土地和5棵柿子树承包给程某斌。

【案件焦点】

1. 梁某兰、梁某娥、梁某红是否为本案适格主体；2. 梁某兰、梁某娥、梁某红能否要求返还因弃耕而被转包的土地。

【法院裁判要旨】

山西省孝义市人民法院经审理认为：梁某南夫妇去世后，梁某兰、梁某娥、梁某红未向梁家原村委会明确提出继续承包梁某南夫妇承包的土地。自梁某南夫妇去世后，梁某兰、梁某娥、梁某红怠于履行土地承包合同义务，致梁家原村委会作出终止土地承包合同关系的决定，并将诉争土地发包给陆某宽、杨某马和程某斌。现梁某兰、梁某娥、梁某红要求陆某宽、杨某马、程某斌返还诉争土地，梁家原村委会予以配合，缺乏法律依据。

综上，梁某兰、梁某娥、梁某红的诉讼请求不能成立，应予驳回。依照《中华人民共和国农村土地承包法》第十七条第三项①，《最高人民法院关于审理涉及农村土地承包纠纷案件适用法律问题的解释》第二十五条规定，判决：

驳回原告梁某兰、梁某娥、梁某红的诉讼请求。

梁某娥、梁某兰、梁某红不服一审判决，提起上诉。

山西省吕梁市中级人民法院经审理认为：农村土地承包实行家庭联产责任制承包，以户作为基本单位。农户存续的情况下，土地承包主体存续。梁某娥作为案涉土地承包农户一员，按照“增人不增地、减人不减地”原则，依法享有相应的土地承包经营权。梁某红、梁某兰已经转为城镇居民户口，不属于案涉承包土地农户成员，其作为本案原告主体不适格，依法应驳回其起诉。

《最高人民法院关于审理涉及农村土地承包纠纷案件适用法律问题的解释》第六条第一款规定，因发包方违法收回、调整承包地，或者因发包方收回承包方弃耕、撂荒的承包地产生的纠纷，按照下列情形分别处理：（一）发包方未将承包地

---

① 编者注：本条对应2018年12月29日发布的《中华人民共和国农村土地承包法》第十八条第三项。

另行发包，承包方请求返还承包地的，应予支持；（二）发包方已经将承包地另行发包给第三人，承包方以发包方和第三人为共同被告，请求确认其所签订的承包合同无效、返还承包地并赔偿损失的，应予支持。本案中，梁家原村委会将案涉土地收回，无论违法收回，抑或基于弃耕撂荒收回，按照前述法律规定，梁某娥请求陆某宽、杨某马、程某斌返还土地于法有据，应予支持。陆某宽、杨某马、程某斌耕种案涉土地期间，为提高该部分土地质量而支出的合理费用可依法向梁某娥另行主张。

综上所述，依照《最高人民法院关于审理涉及农村土地承包纠纷案件适用法律问题的解释》第六条，《中华人民共和国民事诉讼法》第一百一十九条、第一百七十条第一款第二项规定，判决如下：

一、撤销山西省孝义市人民法院（2017）晋1181民初1703号民事判决；

二、陆某宽返还梁某娥打古脑的土地0.8亩；杨某马返还梁某娥圪洞则的土地2.09亩；程某斌返还梁某娥桥上的土地0.46亩；梁家原村委会对前述返还义务予以配合；

三、驳回梁某兰、梁某红的原审起诉。

【法官后语】

近年来，在城市化和市场驱动下，因农村土地承包等行为引发的农村土地权益纠纷日益突出。本案所涉的农村集体经济组织成员要求返还弃耕土地纠纷是法院审理农村土地承包纠纷案件中常见的一种类型。

1. 对原告主体资格的审查与认定。我国农村土地由农村集体经济组织所有，实行家庭联产承包责任制。农村集体经济组织成员有权承包农村集体所有的土地。家庭承包的土地是以户为生产经营单位，家庭中部分成员死亡后，只要作为承包方的户还存在，该土地应由家庭中的其他成员继续承包。本案争议的标的为农村集体土地，基于我国近年来人口流动速度不断加快、户籍变动频繁的现实情况，告梁氏三姐妹是否有权要求村委会等返还其父生前承包的土地，首先要确认该三人现在是否属于该农村集体经济组织的成员，能否成为本案适格的主体。对于农村集体经济组织成员资格的认定，首先要从形式上审查当事人是否为农村户籍。经审查，梁某兰、梁某红已经转为城镇居民户口，不属于案涉承包土地农户成员，故该二人作为本案原告主体不适格。梁某娥具有农村户籍，且为其父承包土地时的家庭成员，故其作为本案原告主体适格。

2. 关于梁某娥能否要求返还因弃耕而被转包土地的问题。梁某娥在父母去世后作为土地承包户的家庭成员有权继续承包土地。根据《中华人民共和国农村土地承包法》第二十九条①“承包期内，承包方可以自愿将承包地交回发包方。承包方自愿交回承包地的，应当提前半年以书面形式通知发包方”之规定，梁某娥并未向梁家原村委会提交放弃承包涉案土地的意愿，虽然其在父母去世后对涉案土地仅耕种一年便弃耕，但梁家原村委会将涉案土地收回并重新调整划分给他人耕种，没有依据，侵犯了梁某娥的土地承包经营权。《最高人民法院关于审理涉及农村土地承包纠纷案件适用法律问题的解释》第六条规定：“因发包方违法收回、调整承包地，或者因发包方收回承包方弃耕、撂荒的承包地产生的纠纷（二）发包方已将承包地另行发包给第三人，承包方以发包方和第三人为共同被告，请求确认其所签订的承包合同无效、返还承包地并赔偿损失的，应予支持。但属于承包方弃耕、撂荒情形的，对其赔偿损失的诉讼请求，不予支持。”本案中，梁某娥并未请求确认梁家原村委会与陆某宽、杨某马、程某斌之间的发包合同无效，而是直接请求梁家原村委会与陆某宽、杨某马、程某斌返还土地。二审裁判支持了梁某娥的请求，实质上是认为梁家原村委会与陆某宽、杨某马、程某斌之间的发包合同不具有法律效力，于法有据。综上，无论是从立法初衷还是保护农民合法权益的角度，承包土地农户成员梁某娥要求返还因弃耕而被转包土地的诉求均应该得到支持。

编写人：山西省吕梁市中级人民法院　王晓强　何星洁

---

① 编者注：本条参照2018年12月29日发布的《中华人民共和国土地承包法》第三十条。

27

发包方在承包期内能否依据外嫁女在新居住地取得土地承包经营权收回其承包土地

——刘某春诉当阳市坝陵办事处坝陵村民委员会、卢某兰农村土地承包合同案

【案件基本信息】

1. 裁判书字号

湖北省宜昌市中级人民法院（2018）鄂05民终1412号民事判决书

2. 案由：农村土地承包合同纠纷

3. 当事人

原告（被上诉人）：刘某春

被告（上诉人）：卢某兰

被告（被上诉人）：当阳市坝陵办事处坝陵村民委员会（以下简称坝陵村委会）

【基本案情】

刘某春之父刘某英原系当阳市坝陵办事处军胜村（以下简称军胜村）村民，2004年，军胜村与原坝陵村合并组成新的坝陵村。1999年3月10日，刘某英取得军胜村水田1.76亩、旱田1.2亩的承包经营权，承包期限为30年。承包合同中载明“劳力二人”。2000年7月24日，刘某英因病去世，在处理后事时刘某春的叔父刘某明将承包合同及承包经营权证交给了刘某春，因刘某春当时在外打工无法耕种土地，刘某明将承包地交给军胜村委会，军胜村委会将本案争议的1.76亩水田交给本村村民卢某兰耕种，2005年6月27日在规范土地二轮承包时，坝陵村委会与卢某兰签订了该1.76亩水田的农村土地承包合同。2010年8月，该1.76亩水田被依法征用，土地补偿款56192元由卢某兰领取。刘某英一家原有妻子熊某梅、大

女刘某春、二女刘某华，后刘某英与熊某梅离婚，1999年刘某英签订土地承包合同时，熊某梅、刘某华均已去世，除刘某春外无其他直系亲属，刘某春1996年11月25日与当阳市两河镇孙场村（以下简称孙场村）的张某登记结婚，户籍仍保留在坝陵村委会。2005年7月8日，刘某春在孙场村获得农村土地承包经营权，土地4.98亩。

【案件焦点】

1. 土地承包经营权期限内，发包方能否收回承包地；2. 坝陵村委会与卢某兰签订的《农村土地承包合同》是否有效。

【法院裁判要旨】

湖北省当阳市人民法院经审理认为：1. 1999年刘某英与村委会签订的农村土地承包合同中载明“劳力二人”，因无证据证明当时刘某英尚有刘某春之外的直系亲属，且刘某春户籍从未从坝陵村委会迁出，可认定该二人应为刘某英、刘某春，即刘某春已在二轮承包中取得了争议土地的承包经营权，根据法律规定，该承包经营权期限为三十年，且在承包期内，发包方不得收回承包地。本案系因在农村土地承包期内发包方收回土地而引发的纠纷，依据《中华人民共和国农村土地承包法》第二十九条①规定，承包方自愿交回承包地的，应当提前半年以书面形式通知发包方，承包方在承包期内交回承包地的，在承包期内不得再要求承包土地。《最高人民法院关于审理涉及农村土地承包纠纷案件适用法律问题的解释》第十条规定，承包方交回承包地不符合农村土地承包法第二十九条规定程序的，不得认定其为自愿交回。2. 坝陵村委会未与刘某春正式解除承包合同关系，再次与卢某兰签订土地承包合同属重复发包，卢某兰不能取得争议土地的承包经营权，故坝陵村委会与卢某兰2005年6月27日签订的农村土地承包合同无效。3. 现争议土地已被依法征用，征用土地补偿金已由卢某兰领取，则卢某兰应向刘某春返还，刘某春在土地征用前一直未向坝陵村委会主张土地承包经营权，存在过错，现酌定支持卢某兰返还70%土地补偿款给刘某春，即39334元。坝陵村委会在未与刘某春解除土地承包合

---

① 编者注：本条参照2018年12月29日发布的《中华人民共和国农村土地承包法》第三十条。

同时又与卢某兰签订土地承包合同，存在过错，应承担返还土地补偿款的连带责任。4. 农村土地承包以户为单位，刘某春在夫家取得农村土地承包权，其夫家并没有因为刘某春的到来而另外多分土地，法律并没有禁止一人享有两处土地承包经营权的规定，且刘某春的户籍目前仍在坝陵村委会。湖北省当阳市人民法院依照《中华人民共和国农村土地承包法》第十六条第二项①、第二十九条，《最高人民法院关于审理涉及农村土地承包纠纷案件适用法律问题的解释》第十条，《中华人民共和国民事诉讼法》第一百四十四条规定，判决如下：

一、坝陵村委会与卢某兰 2005 年 6 月 27 日所签订的《农村土地承包合同》无效；

二、卢某兰返还刘某春征收土地补偿款 39334 元，坝陵村委会承担连带责任；

三、驳回刘某春的其他诉讼请求。

卢某兰不服一审判决，提起上诉。

湖北省宜昌市中级人民法院经审理认为：本案的核心问题是坝陵村委会与卢某兰 2005 年 6 月 27 日所签订的《农村土地承包合同》的效力问题。

1. 从查明的事实看，刘某春之父刘某英于 1999 年 3 月 10 日取得了军胜村水田 1. 76 亩、旱田 1. 2 亩的承包经营权，承包期限为 30 年。根据《中华人民共和国农村土地承包法》第三条第二款“农村土地承包采取农村集体经济组织内部的家庭承包方式”之规定，刘某英所承包的该水田 1. 76 亩、旱田 1. 2 亩土地系以刘某英为承包方代表（户主）全体家庭成员共同承包经营的农村土地。由于刘某英在承包上述土地之前已同熊某梅离婚，且熊某梅、二女儿刘某华已去世，在无证据证明刘某英除大女儿刘某春外还有其他家庭成员的情况下，该承包地依法应由刘某英和刘某春共同享有《中华人民共和国农村土地承包法》第十六条②规定的各项权利。根据《中华人民共和国农村土地承包法》第二十四条③的规定，在承包期内，当刘某英去世后，其作为承包方承包的上述土地依法应由刘某春继续享有承包权。

---

① 编者注：本条参照 2018 年 12 月 29 日发布的《中华人民共和国农村土地承包法》第十七条第四项。

② 编者注：本条参照 2018 年 12 月 29 日发布的《中华人民共和国农村土地承包法》第十七条。

③ 编者注：本条对应 2018 年 12 月 29 日发布的《中华人民共和国农村土地承包法》第二十五条。

2. 刘某春结婚后，根据《中华人民共和国农村土地承包法》第二十六条第一款、第二款[①]“承包期内，发包方不得收回承包地。承包期内，承包方全家迁入小城镇落户的，应当按照承包方的意愿，保留其土地承包经营权或者允许其依法进行土地承包经营权流转”之规定，且刘某春的户口依然登记在坝陵村，坝陵村委会作为发包方应当依法保障刘某春对其父亲刘某英承包土地的承包权。

3. 根据《中华人民共和国农村土地承包法》第二十六条第三款[②]“承包期内，承包方全家迁入设区的市，转为非农业户口的，应当将承包的耕地和草地交回发包方。承包方不交回的，发包方可以收回承包的耕地和草地”，第二十九条“承包期内，承包方可以自愿将承包地交回发包方。承包方自愿交回承包地的，应当提前半年以书面形式通知发包方。承包方在承包期内交回承包地的，在承包期内不得再要求承包土地”等规定，坝陵村委会对于符合条件的承包地可以依法予以收回并进行调整。但是，坝陵村委会收回或者调整承包地时应当依照上述法律规定，《最高人民法院关于审理涉及农村土地承包纠纷案件适用法律问题的解释》第五条和第十条，国务院办公厅国办发明电［2004］21号《关于妥善解决当前农村土地承包纠纷的紧急通知》“承包期内，除承包方全家迁入设区的市转为非农业户口的，不得收回农户的土地承包经营权”的规定进行，否则坝陵村委会的相关行为即为无效。

本案所涉1.76亩水田系刘某英去世后由刘某春叔父刘某明交给军胜村委会并由该村委会交给卢某兰耕种的，2005年6月27日在规范土地二轮承包时由坝陵村委会与卢某兰签订该1.76亩水田的农村土地承包合同。承包地系村民赖以生存、生活和发展的最基本、最重要的生产资料，因此，法律和司法解释对于农村承包地的取得、放弃、收回、调整均作了明确规定。刘某明并非刘某春的直系亲属，无证据证明其将1.76亩水田交给军胜村委会获得了刘某春的书面授权（许可）或者刘某春的事后追认，更不能证明刘某春确系自愿将涉案承包地交回坝陵村委会。坝陵村委会作为农村土地发包方也并未提供刘某春自愿交回本案所涉1.76亩水田承包地的证据，故其在2005年6月27日同卢某兰签订《农村土地承包合同》将该1.76

① 编者注：本条对应2018年12月29日发布的《中华人民共和国农村土地承包法》第二十七条第一款、第二款。

② 编者注：本条参照2018年12月29日发布的《中华人民共和国农村土地承包法》第二十七条第三款。

亩水田发包给卢某兰违反上述法律和司法解释规定的条件和程序，该合同无效。

需要指出的是，根据《最高人民法院关于审理涉及农村土地承包纠纷案件适用法律问题的解释》第六条第一款以及国务院办公厅国办发明电［2004］21号《关于妥善解决当前农村土地承包纠纷的紧急通知》“要严格执行《农村土地承包法》的规定，任何组织和个人不能以欠缴税费和土地撂荒为由收回农户的承包地，已收回的要立即纠正，予以退还”的规定，即使刘某春存在弃耕、撂荒的情形，坝陵村委会也无权因此收回本案所涉1.76亩水田承包地，何况坝陵村委会在本案中也并未提供确实、充分的证据证明刘某春存在弃耕、撂荒的事实。

4. 关于卢某兰、坝陵村委会提出刘某春在夫家孙场村已经获得农村土地承包经营权的问题。《中华人民共和国农村土地承包法》第三十条[①]对妇女农村土地承包权作出的特别保护性规定，是对发包方收回特定条件下妇女承包地的禁止性规定。出嫁妇女合法承包农村土地后能否在其他农村集体经济组织又承包农村土地并非本案需要解决、能够解决、应该解决的问题，即便刘某春婚后在孙场村获得了土地承包经营权属实，该“事实”既不能作为认定刘某春系自愿交回本案所涉1.76亩水田的依据，也不能作为认定坝陵村委会将该1.76亩水田发包给卢某兰合法有效的依据；如果刘某春在孙场村获得土地承包经营权不符合法律规定，应当由该村集体经济组织及其成员通过法定程序进行认定并作出处理。

湖北省宜昌市中级人民法院依照《中华人民共和国民事诉讼法》第一百七十条第一款第一项规定，判决如下：

驳回上诉，维持原判。

【法官后语】

近年来，随着经济社会的发展，越来越多的农民进城务工，导致其承包经营的农村土地被闲置，确实有很多人担心其承包经营的土地是否会被收回。总体上看，不论是我国城镇化，还是农民进城后市民化，都是一个长期的过程，不可能一蹴而就。对进城农民来说，承包地和宅基地的权益是他们在农村的最后一点财产和利益。基于这个现实状况，立法者在制定农村土地承包法时，都以承包期内不得随意

---

① 编者注：本条对应2018年12月29日发布的《中华人民共和国农村土地承包法》第三十一条。

调整农民的承包地，不得随意收回农民的承包地作为核心内容。《中华人民共和国农村土地承包法》第二十六条和第二十七条（修改后是第二十七条、第二十八条），也是农村土地承包法修改的两个核心条款。稳定农村土地承包关系，保护农民的土地承包经营权，很重要的一点就是要求发包方在承包期内不得随意收回承包地，使广大农民真正地感到土地承包经营权有切实保障。

原则上发包方在承包期内不得收回承包地，但是特殊情形下发包方可以合法收回承包地。1. 承包方全家迁入小城镇落户的。承包方可以自己选择保留土地承包经营权或者依法进行流转。值得注意的是，这时发包方不能强制将承包地收回，而是由承包方决定交回与否，承包方可以继续保留土地承包经营权，或者在不需要或不方便继续承包的时候依法将土地承包经营权流转给他人。2. 承包期内，承包方全家迁入设区的市，转为非农业户口的。这时承包方必须将承包的耕地和草地交回发包方，如果不交回，发包方可以收回承包的耕地和草地。这里法律只说耕地和草地要交回，没有提及林地，因此我们可以理解为林地在这样的情况下是不需要交回的。同时，当承包地被收回的时候，如果承包方在承包地上有投入以提高土地生产能力的，有权获得相应的补偿。3. 为乡（镇）村公共设施和公益事业建设，需要使用土地的。即使发包方合法收回村民的土地，也要先报当地人民政府审批，按法律程序进行，不可武断地让土地使用者腾出土地，而且应给予承包经营者适当的经济补偿。4. 没有继承人的承包方死亡的，发包方也可以收回。这种情况比较罕见，在实践中，该承包方的土地一般由其他亲属继续耕种，发包方不会实时进行调整收回。5. 承包方自愿交回承包地。《中华人民共和国农村土地承包法》对此有严格限定，承包期内，承包方自愿交回承包地的，应当提前半年以书面形式通知发包方。承包方交回承包地不符合上述规定程序的，不得认定其为自愿交回。

在本案中还涉及外嫁女的承包地问题，承包期内，妇女结婚，在新居住地未取得承包地的，发包方不得收回其原承包地；妇女离婚或者丧偶，仍在原居住地生活或者不在原居住地生活但在新居住地未取得承包地的，发包方不得收回其原承包地。法律对外嫁女土地承包经营权作出了特别保护性规定，是对发包方收回特定条件下外嫁女承包地的禁止性规定。本案外嫁女刘某春在夫家取得土地承包经营权，并不能作为坝陵村委会收回其原承包地的必然原因，也不能作为认定其系自愿交回涉案承包地的依据。坝陵村委会作为发包方未提交承包方自愿交回涉案承包地的证据，故其与第三方签订《农村土地承包合同》将涉案承包地收回发包给第三方，违反法律规定的条件和程序，该合同无效。

编写人：湖北省当阳市人民法院 张佩玉

28

农户代表人死亡对土地承包经营权流转合同的影响

——耿某伍诉耿某生土地承包经营权转包合同案

【案件基本信息】

1. 裁判书字号

山东省聊城市中级人民法院（2017）鲁15民终2675号民事判决书

2. 案由：土地承包经营权转包合同纠纷

3. 当事人

原告（上诉人）：耿某伍

被告（被上诉人）：耿某生

【基本案情】

耿某伍、耿某生系茌平县贾寨镇耿三庄村（以下简称耿三庄村）村民，耿某伍系耿某库之子。1996年，耿某库与耿某生签订土地承包流转协议如下："耿某库的土地由耿某生自愿承包，承包的土地面积4亩，承包的年限5年（1996～2001年），每亩地一年给耿某库300斤小麦50斤玉米（共小麦1200斤，玉米200斤）沙地120元，小地70元，以上双方同意永不变动。承包人：耿某生，地户：耿某库"，耿某生承包了耿某库作为农户代表的家庭承包经营户的7.5亩地，其中包括耿某库、耿某伍各2.5亩人均地。2004年1月，耿某库去世。后耿某伍与耿某生协商继续按原协议履行。因耿某伍长期不在家，双方并没有及时结算承包费。2008年，双方通过本村村民耿某河结算了2004～2008年的承包费用，耿某伍记不清按几亩地结算的，耿某生及耿某河均陈述按5亩地结算。2012年，双方又进行了结算，结清了2008～2012年的承包费用，耿某生在本村村民耿某国等人的参与测量下，返还给耿某伍5亩土地。

另，2005年之前，耿三庄村一直实行添人添地、去人去地的政策，耿某库死亡后，村里把耿某库的2.5亩人均地收回，分给了添地户耿某堂。经法院实地勘察测量，耿某伍现种植的土地（包括被占用土地）足够5亩。

耿某伍认为耿某生应当返还的土地为7.5亩，现只返还土地3.8亩，剩余3.7亩地尚未返还，诉至法院。

【案件焦点】

农户代表人耿某库死亡对耿某库与耿某生签订的土地承包经营权流转合同有何影响。

【法院裁判要旨】

山东省聊城市茌平县人民法院经审理认为：首先，耿某库死亡后，是否按照该村添人添地、去人去地的政策去除承包地。耿某伍提交了耿某甲的证明，但耿某生不予认可，且证人耿某甲无正当理由未到庭作证，无法认定为有效证据。证人耿某河、耿某国、耿某荣、耿某利的证人证言，耿某伍虽不予认可，但证人均出庭作证，且签署了证人保证书，接受了法院和双方当事人的询问，上述证人证言依法认定为有效证据。证人均是耿三庄村村民，应当最了解该村的实际情况，证人证实2005年之前该村一直实行添人添地、去人去地的政策，耿某库死亡后去除了2.5亩人均地，分给了耿某堂。耿某伍主张根据农村土地承包法规定，承包期内发包方不得收回承包地，即使收回也是违法的。法院认为，村委会收回耿某库的土地是否合法，不属于本案的审理范围。其次，耿某库与耿某生1996年签订的协议，实为土地流转合同，合法有效。耿某库死亡后，耿某伍与耿某生继续履行原协议，承包费用的计算标准没有变更，但该家庭承包户的代表人由耿某库变更为耿某伍，合同标的也应从耿某库生前的7.5亩地变更为当时耿某伍承包的5亩地。最后，耿某伍现承包土地应该有5亩。综上所述，耿某伍要求耿某生返还3.7亩地的诉讼请求，于法无据，不予支持。

依照《中华人民共和国农村土地承包法》第三十二条①，《中华人民共和国合同法》第六十条、第九十一条，《最高人民法院关于适用〈中华人民共和国民事诉讼法〉的解释》第九十条、第九十一条，《中华人民共和国民事诉讼法》第一百三十四条规定，判决如下：

驳回耿某伍的诉讼请求。

耿某伍不服一审判决，提起上诉。

山东省聊城市中级人民法院经审理认为：第一，关于村委会收回了耿某伍父亲的2.5亩承包地，有证人耿某河、耿某国、耿某荣、耿某利出庭作证，且一审也调查了接地户耿某堂，证据充分，应当予以认定。耿某伍如认为村委会不应当收回其承包地，属于耿某伍和村委会之间的争议，可以向村委会申请解决。第二，关于耿某生返还给耿某伍的承包地是否够5亩，经一审法院现场测量，结合出庭证人的证言情况，应当认定耿某伍现有承包地已经达到了5亩（包括被占用的土地）。耿某伍主张现有的菜地因有井、有沟，分地时是按1.2亩计算的，没有提供相关的证据予以证实，且出庭证人均证实分地时一亩是一亩，没有多算的情况，因此，耿某伍的此项主张证据不足，无法采信。原审判决认定事实清楚，适用法律正确，予以维持。

据此，依照《中华人民共和国民事诉讼法》第一百七十条第一款第一项规定，判决如下：

驳回上诉，维持原判。

【法官后语】

1. 合同一方当事人死亡后，合同的效力问题

合同一方当事人死亡是否引起合同的解除或者终止，我国法律并未明文规定。《中华人民共和国合同法》第九十一条关于合同权利义务终止的七种情形以及第九十四条单方解除权的法定情形，均不包含一方当事人死亡。在司法实践中，一方当事人死亡后，合同是否继续有效，应区别对待。

2. 农村承包经营户作为合同主体的特殊性问题

根据我国法律的相关规定，通过家庭承包取得的土地承包经营权可以依法采取

---

① 编者注：本条参照2018年12月29日发布的《中华人民共和国农村土地承包法》第三十六条。

转包、出租、互换、转让或者其他方式流转。在土地流转合同中，必定涉及合同主体的认定问题。根据《中华人民共和国农村土地承包法》第十五条[①]“家庭承包的承包方是本集体经济组织的农户”以及《最高人民法院关于审理涉及农村土地承包纠纷案件适用法律问题的解释》第三条“承包合同纠纷，以发包方和承包方为当事人。前款所称承包方是指以家庭承包方式承包本集体经济组织农村土地的农户，以及以其他方式承包农村土地的单位或者个人”，第四条第一款“农户成员为多人的，由其代表人进行诉讼”的规定，可见在农村土地承包经营权流转合同中，合同主体为家庭承包户，而非农户代表。本案中，耿某库代表其家庭承包户与耿某生达成土地流转协议，耿某库死亡后，并不意味着该家庭承包户的消灭，合同主体没有变化，不影响合同的效力。耿某库之子耿某伍成为该家庭承包户的代表人，耿某伍与耿某生可协商合同事宜。但应注意的一点是，需正确认定合同标的物的变化，该家庭承包户取得的土地承包经营权，随着耿某库的死亡，发生了变动，由耿某库代表的7.5亩地变更为耿某伍代表的5亩地，因为耿某库死亡后，该村根据添人添地、去人去地的政策将耿某库拥有经营权的2.5亩人均地从该农户中收回，分给了其他农户。

3. 村规民约与法律法规的冲突问题

根据我国的法律规定，家庭承包以户为基本单位，以家庭承包方式取得的承包经营权属于农户家庭，而不是属于某一个家庭成员，具有社会保障属性，其主要目的是确保本集体经济组织成员的基本生活保障，而非个人财产。假如户内的成员为多人，户内一人或者部分成员的死亡，对该户土地承包经营权没有影响。农户部分成员死亡后，不发生继承问题。当农户成员全部死亡后，承包关系应当因一方合同主体的死亡而终止，家庭承包方式取得的土地，发包方应当收回承包地，另行分配。

本案中，耿某库为代表的家庭承包户，在耿某库死亡后，依照法律规定，因该家庭承包户还有其他成员，该农户的土地承包经营权不应发生变化。该村依照“添人添地、去人去地”的村规民约，将耿某库的人均地收回另行分配给其他农户，该

---

① 编者注：本条对应2018年12月29日发布的《中华人民共和国农村土地承包法》第十六条第一款。

做法违反了法律规定。但是，本案系农户之间土地承包经营权的流转合同纠纷，不同于发包方与承包方的农村土地承包合同纠纷，因法律关系不同，合同主体不同，不能并案处理，不属于本案审理范围，耿某伍为代表的家庭承包户如认为村委会关于承包地调整的原则侵犯了其权益，可依法向发包方另行主张权利。

编写人：山东省聊城市茌平县人民法院　邢成

四、土地承包经营权转让纠纷

29

农村土地承包经营权转让合同的效力认定

——陈某放、庄某珍诉李某镭确认合同效力案

【案件基本信息】

1. 裁判书字号

福建省厦门市中级人民法院（2018）闽02民终5192号民事判决书

2. 案由：确认合同效力纠纷

3. 当事人

原告（被上诉人）：陈某放、庄某珍

被告（上诉人）：李某镭

【基本案情】

2009年4月16日，李某镭作为甲方与乙方陈某放、庄某珍签订一份《土地转让协议》，协议约定："甲方因经营需要向乙方征用土地一块，地址：山尾与同美交界处，面积0.65亩，东西四至：东至陈某俄、西至陈甲、南至旧海滨公路、北至陈乙地块，相关条款协商如下：一、乙方该地块永久性归甲方使用；二、政府对该地块征用，其全部征用款归甲方所有；三、甲方在该地块上基建办证相关手续乙方应尽力配合办理；四、该地块转让征用款，协议签订一次性交付清楚，同时付收条一份；五、该协议一式二份，各执一份，双方应遵守协议条约，不得有违约行为，如违约应理赔对方全部经济损失。"协议签订后，李某镭向陈某放支付转让款

178000元，陈某放出具收条一张交由李某镭收执。后陈某放、庄某珍提出诉讼请求：1. 确认陈某放、庄某珍与李某镭于2009年4月16日签订的《土地转让协议》无效；2. 李某镭立即返还所占用的陈某放、庄某珍上述《土地转让协议》相关的位于翔安区山尾村与同美村交界的土地。

【案件焦点】

李某镭与陈某放、庄某珍签订的《土地转让协议》是否有效。

【法院裁判要旨】

福建省厦门市翔安区人民法院经审理认为：土地承包经营权采取转让方式流转的，应当经发包方同意，承包方未经发包方同意，采取转让方式流转其土地承包经营权的，转让合同无效。从案涉《土地转让协议》的内容来看，陈某放、庄某珍系将其承包的集体农业用地转让给李某镭从事非农业建设，且双方在本案审理过程中，均未能提供证据证明该转让协议已经按照法律规定报送发包方同意，故认定李某镭与陈某放、庄某珍签订的《土地转让协议》违反了法律的强制性、效力性规定，为无效协议。根据《中华人民共和国合同法》第五十八条之规定："合同无效或者被撤销后，因该合同取得的财产，应当予以返还；不能返还或者没有必要返还的，应当折价补偿。有过错的一方应当赔偿对方因此所受到的损失，双方都有过错的，应当各自承担相应的责任。"故陈某放、庄某珍要求李某镭返还《土地转让协议》约定的承包经营地，符合法律规定，依法应当予以支持。鉴于厦门市翔安区马巷镇内官社区居民委员会在其出具的《证明》中未明确陈某放承包经营的土地面积，故李某镭应返还的土地面积以案涉土地的发包方即厦门市翔安区马巷镇居民委员会最终确认的面积为准。至于因协议无效造成李某镭的损失，考虑到陈某放、庄某珍在未经发包方同意的情况下将案涉土地承包经营权转让给本集体经济组织以外的成员用于非农业建设用途，转让多年后又以违法转让土地承包经营权为由主张合同无效，故转让人即陈某放、庄某珍应对合同无效承担主要责任。李某镭经法院释明后，明确表示不在本案中提出主张，故不予处理。

依照《中华人民共和国农村土地承包法》第三十七条①，《中华人民共和国合同法》第五十二条、第五十八条，《最高人民法院关于审理涉及农村土地承包纠纷案件适用法律问题的解释》第十三条，《中华人民共和国民事诉讼法》第六十四条规定，判决：

一、陈某放、庄某珍与李某镭2009年4月16日签订的《土地转让协议》无效；

二、李某镭应于本判决生效之日起三十日内将位于厦门市翔安区马巷镇山尾村与同美村交界处的承包经营地（东至陈某俄、西至陈甲、南至旧海滨公路、北至陈乙地块，实际面积以该承包经营地发包方确认的为准）交还给陈某放、庄某珍。

李某镭不服一审判决，提起上诉。

福建省厦门市中级人民法院经审理认为：陈某放、庄某珍从发包方处取得讼争土地的承包经营权，其与李某镭签订的《土地转让协议》明确约定“陈某放、庄某珍该地块永久性归李某镭使用”等，因此该协议实质为转让讼争地块的土地承包经营权。根据法律规定，采用转让方式流转土地承包经营权的，应经发包方同意，否则应认定合同无效。李某镭上诉称，陈某放、庄某珍签订协议时表示时任小组组长的陈某某是其姐夫，已向其汇报过并已取得同意，但未提供证据加以证明，陈某放、庄某珍亦予以否认，对李某镭该陈述不予采信。《最高人民法院关于审理涉及农村土地承包纠纷案件适用法律问题的解释》第十三条规定，承包方未经发包方同意，采取转让方式流转其土地承包经营权的，转让合同无效。但发包方无法定理由不同意或者拖延表态的除外。讼争土地由李某镭经营管理近十年，双方至今均未主动征得发包方同意以补正转让协议的效力瑕疵，不存在发包方无法定理由不同意及拖延表态的情形，因此，李某镭以该规定辩称一审法院认定该协议无效错误，缺乏事实与法律依据，不予采纳。综上，该《土地转让协议》违反《中华人民共和国农村土地承包法》第三十七条关于“土地承包经营权采取转让方式流转的，应当经发包方同意”的强制性规定，应当认定无效。一审法院认定事实清楚、适用法律正确，应予维持。李某镭的上诉请求均缺乏事实与法律依据，不能成立。依照《中华

---

① 编者注：本条参照2018年12月29日发布的《中华人民共和国农村土地承包法》第四十条。

人民共和国民事诉讼法》第一百七十条第一款第一项规定，判决如下：

驳回上诉，维持原判。

【法官后语】

在我国，土地是农民安身立命的根本，农民和土地的关系密不可分。随着经济社会的发展，农村劳动力开始脱离土地向城市转移。劳动力的转移必然导致相应的土地流动。土地承包经营权作为一种长期的用益物权，其合理流转反映了农业发展的客观要求，是农村经济发展、农村劳动力转移的必然结果。农村土地承包经营权的流转能够促进土地资源的合理配置，充分发挥土地资源的潜在效能。

土地承包经营权流转，是指通过承包取得的土地承包经营权可以依法采取转包、出租、互换、转让或者其他方式流转。农村土地承包经营权转让是农村土地承包经营权流转的一种重要形式，它是指承包者将剩余期限内的使用权一次性转让给新承包者的一种法律行为。《最高人民法院关于审理涉及农村土地承包纠纷案件适用法律问题的解释》第十三条对土地承包经营权转让的规定，既强调了“发包方同意”对于土地承包经营权转让合同的效力具有非常重要的意义，同时对发包方“无法定理由不同意”或者“拖延表态”做了除外规定。

1. 土地承包经营权转让应当取得发包方同意

允许土地承包经营权移转，就是赋予土地承包经营权人对土地承包经营权的独立处分权。但独立处分权不是绝对处分权。与转包、出租、互换等土地承包经营权的流转不同，土地承包经营权转让后，承包方与发包方就该承包地上的承包关系以及相应的权利义务也随之终止，并由发包方与受让方确立新的承包关系，即受让方要承担原承包合同的义务，同时享有原承包合同的相应权利。因此，发包人对土地承包经营权转让行为的监督是必要合理的。发包方拥有对土地承包的监督权，监督承包方依照承包合同约定的用途合理利用和保护土地，并享有制止承包方损害承包地和农业资源的权利。同时，转让不同于转包、出租和互换，转让将导致原农户丧失土地承包经营权的后果。如果允许自由转让，有可能使部分农民失去基本的生产资料和生活保障，造成农村土地过分集中，增加农村的不稳定因素并引发一系列严重的后果。我国大多数农村的农民在较长时期内还需依靠承包经营的土地为生，不能因随意转让而丧失赖以生存的土地，因此，应对转让的条件作严格限制。

2. “发包方同意”之例外

法律对发包方“无法定理由不同意”或者“拖延表态”作了除外规定，即发包方不同意必须具备法定理由，否则应认定转让合同有效，且发包方“拖延表态的”不影响转让合同的效力。这是基于土地承包经营权依法转让是承包方享有的一项基本权利，法律之所以要求转让需经发包方同意，根本目的是防止承包人的权益受到损害，而非对其转让行为进行限制。国家保护承包方依法、自愿、有偿地进行土地承包经营权流转，维护和尊重承包方依法转让土地的承包经营权是发包方的一项法定义务。

对于发包方“无法定理由不同意”“拖延表态”应由转让双方承担举证责任。本案中，从案涉土地转让协议的内容来看，陈某放、庄某珍系将其承包的集体农业用地转让给李某镭从事非农业建设，且双方均未能提供证据证明该转让协议已经按照法律规定报送发包方同意，故一方面，其合同内容违反了法律关于土地利用方面的禁止性规定；另一方面，不存在发包方“无法定理由不同意”“拖延表态”的问题。李某镭与陈某放、庄某珍签订的土地转让协议无效。

编写人：福建省厦门市翔安区人民法院　郑宇彤

30

村集体组织不得随意收回农户确权地

——王甲等诉顺义区大孙各庄镇小坝洼庄村村民委员会土地承包经营权转让合同案

【案件基本信息】

1. 裁判书字号

北京市第三中级人民法院（2018）京03民终5156号民事判决书

2. 案由：土地承包经营权转让合同纠纷

3. 当事人

原告（被上诉人）：王甲、王乙、闫某英

被告（上诉人）：顺义区大孙各庄镇小坝洼庄村村民委员会（以下简称小坝洼村委会）

【基本案情】

闫某英丈夫王某海系退休工人，1987年10月13日迁入北京市顺义区大孙各庄镇小坝洼村（以下简称小坝洼村），于2009年2月22日去世。王甲系闫某英与王某海之子，王乙系闫某英与王某海之女。王乙于1995年11月将户籍迁入北京市顺义区大孙各庄镇大坝洼村。

2000年1月1日，闫某英、王某海及王甲以家庭承包的方式在小坝洼村承包经营6.21亩土地。闫某英分别于2013年1月1日、2014年1月1日与小坝洼村委会签订土地流转合同，将自己家庭承包的6.21亩土地流转给小坝洼村委会，小坝洼村委会按照每年每亩土地流转费1500元于每年12月31日前将当年的土地经营权转让金支付给闫某英。两合同期限均至2029年12月31日止。小坝洼村委会每年分别向闫某英支付流转费2115元、9225元、10701元、7216元。小坝洼村委会称，1999年登记居民户口簿时，王某海隐瞒其为非转农迁入的退休人员。户主闫某英同村委会签订土地承包合同。2016年10月核查时发现《常住人口登记卡》和《户籍管理常住人口登记表》中，王某海登记身份不一致。根据北京市顺义区相关规定，王某海无权承包土地。2016年12月13日，小坝洼村委会成员及村民代表共同决议停止发放王某海一人2016年的土地流转金3015元。小坝洼村委会向闫某英承包户发放2013年土地流转费2115元，闫某英承包户已经领取；2014年支付土地流转费9225元，合同虽然约定确权土地为1.41亩，但因为第二次确权时为每人0.45亩土地，闫某英承包户三人共计确权1.35亩土地，加上4.8亩。共计6.15亩，9225元是按照6.15亩乘以1500元计算的；2015年支付土地流转费10701元，小坝洼村委会按照每人2.05亩确权地，每亩土地流转费为1740元，得出土地流转费10701元。2016年支付土地流转费7216元，计算方式为6.15亩土地中扣除王某海2.05亩土地后，再乘以当年每亩土地流转费1760元得出。王甲称，2013年的2115元土地流转费已经收到。

【案件焦点】

1. 王某海是否有权取得承包土地；2. 村集体自治组织能否收回王某海承包地。

【法院裁判要旨】

北京市顺义区人民法院经审理认为：闫某英家庭承包户与小坝洼村委会签订的土地流转合同，系双方真实意思表示，且不违反法律的规定，故真实有效，予以确认。现小坝洼村委会以王某海系退休工人之理由，截留王某海土地流转费的行为，系违约行为。故闫某英、王甲、王乙要求小坝洼村委会返还截留的土地流转费的请求，予以支持。因流转合同中明确约定流转土地为6.21亩，每年的土地流转收益应当按照当年每亩土地流转费乘以6.21亩计算，故小坝洼村委会欠付闫某英承包户2014年流转费90元，2015年流转费104.4元、2016年流转费3713.6元。以上共计3908元。根据《中华人民共和国农村土地承包法》第三十一条第一款①规定，承包人应得的承包收益，依照继承法的规定继承。现王某海已去世，闫某英、王甲、王乙作为其继承人，依法享有其承包收益。对于闫某英、王甲、王乙要求小坝洼村委会按照2013年1月1日、2013年10月1日与闫某英、王甲、王乙签订的土地流转合同确定的流转土地6.21亩，每年足额支付给闫某英、王甲、王乙，直至土地流转合同履行期限2029年12月31日止的诉讼请求，因该法律事实尚未发生，属于期待利益，故不予处理。

北京市顺义区人民法院依据《中华人民共和国农村土地承包法》第五条、第十五条②、第三十一条，《中华人民共和国合同法》第八条规定，判决如下：

一、小坝洼村委会给付闫某英、王甲、王乙3908元，于本判决生效之日起七日内执行；

二、驳回闫某英、王甲、王乙的其他诉讼请求。

小坝洼村委会不服一审判决，提起上诉。

北京市第三中级人民法院经审理认为：小坝洼村委会主张闫某英在签订涉案土

① 编者注：本条对应2018年12月29日发布的《中华人民共和国农村土地承包法》第三十二条第一款。

② 编者注：本条对应2018年12月29日发布的《中华人民共和国农村土地承包法》第十六条第一款。

地承包合同及土地流转合同时，隐瞒了王某海系退休工人的事实，属于欺诈，上述合同应为部分无效。根据在案《户籍管理常住人口登记表》记载，该表登记时间为1990年7月1日，小坝洼村委会认可该表系村里出具及留存的；该表明确载明王某海系退休工人，小坝洼村委会对此应为明知，故其主张闫某英在签订合同时隐瞒王某海系退休工人的事实，依据不足，不予采信。涉案土地承包合同及土地流转合同均属双方真实意思表示，且不违反法律、行政法规的强制性规定，应属合法有效；小坝洼村委会主张上述合同应属部分无效，于法无据，不予采信。根据双方土地流转合同约定，小坝洼村委会应就涉案土地足额支付土地流转费，但小坝洼村委会对其中王某海的部分予以截留，确属违约行为，一审法院对此认定正确，小坝洼村委会应返还截留部分的相应土地流转费。

综上，小坝洼村委会的上诉请求不能成立，应予驳回；一审判决认定事实清楚，适用法律正确，应予维持。依照《中华人民共和国民事诉讼法》第一百七十条第一款第一项规定，作出如下判决：

驳回上诉，维持原判。

【法官后语】

本案涉及村民自治范围与侵害集体经济组织成员权益范围界限的认定问题。根据《中华人民共和国村民委员会组织法》第二条、第五条规定，村民委员会是基层群众性自治组织，乡、民族乡、镇的人民政府对村民委员会的工作给予指导、支持和帮助，但是不得干预依法属于村民自治范围内的事项。同理，司法机构亦无权受理“依法属于村民自治范围内的事项”。然而，同样根据《中华人民共和国村民委员会组织法》第三十六条第一款规定，村民委员会或者村民委员会成员作出的决定侵害村民合法权益的，受侵害的村民可以申请人民法院予以撤销。目前在全国特别是经济发达地区，农村土地价值不断上涨的背景下，村集体经济组织以村民自治决议的形式收回或强制流转他人土地的情形屡见不鲜。实践中，对承包人的诉求，存在认定村民决议为村民自治范围而被法院驳回起诉的情况，亦存在认为村民决议侵犯了集体经济组织成员权益而被法院撤销的情形。因此，如何确定村民自治范围与侵犯集体经济组织成员权益情形的界限系目前人民法院审理涉农案件的难点。

本案中，法院从相关法律规定及家庭承包土地政策等多角度考量，认为虽然小坝洼村委会是基于村民决议停止向王某海的继承人发放相应的土地流转金的，但由于该决议系小坝洼村委会作出的不具有普遍适用性的单独收回个别村民承包土地的决议，故该决议应当属于人民法院的受理范围。同时，在小坝洼村委会明知王某海非转农身份的情况下，确认王某海具有其集体经济组织成员资格并向其家庭发包了土地，在王某海不具有法定被收回承包地事由的情形下，小坝洼村的村民决议侵害了王某海家庭承包户的合法权益，故小坝洼村委会应按照双方之间的土地承包合同及土地流转合同向王某海的继承人支付相应的土地流转金。

编写人：北京市顺义区人民法院　胡波

五、土地承包经营权出租纠纷

31

土地承包经营权集中流转中村集体对承包经营户享有代理权的推定

——孔某某等诉杨某某等农村土地承包合同案

【案件基本信息】

1. 裁判书字号

云南省嵩明县人民法院（2017）云0127民初1369号民事判决书

2. 案由：农村土地承包合同纠纷

3. 当事人

原告：孔某某、陈顺某、陈红某

被告：嵩阳街道月家村委会新登村第五村民小组（以下简称新登村五组）、杨某某、王某某、付某某、王某祥、唐某某

【基本案情】

自2006年起，新登村五组辖区内自团二工至三条河的69亩土地就统一出租给王某某、杨某某使用。该地块为新登村五组50余户农户享有土地承包经营权的土地，其中包含孔某某户享有土地承包经营权的1.6亩土地。王某某、杨某某承租土地后，在该地块上建盖起蔬菜种植大棚及喷灌设备等。2006年至2016年，该地块的出租事宜，均由新登村五组代表在该地块上享有土地承包经营权的农户进行统一出租，该期间内的出租合同已经按约履行完毕，在出租土地上享有承包经营权的农

户均已领取了相应的土地租金，其间也无农户反映不愿出租的情况。2016年11月2日，因上一轮承租期限即将届满，新登村五组开会讨论并作出决议：1. 新一轮土地出租底价为每亩每年2600元，出价高者优先，同时，在同等价格的基础上，原承租方优先；2. 竞价者需要先缴纳押金100000元，并签订团二工至三条河的租地合同；3. 公告期限自2016年11月5日至11日，竞价者应于2016年11月11日下午18时前与新登村五组联系，逾期无效。该决议作出后，新登村五组对该决议内容进行了公示。公示期间，王某某、杨某某向新登村五组缴纳了押金，并以每亩每年2700元的价格竞租得该地块。2016年11月12日，新登村五组与王某某、杨某某签订《承租合同》，合同约定：承租土地面积69亩；承租期限自2017年1月1日至2021年12月31日；租金一年一付，第一年租金于签订合同之日付清。合同签订后，王某某、杨某某向新登村五组缴纳了第一年租金。王某某、杨某某承租土地后，孔某某、陈顺某、陈红某向新登村五组反映不愿再出租其享有土地承包经营权的土地，且拒绝领取相应的土地租金。王某某、杨某某承租土地后，杨某某逐步退出该地块的实际耕种，而由唐某某、付某某、王某祥参与该地块的耕种，王某某、唐某某、付某某、王某祥对各自种植的区域在该地块中作出了划分，相应种植区域的租金也向新登村五组缴纳，再由新登村五组向各农户兑付。孔某某现场确认其享有土地承包经营权的土地现已改造为大棚，因无田埂作为边界，故孔某某户享有土地承包经营权的土地具体边界不能查清。

【案件焦点】

1. 新登村五组与杨某某、王某某于2016年11月12日签订的《承租合同》是否对孔某某、陈顺某、陈红某具有约束力；2. 杨某某、王某某、付某某、王某祥、唐某某是否应返还孔某某、陈顺某、陈红某位于团二工的水田1.6亩；3. 孔某某、陈顺某、陈红某主张的损失是否应得到支持。

【法院裁判要旨】

云南省嵩明县人民法院经审理认为：违反法律、行政法规的强制性规定的合同无效。承包方自愿委托发包方或者中介组织流转其承包土地的，应当由承包方出具土地流转委托书。本人知道他人以本人的名义代理而不作否认的，视为同意。新登村五组将50余户农户享有土地承包经营权的土地（以下称诉争土地）集中统一出租的事宜已经进行了两轮，包含孔某某户在内的该50余户农户已领取了相应租金，该事实应视为包含孔某某户在内的50余户农户对其委托新登村五组代表其统一出租土地的行为的认可。在诉争地块2016年11月第三轮统一出租时，新登村五组根据原出租方式，将诉争地块进行统一出租，符合诉争地块出租的一贯做法，也未超出农户原默认委托的范围，且在进行新一轮土地出租前，新登村五组采取公示的方式通知了孔某某等即将继续统一出租该地块的情况，但在该公示期内，孔某某等未向新登村五组书面提出不再出租土地的异议，而是在公示期届满后，王某某、唐某某、付某某、王某祥已实际使用该地块一段时间后，孔某某等才提出异议并拒绝领取相应租金。依法成立的合同，对当事人双方均有约束力。孔某某等事后才提出异议的行为，应视为对该土地委托新登村五组统一对外出租行为的反悔。故孔某某等主张《承租合同》中属于其享有权益的1.6亩土地部分的合同约定无效的诉讼请求，无事实及法律依据，不予支持。孔某某等主张杨某某、王某某、唐某某、付某某、王某祥返还孔某某等位于团二工的水田1.6亩并支付强占孔某某等责任田的经济损失2880元的诉讼请求，因未支持孔某某等的第一项诉讼请求，故对该两项请求也不予支持。

云南省嵩明县人民法院依据《中华人民共和国民法通则》第六十六条第一款，《中华人民共和国合同法》第五十二条，《中华人民共和国土地承包法》第五十七条①，《农村土地承包经营权流转管理办法》第八条，《中华人民共和国民事诉讼法》第六十四条、第一百四十四条规定，判决如下：

驳回孔某某、陈顺某、陈红某的诉讼请求。

【法官后语】

农村土地承包经营权流转是指承包人在农村土地承包期限内且不改变承包土地农业用途的前提下，采取转包、出租、互换、转让等形式将土地承包经营权或者其部分权能转移给其他从事农业生产经营的组织或个人的行为。国家鼓励农村土地承包经营权依法流转。近年来，在统筹城乡发展和发展现代农业的宏观背景下，农村土地承包经营权流转步伐日益加快，对实现城乡间、农村内部土地资源优化配置，

---

① 编者注：本条参照2018年12月29日发布的《中华人民共和国农村土地承包法》第六十条。

实现适度规模经营，促进现代农业发展、农民持续增收和推进城镇化进程都具有重要的意义。

《中华人民共和国农村土地承包法》第十条①规定“国家保护承包方依法、自愿、有偿地进行土地承包经营权流转”。本案系农村土地承包经营权流转中产生的纠纷，其特殊性在于村集体将村民土地统一集中流转，性质是村集体对村民土地出租代理权的行使，该代理权的取得可基于土地承包经营户的明示意思表示或意思表示推定两种方式。本案中，法院推定村集体具有相应代理权主要基于以下几方面的考虑：

第一，新登村五组将村民土地集中打包统一出租的方式已经成为该村集体的土地流转交易习惯。新登村五组将村民土地集中打包统一出租的方式，具有资源集中、节约运作的优势，符合村民利益要求。前两轮的流转，每轮周期均为五年，形成了操作程序相对固定的流转模式，经过长达十年的流转，流程比较成熟，使该统一流转方式已经成为该村土地流转的交易习惯。

第二，新一轮的土地流转以公示方式进行，合法有效。在农村土地经营权流转过程中，既要坚持依法流转原则，又要坚持便民高效原则。若在流转过程中，一律要求村集体每轮流转均必须征得每户村民的明确书面同意，将增加村组的工作任务，同时也给村民带来不便，不利于高效推进土地流转进程，不符合便民高效的服务原则。在新登村五组于第一轮土地流转过程中取得了村民书面授权的前提下，对于新一轮的土地流转，通过村组决议，以公示的方式进行出租，公示期限为七日，该方式既简化了流程，提高了效率，又给不同意继续统一出租土地的村民合理表达真实意思的期限，同时未违反法律规定，该方式应为合法有效。

第三，孔某某户未在合理期限内提出否定意思表示，推定其同意村集体代为其行使土地出租权。本案诉争土地已经经过了两轮流转，孔某某户作为土地承包经营权人，负有对其土地对外出租届满期限的关注义务，且其应该知道前一轮土地流转期限届满后将进入新一轮的流转。如其不愿继续由村集体统一对外出租，可在前一轮土地租赁期限届满前、村集体公示期限内、租赁合同签订前一段较长的期间向村集体提出不再赋予村集体出租土地代理权。但孔某某户未在上述期限内向村集体作

① 编者注：本条参照2018年12月29日发布的《中华人民共和国土地承包法》第十条。

出不愿继续由村集体统一对外出租其土地的意思表示，而是在村集体统一出租其土地且已经实际交付履行以后才提出异议。其事后提出异议的行为属于怠于行使其权利的行为，故推定其同意村集体代为行使土地出租权，应承担继续履行合同的法律后果。

总之，本案裁判认为，土地承包经营权集中流转模式下，在具体流转程序已形成该集体与村民之间授权等关系处理的惯例时，应尊重该约定俗成的惯例，在确保程序公平公正的前提下，对村民个体意愿的保护应以不影响村民整体利益为前提。这既有利于保护全体村民对土地承包经营的合法权益，也利于形成安全、稳定的农村土地流转秩序，同时更有利于形成诚实信用、注重契约的良好风气，为农村社会的发展、和谐和稳定提供法律引导。

编写人：云南省嵩明县人民法院　王本海

32

因对方当事人根本违约享有法定解除权的认定

——四川省胜威驾校有限公司诉李某强土地租赁合同案

【案件基本信息】

1. 裁判书字号

四川省成都市中级人民法院（2018）川01民终14137号民事判决书

2. 案由：土地租赁合同纠纷

3. 当事人

原告（上诉人）：四川省胜威驾校有限公司（以下简称胜威驾校）

被告（被上诉人）：李某强

【基本案情】

2015年5月27日，李某强与胜威驾校签订土地租赁合同，将其2014年12月31日从金华芒硝矿处抵偿所得的约109.85亩土地和2015年3月从金华宝峰居委会租赁的案涉40亩土地，共计约144.35亩租赁给胜威驾校，双方在合同中约定了租赁期限、租金标准及支付时间、违约责任和合同终止条件等内容。合同签订后，胜威驾校进入租赁场着手建设驾校并支付2015年8月1日至2017年8月1日的租金和支付给村民的补偿金。2016年12月20日，胜威驾校与汇丰劳务公司签订租赁合同，将案涉40亩土地租赁给汇丰劳务公司用于住房、办公使用，租赁期限为2016年12月20日至2018年11月19日。2017年2月20日，金华政府发出通知将案涉40亩土地纳入场镇改造规划用地。同年12月，胜威驾校完成征用地搬迁，2018年1月，汇丰劳务公司完成征用地搬迁，截至搬迁时，案涉40亩土地上没有新增建筑物，亦未新装设施设备。胜威驾校继续使用剩余104.35亩土地，2017年10月26日，胜威驾校致函李某强表示愿意在部分土地被征用后预缴下一年度租金。案涉40亩土地现已被改建为公交车站。

【案件焦点】

胜威驾校是否享有法定解除权。

【法院裁判要旨】

四川省新津县人民法院经审理认为：胜威驾校与李某强签订的土地租赁合同是双方真实意思表示，且未违反法律法规禁止性规定，真实有效，双方应按合同约定全面履行各自的义务。关于胜威驾校是否享有法定解除权问题。案涉合同对政府收回土地如何分配赔偿款等作了约定，即双方对于案涉土地可能被收回是明知的、有预见的，且案涉40亩地在被政府征用前，已被胜威驾校转租给案外人汇丰劳务公司，并未自行使用，即案涉40亩地被征用并不影响胜威驾校正常经营，并未对胜威驾校合同目的的实现造成影响，且胜威驾校在2017年10月26日致函李某强表示愿意在部分土地被征用后预缴下一年度租金。依照《中华人民共和国合同法》第八条第一款“依法成立的合同，对当事人具有法律约束力。当事人应当按照约定履行自己的义务，不得擅自变更或者解除合同”的规定，胜威驾校解除合同的请求不成立，不予支持。

四川省新津县人民法院依照《中华人民共和国合同法》第八条第一款、第六十条，《中华人民共和国民事诉讼法》第六十四条，《最高人民法院关于民事诉讼证据的若干规定》第二条规定，作出如下判决：

驳回胜威驾校的诉讼请求。

胜威驾校不服一审判决，提起上诉。

四川省成都市中级人民法院经审理认为：依据《中华人民共和国合同法》第二百一十二条规定："租赁合同是出租人将租赁物交付承租人使用、收益，承租人支付租金的合同。"出租人并非必须是租赁物的所有权人，对租赁物享有使用权或收益权的人就可以作为出租人。通过宝峰社区居委会就案涉地块的情况说明和李某强与金华芒硝矿签订的土地使用抵偿协议可以认定，李某强对案涉土地具有合法使用权，且自双方合同签订后，李某强依约交付了土地，胜威驾校也未提供当地政府和社区阻挠其建设驾校的证据。故案涉租赁合同系双方真实意思表示，且内容不违反法律、行政法规的强制性规定，应为合法有效。胜威驾校依据《中华人民共和国合同法》第五十二条主张合同无效，缺乏依据，且与其主张解除合同的诉讼请求存在请求权基础的矛盾，对该上诉理由不予采纳。依照《中华人民共和国合同法》第六十条第一款"当事人应当按照约定全面履行自己的义务"之规定，各方当事人应当按照约定全面履行自己的义务并享有合同权利。

关于胜威驾校是否有权依据《中华人民共和国合同法》第九十四条主张因合同目的不能实现行使合同法定解除权的问题。首先，关于涉及金华芒硝矿地块的使用问题。金华镇政府出具的情况说明上明确为"覆绿处置"，该表述并未有政府收回土地或土地不能用于开设驾校的含义。故胜威驾校二审举示的证据材料不能证明其合同目的不能实现，不予采信。其次，关于宝峰社区地块的使用问题。宝峰社区居委会出具的情况说明，明确了李某强就40亩土地的使用权和转租权，由于集镇建设需要，才将该宗土地收回并建设为公交车站。基于最大限度促成合同目的实现之基本原则，只有一方当事人存在违约行为且已经构成根本违约，致使双方不能实现合同订立的目的时，另一方当事人才享有法定解除权。反之，解除合同的诉讼请求将不被支持。胜威驾校举示的证据材料不能证明其合同目的不能实现的主张，故一审法院对胜威驾校解除合同的请求不予以支持，对其基于合同解除要求李某强退还土地租金、补偿金、中介费及利息、各项损失、违约金的诉讼请求不予以支持，并无不当，予以维持。本案一审审理程序并未出现严重违反法定程序影响当事人诉讼权利的情形，故对胜威驾校认为一审程序违法影响其权利实现的上诉理由不予采纳。

综上所述，胜威驾校的上诉请求不能成立，应予驳回。

依照《中华人民共和国民事诉讼法》第一百七十条第一款第一项规定，作出如下判决：

驳回上诉，维持原判。

【法官后语】

《中华人民共和国合同法》第九十四条“有下列情形之一的，当事人可以解除合同……（四）当事人一方迟延履行债务或者有其他违约行为致使不能实现合同目的……”系《中华人民共和国合同法》对一般法定解除权的具体规定之一，该条款包括了两种解除情形，一是因迟延履行发生解除权，二是因不能履行、不完全履行发生解除权，该两种情形均对违约后果有明确要求，即合同目的不能实现，其包含的意思，即因该两种情形之一致使合同目的不能实现，无须非违约方行使催告权，即可解除合同，此与该条第三项规定之“当事人一方迟延履行主要债务，经催告后在合理期限内仍未履行”解除权具有明显区别，后者以催告为前提。本文重点讨论前者。此所谓“不能”履行，应是确定的、继续的不能，而非一时之迟延。一时之迟延的情形下，非违约方可要求实际履行，可要求损害赔偿，也可要求违约金赔付，但一时迟延在催告后的合理期间仍未履行（《中华人民共和国合同法》第九十四条第三项）和一时迟延致合同目的无法实现（《中华人民共和国合同法》第九十四条第四项）的情形下，才能发生法定解除权。另，不仅包括物理上之不能，也包括经济上、社会观念上之不能等情形，且在一部分不能之场合，也可能因无法实现合同目的，产生整个合同的解除权。“不完全”履行，指债务人虽进行了履行，但其履行不符合双方合同约定或法律规定，在此情况下，则需考虑是否所有违约行为均发生合同解除权。根据该款“致使不能实现合同目的”之规定，答案是否定的，即并非所有违约均发生合同解除权，因不完全履行所发生的合同解除权，原则上要考虑违约的严重程度，即不完全履行是否达到根本性违约之程度，是否导致合同目的无法实现，亦即本案例所论述的中心思想，只有导致合同目的无法实现的，根本性违约才能产生合同解除权。在合同类案件中，当事人在利益的驱使下，明知不满足合同约定解除条件，往往主张法定解除，法院需对当事人主张法定解除的基础事实进行审查，并结合民法的立法目的和原则，考虑合同解除的社会价值和社会导向，综合进行裁判。本案涉及农村土地流转、建设用地抵偿、转租、政府征用及法定解除权的行使等众多热点、难点问题。法院在裁判过程中，综合民法“保护合同当事人的合法权益，维护社会经济秩序，促进社会主义现代化建设”的立法目的和“当事人行使权利、履行义务应当遵循诚实信用原则”及“当事人应当按照约定履行自己的义务，不得擅自变更或者解除合同”等基本原则，根据查明的胜威驾校在征收前已将案涉土地租赁给案外人，在征收后仍然表示愿意支付剩余土地下一年度租金的事实，综合认定被征收的40余亩土地不影响胜威驾校签订租赁合同，使用租赁土地开办驾校的合同目的，不属于《中华人民共和国合同法》第九十四条第四项规定的合同目的不能实现的情形，不享有法定解除权。本案对合同目的不能实现并形成法定解除权之认定，体现了最大限度促成合同目的实现之基本原则，并严格根据《中华人民共和国合同法》第九十四条第四项关于法定解除权之规定，只有在违约方的违约行为已经构成根本性违约，导致合同订立时的目的不能实现时，非违约方才享有该项所规定之法定解除权。

编写人：四川省新津县人民法院　杨哲　谭小雨

33

用益物权人可在用益物权客体之上再设立有效的用益物权

——中国人民解放军济南军区临沂房地产管理处诉刘某岭土地租赁合同案

【案件基本信息】

1. 裁判书字号

山东省日照市中级人民法院（2018）鲁11民终950号民事判决书

2. 案由：土地租赁合同纠纷

3. 当事人

原告（反诉被告）：中国人民解放军济南军区临沂房地产管理处（以下简称济

南军区临沂房管处）

被告（反诉原告）：刘某岭

【基本案情】

自2006年6月始，济南军区临沂房管处将坐落于日照市岚山区虎山镇龙王河村（以下简称龙王河村）的涉案土地约12000平方米出租给刘某岭使用，并签订合同。合同对租金数额、双方的权利义务以及合同的解除、违约责任等进行了约定。双方于2006年至2009年、2009年至2012年分别签订了两次租期为三年的合同，自2012年始，双方合同每年一签。最后一次租赁合同期为2015年6月6日至2016年6月5日，此外，双方自2006年以来就涉案场地所签订的租赁合同除租期及租金外，内容均一致。刘某岭承租上述场地后在其上建设了钢结构厂房、居住房并购置了设备，其中场地北半部分用于养殖水貂，南半部分用于加工植物油脂。2016年2月26日，中央军委下发通知要求军队和武警部队全面停止有偿服务活动，故涉案土地租赁合同到期后，济南军区临沂房管处未再与刘某岭续签合同，但刘某岭将涉案土地的使用费交至2016年12月31日，并继续使用涉案土地至今。

【案件焦点】

1. 双方签订的《军队房地产租赁合同》效力如何认定；2. 济南军区临沂房管处是否有权基于该合同约定要求刘某岭返还涉案租赁物。

【法院裁判要旨】

山东省日照市岚山区人民法院经审理认为：物权是指权利人依法对特定的物享有直接支配和排他的权利，包括所有权、用益物权和担保物权。用益物权人对他人所有的不动产或者动产，依法享有占有、使用和收益的权利。济南军区临沂房管处就涉案土地未最终取得权利证书或进行权利登记，涉案土地权属在济南军区临沂房管处与龙王河村民委员会（以下简称龙王河村委会）之间存在争议，系历史遗留问题。由于涉案土地坐落于龙王河村，济南军区临沂房管处多年来长期占有、使用，并为办理土地权属登记积极准备，龙王河村委会出具证明认可济南军区临沂房管处暂用，故无论涉案土地最终归济南军区临沂房管处还是归龙王河村委会所有，济南军区临沂房管处都具有对涉案土地的合法占有使用权。济南军区临沂房管处与刘某岭签订的《军队房地产租赁合同》均系双方的真实意思表示，合同内容亦不违反法律法规的强制性规定，济南军区临沂房管处基于对涉案土地的合法占有权而具备与刘某岭订立该土地租赁合同的主体条件，故对刘某岭有关济南军区临沂房管处对涉案土地无所有权、使用权，涉案合同无效的辩称及主张，不予采信。刘某岭主张涉案土地租赁合同系济南军区临沂房管处提供的格式合同，存在显失公正的情况，由于双方关于涉案土地租赁合同关系并非一次性订立，而系通过多次签订合同的方式延续至今，刘某岭均未以此为由提出异议且双方均实际履行，故刘某岭认为涉案合同存在显失公正的情况理由不充分，不予采信。

济南军区临沂房管处、刘某岭作为《军队房地产租赁合同》的双方，均应按照合同约定全面履行各自的义务，根据合同约定，租赁期满，合同解除，刘某岭应当按照合同约定将租赁物返还给济南军区临沂房管处。《中华人民共和国合同法》第一百零七条规定，当事人一方不履行合同义务或者履行合同义务不符合约定的，应当承担继续履行、采取补救措施或者赔偿损失等违约责任。故济南军区临沂房管处主张刘某岭自2017年1月1日起按照6000元/年的标准支付占用费用至实际返还租赁物之日止，不违反法律规定，予以支持。

刘某岭以济南军区临沂房管处无权出租涉案土地为由要求济南军区临沂房管处返还已收取的租赁费36000元。由于济南军区临沂房管处基于对涉案土地的合法占有而有权出租涉案土地，即济南军区临沂房管处享有涉案土地的用益物权，并有权基于该权利而获得对涉案土地出租所享有的收益。故对刘某岭的该项主张不予支持。

据此，山东省日照市岚山区人民法院依照《中华人民共和国合同法》第四十四条、第六十条、第一百零七条，《中华人民共和国物权法》第二条第三款、第一百一十七条，《中华人民共和国民事诉讼法》第六十四条规定，判决如下：

一、刘某岭于本判决生效之日起十日内向济南军区临沂房管处返还其所承租的位于龙王河村的涉案土地以及在该土地上所建设的建筑物；

二、刘某岭于本判决生效之日起十日内赔偿济南军区临沂房管处逾期占用涉案租赁物期间的损失（自2017年1月1日起，按照6000元/年的标准计算至刘某岭实际返还涉案租赁物之日止）；

三、驳回刘某岭的诉讼请求。

刘某岭不服一审判决，提起上诉。

山东省日照市中级人民法院经审理认为：刘某岭上诉主张案外人龙王河村委会向一审法院出具的书面证明来源不合法、内容违背事实等，未提交证据予以证明，并且该证明的内容与其提交的该村于2006年11月10日出具的情况说明内容并无矛盾、冲突之处，故一审采信该证据，不违反法律规定。

涉案租赁合同是合同当事人的真实意思表示，主要权利义务已经实际履行，刘某岭主张诉争土地归日照市岚山虎山镇南马家村，依据不足。龙王河村委会虽对诉争土地权属有争议，但也表示同意由济南军区临沂房管处使用，不参与本案双方当事人之间的诉讼，刘某岭以济南军区临沂房管处对诉争土地无使用权或处分权为由，主张租赁合同无效，不符合《中华人民共和国合同法》第五十二条的规定，故刘某岭关于该租赁合同无效的主张不能成立，不予支持。

涉案租赁合同合法有效，双方均应严格遵照履行。刘某岭在首次与济南军区临沂房管处签订的租赁合同中就已明确约定，在承租土地上新建和添建各种建筑物、构筑物，权属归济南军区临沂房管处，并在租赁期满后无偿移交，后期续签合同时未对该约定提出过异议或进行过变更，况且，刘某岭未以显失公平为由申请撤销过该合同，故一审判决刘某岭一并返还在该土地上所建设的建筑物，符合双方合同约定，其上诉关于该租赁合同侵害其合法财产权益的主张亦不能成立。

本案一审于2018年1月30日立案，当日送达了开庭传票等应诉手续，于同年2月13日适用简易程序开庭审理，于同年3月27日结案，审理期限符合《中华人民共和国民事诉讼法》第一百六十一条“人民法院适用简易程序审理案件，应当在立案之日起三个月内审结”的法律规定，未剥夺当事人的诉讼权利，刘某岭上诉主张一审程序违法无事实和法律依据，不予支持。

综上所述，刘某岭的上诉请求不能成立，应予驳回；一审判决认定事实清楚，适用法律正确，应予维持。据此，山东省日照市中级人民法院依照《中华人民共和国民事诉讼法》第一百七十条第一款第一项规定，判决如下：

驳回上诉，维持原判。

【法官后语】

本案系涉军类民事案件，2016年，中央军委下发《关于军队和武警部队全面停止有偿服务活动的通知》，要求部队按计划、分步骤做好停止一切有偿服务活动并做好善后处理工作，这是深化国防和军队改革的重要举措，对于实现党在新形势下的强军目标、保持我军性质和本色，纯洁部队风气，聚焦军事核心能力建设具有重大现实意义和深远战略意义。本案诉讼即济南军区为全面贯彻中央军委上述通知的举措之一，具体涉及军地合同问题，根据上述通知要求，已到期对外有偿服务合同不得再续签，即需要军队回收军地及相关军队财产。由于本案所涉土地因历史遗留原因存在产权争议，部队未能完善土地产权相关手续，导致涉案土地在济南军区临沂房管处、刘某岭之间的租赁合同到期后部队未能如期回收，给部队“三产”清理工作带来困难。本案主要争议焦点在于军地合同的效力问题，审理中从土地用益物权人对土地的合法使用权角度切入，剖析合同效力。用益物权是指用益物权人对他人所有的不动产或者动产，依法享有占有、使用和收益的权利，用益物权人不以其对用益物权客体具有所有权而取得对其合法使用和收益的权利，目前相关法律对用益物权的用益形式和种类规定并不完善，如本案中，济南军区临沂房管处对案涉土地不具有所有权，但基于所有权人的许可或授意取得了对该土地的合法使用权，即用益物权，济南军区临沂房管处能否再将其占有使用的土地对外出租，即在其用益物权上再设立用益物权，笔者认为认可这种再次设立的用益物权并不违背相关法律规定。当前法律实践中，农村土地承包经营权人、建设用地使用权人在其土地上为自己设定地役权后再将其土地承包经营权或者建设用地使用权转让给他人的情况下，地役权的客体实际上已经是他人的土地承包经营权或者建设用地使用权。所以，用益物权中所谓的“他人”并不以作为用益物权客体的物的所有权人为限，“他人”既可以是对物享有所有权的人，也可以是对物享有用益物权的人。关于用益的方式，法律规定为占有、使用和收益，关于收益，指的是收取或获得物的孳息，包括天然孳息和法定孳息，而法定孳息当然包括出租而获得的租金。综上分析，本案中，济南军区临沂房管处、刘某岭之间所订立的土地租赁合同应当为合法有效，对双方均具有约束力。

故，法院认定双方合同到期后刘某岭应当返还财产并支付占用期间费用，既能保证部队财产不流失，又能有效解决军队财产回收问题，取得了较好的法律效果与社会效果。

编写人：山东省日照市岚山区人民法院　杨捷

34

土地租赁合同无效情形下违法建筑物的赔偿责任分配

——上海市宝山区庙行镇佳宝五金加工场诉上海市宝山区庙行镇场北村村民委员会土地租赁合同案

【案件基本信息】

1. 裁判书字号

上海市第二中级人民法院（2018）沪02民终8441号民事裁定书

2. 案由：土地租赁合同纠纷

3. 当事人

原告（上诉人）：上海市宝山区庙行镇佳宝五金加工场（以下简称五金加工厂）

被告（被上诉人）：上海市宝山区庙行镇场北村村民委员会（以下简称场北村委会）

【基本案情】

2012年10月31日，场北村委会（甲方、出租方）与五金加工厂（乙方、承租人方）签订土地租赁合同，约定：1. 甲方位于宝山区场北村孙家湾集体耕地2.50亩（按实际丈量为准）出租给乙方使用。2. 租赁土地用途，因乙方的住宅涉及被征用，甲方要求乙方进行异地安置，故甲方将前述孙家湾集体耕地租赁给乙方，乙方租赁土地后用于建造生产厂房。3. 租赁期限为13年，自2013年5月1日至2026年4月30日。4. 土地租金及应付费用，土地租金前五年2万元每亩，后五年为2.5万元每亩，再后2年为3万元每亩，先付后用，租金每半年支付一次。5. 违约责任，如国家政府部门对该土地进行征用，乙方必须服从。地面由乙方投资资产，由专业机构进行评估后由国家进行补偿。资产补偿部分归乙方所有，土地补偿归甲方所有。如有上级部门要求拆违，责任由甲方承担。

2016年12月23日，宝山区庙行镇人民政府向五金加工厂发出宝山区庙行镇

“五违”整治告知书，主要内容为，因该单位存在违法用地、违法建筑、违法排污及安全隐患等问题，限于2017年1月10日前消除上述违法行为。

五金加工厂承租诉争土地后，于2012年年底、2013年年初在土地上完成搭建，并于2013年4月、5月左右完成搭建的内部装修。五金加工厂相关建筑未获得建设工程规划许可证等行政审批手续。2017年1月10日左右，五金加工厂的搭建被拆除。此外，五金加工厂租金付清至2016年年底。

【案件焦点】

承租方搭建的违建被拆除，出租方是否应当赔偿及租赁双方赔偿责任如何分摊。

【法院裁判要旨】

上海市宝山区人民法院经审理认为：诉争土地系集体所有的耕地，场北村委会将诉争土地出租给五金加工厂用于建设生产厂房，是将耕地用于非农建设，故诉争土地租赁合同当属无效。合同无效或者被撤销后，因该合同取得的财产，应当予以返还；不能返还或者没有必要返还的，应当折价补偿。有过错的一方应当赔偿对方因此所受到的损失，双方都有过错的，应当各自承担相应的责任。五金加工厂承租诉争土地后建设生产厂房，因相关厂房违法用地、违法建筑、违法排污及存在安全隐患等客观事实，致使系争房屋被拆除，故五金加工厂基于双方之间的租赁合同关系起诉场北村委会赔偿。五金加工厂作为系争耕地的承租人、违章建筑的建造方、实际使用人及相关收益方，理应对相关损失承担主要过错责任；场北村委会作为系争耕地的出租人，对合同无效及由此导致的相关后果也应承担相应的过错责任。

五金加工厂的相关搭建在本案诉讼前被拆除，目前已经缺乏评估其造价的可能性，五金加工厂亦无法提供建造诉争房屋时的合同、发票、付款凭证、图纸等材料证明其建造成本，五金加工厂所提供的照片、视频等也无法明确查清工程量，且五金加工厂在多次庭审中关于搭建投入的主张及书面陈述的相关内容差距较大，可信度较低，故五金加工厂主张其造价为200万元或220万－230万元抑或300万元的主张，缺乏证据予以证明。但五金加工厂进行了建造系客观事实。同时，根据五金加工厂自述，其建造厂房后用于生产，年利润约有20万元，部分面积用于出租，收益约20万元，这些利益均系五金加工厂在无效合同履行期间所得，在计算五金加工厂损失时应予以考量。再结合双方的陈述、由五金加工厂提供的场北村委会盖章确认的《暂无房产证楼宇企业办理工商登记核定表》上载明的建筑物面积等情况，并充分注意到双方对导致合同无效的过错程度、合同的履行情况、合同双方的收益情况等主客观因素，酌情确定由场北村委会向五金加工厂支付补偿款25万元。对于场北村委会的其余诉讼请求，不予支持。

上海市宝山区人民法院判决：

一、五金加工场与场北村委会就上海市宝山区场北村孙家湾集体耕地2.50亩签订的土地租赁合同无效；

二、场北村委会于本判决生效之日起十日内，向五金加工场支付25万元；

三、驳回五金加工场的其余诉讼请求。

五金加工场不服一审判决，提起上诉。

二审期间，五金加工场提出撤回上诉的请求，上海市第二中级人民法院裁定准许其撤回上诉。

【法官后语】

根据土地管理相关法律规定，将耕地出租用于非农建设的土地租赁合同效力属无效无疑；出租人在耕地上建造搭建，相关建筑物未获得建设工程规划许可证，相关地上搭建属违法搭建亦无疑。本案的争议焦点在于，对于无效土地租赁合同上，承租人的地上违法搭建物被拆除，出租人是否应当向承租人承担赔偿责任，赔偿的计算方式如何确定，赔偿责任如何进行分担。

1. 赔还是不赔：一个基本的价值取向问题

（1）驳一种常见的错误观点

一种观点认为出租人无须赔偿，理由在于：第一，建筑物系违法建筑，且已被拆除，实际上已阻却了出租人基于对土地的权利从而获得地上建筑物物权的可能性。出租人并未构成不当得利，无须赔偿。第二，建筑物并非由出租人拆除，出租人未实施侵权行为，不应承担被拆除所导致的赔偿后果。第三，地上违法建筑物系承租人自行搭建，其应对自己的违法行为“风险自担”。

本案中，法院认为，对于建筑物赔偿责任的认定并不能简单适用“不当得利”原则，而应当结合过错责任原则为法理依据。上述观点片面地强调了出租人因建筑物被拆除而未受益、不构成不当得利，片面地理解了违法建筑物无法得到物权法保护的法律属性，未从合同法的要义出发来平衡债的利益，造成了对承租人事实上的不公平，且对于从土地租赁的源头打击违法用地、违法建筑来说并非有利。

（2）拆违行政行为的合法性不能免除合同责任

“五违四必”工作中，相关行政主体对违法建筑物的违法性认定以及拆除行为，本质是行政行为，产生的是行政法上的法律后果。拆除违法建筑行政行为的合法性基础，意指合法的行政主体根据法律授权、经过合法程序对违法建筑进行拆除，该行政行为合法有效，由此，行政主体对违法建筑被拆除所带来的相关损失无须承担行政法上及民法上的责任。但与拆违相关的行政行为与土地租赁合同系两个不同的法律关系，涉及的当事人不同，产生的法律后果也不同。拆违行为的合法性不能免除对土地租赁合同项下租赁双方权利义务的法律审视。

（3）出租人的赔偿责任是租赁合同无效的应然逻辑结论

出租人与承租人间的租赁合同因租赁标的物为农用地、用于非农建设而被确认无效，地上建筑物因违法被拆除而产生损失。对于上述损失，出租人存在两个维度上的过错：其一，作为出租人，其对租赁合同无效具有过错；其二，作为土地管理人，其同意承租人在地上进行违法搭建，对违法建筑物被拆除的损失亦存在过错。

出租人对租赁合同的无效及建筑物的违法，都负有不容推卸的过错责任，而承租人对于违法搭建的建造是由于其信赖租赁合同有效而付出的成本，当然属于合同无效的赔偿范围，即缔约过失责任的赔偿范围。

2. 赔的是什么：违法建筑赔偿金额的计算依据

（1）建筑物造价费用的三种计算标准

建筑物造价费用计算的常见方法主要有三种类别，分别是现值、造价费用、残值，所对应的是三种不同的计算标准，即“现存价值审计鉴定法”“工程造价费用支出法”“支出费用年度分摊法”。

（2）本案的考量：采“支出费用年度分摊法”

以上提及的第一种方法即“现存价值审计鉴定法”，因便于操作而成为目前审判实践中较为常用的方法之一，通过审计对现存建筑物根据市场价格及折旧等因素得出实物的固定价值。但考虑到建设工程的造价随市场行情变动较大，现存价值可能高于建造时的价值。如果允许承租人以现存价值作为要求出租人承担赔偿的依据，可能会造成双方利益的不平衡。故第一种方法并不可取。

对于第二种和第三种方法，其本质差别在于是否将土地租赁合同约定的租期及已履约租期作为考虑赔偿金额的相关因素。如采取“工程造价费用支出法”，则无须将约定租期及已履约租期长短作为考量因素。

本案中，法院认为，承租人在租赁土地上进行搭建是为了实现自己的使用目的，尤其在地上搭建为非法建筑物的情况下，承租人搭建时即未将搭建作为永久性建筑予以投资，其必然以在租赁合同期限内折旧完毕为原则。如土地租赁合同履行期满，搭建作为土地租赁的必要成本摊销完毕本属租赁双方的合理预期。如土地租赁合同仅履行了部分期限，则已摊销完毕的搭建部分造价也应当相应扣除。尤其在“五违四必”工作中，在违法建筑物已被拆除或已被责令拆除的情况下，出租人亦不存在继续占有、使用承租人的搭建并获得不当得利的可能性，故前期租赁合同履行过程中的成本已分摊部分应当考虑，故对建筑物建造费用的认定应当采用“支出费用年度分摊法”。

3. 赔偿责任的分担：法官自由裁量背后的心证考量

综合来说，承租人经出租人同意在土地上进行违法搭建的，土地租赁合同无效，违法搭建被拆除致使承租人产生损失，法院应当根据租赁双方各自按照导致租赁合同无效、搭建违法建筑的过错程度，结合合同履行情况、租赁双方收益情况等主客观因素，对建筑物的造价费用在土地租赁合同双方之间进行合理分摊。具体来说，考虑分配责任比例时，需要考虑的因素如下。

(1) 双方导致土地租赁合同无效的过错程度

从土地租赁合同无效的原因来看，系因出租人所出租土地为农用耕地，违反《中华人民共和国土地管理法》。出租人是土地的所有权人，其对土地的性质理应清楚且明知，其将土地出租用于非农建设，偏离了出租人占有、使用、处分土地的合法边界，故出租人应对土地租赁合同无效承担主要过错责任。

与此同时，承租人在订立土地租赁合同时应当负有遵守法律、行政法规的法定义务，对其所承租的土地应当尽到审查义务，审慎判断其将所承租的土地用于非农建设的民事行为是否符合法律和行政法规的强制性规定。因此，承租人对于土地租赁合同无效亦存在相当的过错。

(2) 双方导致地上搭建违法的过错程度

如果说在第一个过错维度即导致土地租赁合同无效的过错程度上，一般而言出租人的过错程度更大的话；对于第二个维度即导致地上搭建违法的过错程度上，一般认为承租人的过错程度更大。违法建筑物系承租人违反法律规定而擅自建造的，此后建筑物由承租人自行使用并收益，其应当承担主要过错责任。

但需要说明的是，由于租赁土地为农用地的本质属性，在农用地获得转性之前，地上建筑物“天然地”不可能获得合法建筑物审批手续，承租人对此负有不容推卸的过错责任。土地出租人未对土地尽管理职责，默示甚至同意违法建筑的建造，必然应当负有相应的过错责任。

(3) 双方因履行土地租赁合同的收益情况

在土地租赁合同中，承租人“凭空”在土地上搭建房屋后再行转租或经营收益，其对外经营的收益以及对外转租的基础已非出租人依据缔约时土地现状可以预期的，且违章房屋用于转租或经营所得收益的金额一般远高于普通房屋租赁合同中承租人的租金收益，也远高于土地出租人所收取的土地租金。在承租人基于无效租赁合同要求出租人进行赔偿的情况下，对于赔偿金额的确定标准应当将目光移到违法建筑物之上，在更全局的角度进行评价，将双方履行无效合同的收益部分（即出租人收益的金额、承租人基于违法建筑所获得的包括经营收益及转租收益等在内的金额）一并纳入法院酌定赔偿金额的考虑范围，将有效避免租赁合同双方权利义务的失衡，实现实质上的公平，也有利于在民事责任分配中形成正确的社会价值导向。

编写人：上海市宝山区人民法院　蒋梦娴

35

名为租赁实为转让的合同效力的认定

——石某端诉周某辉农村土地承包合同案

【案件基本信息】

1. 裁判书字号

福建省厦门市中级人民法院（2018）闽02民终3886号民事判决书

2. 案由：农村土地承包合同纠纷

3. 当事人

原告（上诉人）：石某端

被告（上诉人）：周某辉

【基本案情】

2010年6月24日，石某端与周某辉签订《租地合同书》，约定周某辉将位于本村坛头的0.13亩土地（即讼争土地）出租给石某端，该土地的四至为：东坛沟边，南原福田，西水泥路下，北电线杆，租赁期限自2010年6月24日至2060年6月23日共50年，租金50000元一次性付清。在合同期内，如有政府征地，所有补偿款包括土地补偿款、地上物补偿款全部归石某端所有。后石某端依约向周某辉支付了50000元租金，周某辉亦依约将土地交付石某端使用。2017年9月，因政府征收讼争土地，石某端与周某辉签订的《租地合同书》被迫终止，政府对上述土地补偿款34200元发放至周某辉所在小组，再由周某辉领取。现讼争土地的租赁期限剩余42.7年无法履行，石某端与周某辉就征地补偿款的归属及租金返还协商未果，石某端诉至法院。

【案件焦点】

1.《租地合同书》是否解除；2. 征地补偿款的归属如何确定；3. 周某辉是否

应当退还租金。

【法院裁判要旨】

福建省厦门市海沧区人民法院经审理认为：第一，《租地合同书》是否解除。双方并没有协商一致解除《租地合同书》的意思表示，也未约定石某端单方行使解除权的情形，《租地合同书》也不存在法定解除的情形。因政府征收承包地被收回，在《租地合同书》已实际无法履行的情况下，要求解除《租地合同书》亦无必要。第二，征地补偿款的归属。双方约定征地所有补偿款包括土地补偿款归石某端，是周某辉对自己所有财产权益的处分，应当有效。关于征地补偿款的金额。石某端与周某辉签订《租地合同书》时，确认承包地块的面积为0.13亩，政府实际征收周某辉的承包地为0.3亩，以每亩11400元的标准向周某辉发放征地补偿款34200元。因此，对石某端合理的诉求即14820元，予以支持。第三，租金返还的问题。首先，石某端在双方并未约定退还未到期租金的情况下要求周某辉退还租金并无相应的合同依据。其次，本案讼争承包地被政府征收属于事实上无法继续履行，并非周某辉主客观原因导致石某端无法使用讼争地块。最后，政府已经通过支付征地补偿款方式补偿石某端无法继续经营承包产生的损失，双方约定征地补偿款归属石某端，是对石某端投入经营承包地的损失补偿，而石某端提前投入的剩余租期的租金是对周某辉承包地终止的补偿。石某端的损失已经由政府发放的征地补偿款补偿，还要求周某辉退还剩余租期的租金，则周某辉因讼争承包地终止的损失未能得到相应的补偿，显然周某辉的利益不能得到相应保障，双方的损失和利益难以平衡。

福建省厦门市海沧区人民法院依照《中华人民共和国合同法》第八条、第九十三条、第九十四条，《中华人民共和国民法总则》第五条、第六条，《中华人民共和国土地管理法实施条例》第二十六条第一款，《中华人民共和国民事诉讼法》第六十四条规定，判决如下：

一、周某辉应于本判决生效之日起十日内支付石某端征地补偿款14820元；

二、驳回石某端的其他诉讼请求。

石某端、周某辉不服一审判决，提起上诉。

福建省厦门市中级人民法院经审理认为：石某端与周某辉签订的合同名称虽为《租地合同书》，但合同约定的权利义务与名称不一致的，应当按照合同约定的权利义务内容确定合同的性质。石某端、周某辉系同一集体经济组织成员，双方签订的

《租地合同书》符合《中华人民共和国农村土地承包法》第三十二条[①]规定的“通过家庭承包取得的土地承包经营权可以依法采取转包、出租、互换、转让或者其他方式流转”的法律关系。该法第三十六条[②]规定：“土地承包经营权流转的转包费、租金、转让费等，应当由当事人双方协商确定。流转的收益归承包方所有，任何组织和个人不得擅自截留、扣缴。”《租地合同书》约定石某端向周某辉一次性支付土地租金，租赁期间，如有政府征地，所有补偿款包括土地补偿款、地上物补偿款全部归石某端所有。周某辉主张石某端无权获得青苗补偿费、劳力安置费、土地补偿费等不符合法律规定及合同约定，一审判决根据石某端使用的土地面积，结合征地补偿款金额，认定周某辉应向石某端支付0.13亩土地的征地补偿款并无不当。讼争承包地在合同租赁期间被征收，石某端有关征地补偿款得到一审法院支持后，再请求返还土地租金，不符合合同约定及上述法律规定。

综上所述，石某端、周某辉的上诉请求均不能成立，均应予驳回。

依照《中华人民共和国民事诉讼法》第一百七十条第一款第一项规定，判决如下：

驳回上诉，维持原判。

【法官后语】

该案例为农村土地承包合同纠纷，虽然双方当事人采用租赁合同、租赁期限、租金等租赁性质的文字订立讼争《租地合同书》，但是双方当事人订立合同的初衷、合同约定的权利义务内容以及合同履行的情况，均与合同名称不一致，应当按照合同约定的权利义务内容确定合同的性质。讼争《租地合同书》应是名为租赁实为转让的合同，双方之间的实质法律关系应是土地承包经营权转让合同关系。基于双方当事人属同一集体经济组织成员，其签订的《租地合同书》符合当时《中华人民共和国农村土地承包法》关于家庭土地承包经营权可以依法采取转包、出租、互换、转让或者其他方式流转的规定。因此，《租地合同书》是双方当事人真实意思

---

① 编者注：本条参照2018年12月29日发布的《中华人民共和国农村土地承包法》第三十六条。

② 编者注：本条参照2018年12月29日发布的《中华人民共和国农村土地承包法》第三十九条。

表示，未违反法律行政法规强制性规定，为有效合同。同时，结合双方的损失和利益，基于利益平衡和公平原则，将名为租赁实为转让的土地租赁合同认定为有效合同，有利于保障农村土地经济活动市场自主开展、稳定运行。事实上，农村土地承包关系中，存在较多以租赁之名行转让土地承包经营权之实的情形，司法应当综合多方面因素考量认定该类合同的性质。

一、名为租赁实为转让的合同实质法律关系审查

在农村经济活动活跃开展的过程中，土地承包合同的形式逐渐呈现多样化，但农村土地承包合同双方当事人在土地经济活动市场中对农村土地合同项下的法律术语、法律关系的认识在一定程度上存在局限性，往往存在双方之间农村土地合同关系的实质内容与合同书所体现的合同名称不一致的情况。在审查名为租赁实为转让的合同时，不应局限于合同文字的形式要素，应当重点审查双方当事人签订合同的初衷、双方之间的真实意思表示、是否违反法律法规强制性规定以及合同实际履行的情况，结合合同所载明的权利义务，查明双方之间的实质法律关系，并对该法律关系的性质作出认定。需要注意的是，查明合同实质法律关系，应当辨别是否属于《中华人民共和国合同法》第五十二条第三项规定"以合法形式掩盖非法目的"的情形，若是属于该情形应当认定为无效合同。

二、司法应以保障农村土地经济活动市场的自主交易为宗旨

2019 年修正的《中华人民共和国农村土地承包法》第三十二条规定："通过家庭承包取得的土地承包经营权可以依法采取转包、出租、互换、转让或者其他方式流转。"第三十四条规定："土地承包经营权流转的主体是承包方。承包方有权依法自主决定土地承包经营权是否流转和流转的方式。"2018 年 12 月 29 日第十三届全国人民代表大会常务委员会第七次会议决定对该法作出修改，将第三十二条和第三十四条合并为第三十六条，修改为："承包方可以自主决定依法采取出租（转包）、入股或者其他方式向他人流转土地经营权，并向发包方备案。"修改后的《中华人民共和国农村土地承包法》将转包的形式囊括在出租形式中，除出租（转包）、入股外，并没有再明确罗列其他形式，从对于承包流转方式的修改上可以看出，一方面，法律认为土地承包经营权的出租和转包大致上具有相同的性质，明显区别于该法第三十五条规定的土地承包经营权转让；另一方面，现行法律对农村土地流转的形式给予更宽松的规定，允许农村经济活动中产生更多不同形式的土地流转方式，

在不违反法律法规强制性规定的情况下，更加鼓励土地经济活动市场自主交易。

三、名为租赁实为转让的合同双方利益如何平衡

《中华人民共和国土地管理法实施条例》第二十六条第一款规定："土地补偿费归农村集体经济组织所有；地上附着物及青苗补偿费归地上附着物及青苗的所有者所有。"《中华人民共和国农村土地承包法》（2019年）第三十九条规定："土地经营权流转的价款，应当由当事人双方协商确定。流转的收益归承包方所有，任何组织和个人不得擅自截留、扣缴。"在符合法律规定的情形下，对双方当事人订立合同时的自由意思应当予以充分尊重，合同双方均基于自愿真实的意思表示而作出民事法律行为，对于合同权利义务，双方均于订立合同之初已经达成共识，进而签订合同、支付对价、交付承包地。而在经营过程中，因出现新的客观情况可能导致一方当事人存在利益或损失，与订立合同之初的预期内容不对等。就公平原则和利益平衡方面的考虑，需要注意的是，若本案就合同名称体现的土地租赁合同关系予以认定，根据《中华人民共和国合同法》第二百一十四条第一款规定："租赁期限不得超过二十年。超过二十年的，超过部分无效。"则租期超出二十年部分的土地租赁合同关系属于无效，剩余租赁期间的租金及讼争土地灭失的征地补偿款均归一方当事人所有，另一方当事人的损失无法得到相应补偿，则双方各自的损失和投入的成本明显严重失衡，且与双方各自的过错程度不相符，显失公平。而对于此类案件，法院审理过程中在查明实质法律关系的基础上，应当综合考虑双方利益与损失的大小，结合订立合同的初衷与目的，考量双方的过错程度以及双方的损失是否能够得到相应补偿为基础，基于公平原则和利益平衡的考量，作出更加符合双方利益的认定与判断。

编写人：福建省厦门市海沧区人民法院　谢依婷

36

解除权人在解除权条件成就后以行为表现出继续履行合同意愿的，应认定解除权消灭

——北京市朝阳区科联农村与农业发展研究所诉北京亚峰润富投资管理有限公司农村土地承包合同案

【案件基本信息】

1. 裁判书字号

北京市朝阳区人民法院（2018）京0105民初1633号民事判决书

2. 案由：农村土地承包合同纠纷

3. 当事人

原告：北京市朝阳区科联农村与农业发展研究所（以下简称科联研究所）

被告：北京亚峰润富投资管理有限公司（以下简称亚峰润富公司）

【基本案情】

2017年5月22日，科联研究所作为甲方与乙方亚峰润富公司签订《土地转租协议》，约定甲方将30亩土地转租给乙方，期限自2017年5月22日至2050年9月30日，租金总额为500万元，乙方应于协议生效后40日内支付给甲方，如逾期超过30日，甲方有权解除合同。涉案土地系科联研究所自北京市朝阳区金盏乡雷庄村经济合作社处承包所得，性质为集体土地，地类为其他林地。合同签订后不久，亚峰润富公司经科联研究所同意欲在涉案土地下挖地下室。双方同意由科联研究所找施工队施工，亚峰润富公司将款项支付给科联研究所后，再由科联研究所与施工队结算。工程施工过程中，因涉嫌违法被相关部门叫停，下挖土地被回填。2017年5月至9月，亚峰润富公司陆续向科联研究所汇款共计6066320元，其中120万元注明为工程款。科联研究所以亚峰润富公司未按照约定缴纳租金为由，起诉至法院

要求解除《土地转租协议》。

【案件焦点】

科联研究所是否有权单方解除合同。

【法院裁判要旨】

北京市朝阳区人民法院经审理认为：因案涉土地为集体所有的农用地，双方的合同名为土地租赁合同，实为农村土地承包合同，租金应为承包费。该合同系双方真实意思表示，且不违反相关法律法规的强制性规定，为合法有效的合同。根据《中华人民共和国合同法》第九十三条第二款之规定，当事人可以约定一方解除合同的条件。解除合同的条件成就时，解除权人可以解除合同。科联研究所是否有权单方解除合同。首先，虽然亚峰润富公司未按合同约定缴纳承包费，但在约定解除权的条件成就后的很长一段时间内，科联研究所不仅未行使解除权，未向亚峰润富公司催要承包费，反而对亚峰润富公司逾期缴纳的承包费予以接收，应视为其对亚峰润富公司逾期缴纳承包费的认可；其次，科联研究所与亚峰润富公司之间建设工程施工合同的成立和履行是建立在亚峰润富公司可以继续使用涉案土地的基础之上的，在承包费缴纳截止日期之后双方仍然在履行建设工程施工合同的内容。综合上述两点可以看出，科联研究所继续履行土地承包合同的意思明显，应视为科联研究所放弃行使约定解除权。此外，虽然承包期长达三十多年，但合同约定承包费一次性缴纳，亚峰润富公司本身负有的合同义务已然较重，而目前亚峰润富公司已经缴纳了大部分的承包费，在亚峰润富公司尚欠小部分承包费的情况下，不宜直接解除合同，否则会对亚峰润富公司产生明显不公的结果。综上，虽然亚峰润富公司目前尚有承包费未付清，但科联研究所已经放弃了解除权的行使，解除权业已消灭。在此情况下，科联研究所单方要求解除合同，缺乏法律和事实依据，不予支持。

北京市朝阳区人民法院依照《中华人民共和国合同法》第七条、第八条、第七十七条第一款，《中华人民共和国农村土地承包法》第二条规定，作出如下判决：

驳回科联研究所的全部诉讼请求。

【法官后语】

解除权是一种形成权，这一结论已经成为法学界的共识。为避免法律关系长期处于不稳定状态，维护当事人的合理预期，法律往往在赋予一方形成权的同时，对形成权的行使加以限制，规定符合某些情形的形成权消灭。例如，《中华人民共和国合同法》第五十五条规定，撤销权人自知道或者应当知道撤销事由之日起一年内没有行使撤销权或知道撤销事由后明确表示或以自己的行动放弃撤销权的，撤销权消灭。

对于同为形成权的解除权，法律规定则非常笼统。解除权的消灭见于《中华人民共和国合同法》第九十五条第一款："法律规定或者当事人约定解除权行使期限，期限届满当事人不行使的，该权利消灭。法律没有规定或者当事人没有约定解除权行使期限，经对方催告后在合理期限内不行使的，该权利消灭。"该规定未对解除权行使期限作出统一规定，未界定催告的合理期限，亦未明确法律没有规定或者当事人没有约定解除权行使期限且对方未催告的情形下，解除权能否消灭、如何消灭的问题。实践中，不少当事人利用法律的漏洞，借对方多年前的违约行为，以行使解除权的名义谋求不正当利益。如果囿于法律规定准予其行使解除权，后果自然是有失公正的，也助长了不诚信之风气。因此，在处理解除权问题上，应当在诚实信用原则下适当扩大解除权消灭的情形范围，如类推适用《中华人民共和国合同法》第五十五条第二项的规定。

首先，解除权与撤销权有很多相似之处，除了形成权的共性之外，二者均为法律所赋予的权利（约定解除权虽然基于合同约定，但其效力仍然依托于《中华人民共和国合同法》第九十三条第二款的规定），权利行使的法律后果同为合同权利义务的终止。因此，解除权类推适用《中华人民共和国合同法》第五十五条第二项的规定并不存在不妥当之处。其次，解除权是法律赋予的权利，允许权利人自行放弃，是权利自治原则的充分体现。最后，解除权因权利人放弃而消灭，在维护合同关系稳定的同时，不会给权利人带来额外的不利益。因此，不论法律有无规定或者当事人有无约定解除权的行使期限，解除权人表示放弃行使解除权的，解除权消灭，解除权人不得再以解除权条件已成就为由单方解除合同。

放弃解除权可以以明示或者行动的方式作出，在解除权条件成就后，权利人的行为表现出继续履行合同意思的，应认定其已放弃行使解除权。行为作为默示意思表示的一种，其表达内容需要结合行动的目的、指向等因素予以推定。具体到解除权放弃的问题，因解除权行使的目的是终止合同关系，如果权利人的行为内容与之相反，即表现继续履行合同的意思，足以说明权利人放弃了解除权。本案中，双方存在两个合同关系，其一是就涉案土地使用所成立的农村土地承包合同关系，其二是以在涉案土地下挖地下室为主要内容的建设工程施工合同关系，后者合同目的的实现显然以前者的正常履行为基础。根据查明的事实，科联研究所确因亚峰润富公司拖欠承包费的行为享有约定解除权，但解除权条件成就之后，科联研究所不仅未向亚峰润富公司催要承包费，反而积极履行建设工程施工合同。鉴于两份合同之间的关联，科联研究所履行建设工程施工合同的行为充分表现出继续履行农村土地承包合同的意愿。因此，法院认定科联研究所的解除权因放弃而消灭，驳回其要求解除合同的诉讼请求。

编写人：北京市朝阳区人民法院　李瑶瑶

六、土地承包经营权继承纠纷

37

农村土地承包经营权归该户成员享有

——张某霞诉张某臣等农村土地承包经营权案

【案件基本信息】

1. 裁判书字号

河南省平顶山市中级人民法院（2018）豫04民终5249号民事判决书

2. 案由：农村土地承包经营权纠纷

3. 当事人

原告（被上诉人）：张某霞

被告（上诉人）：张某臣、张某亭、张某全

【基本案情】

张某名与朱某英系夫妻，张某霞、张某臣、张某亭、张某全均系其子女。

1996年，宝丰县周庄镇王子孟村进行了土地承包，张某霞与朱某英、张某名作为一个家庭承包户参与该轮土地承包，共分得承包地4.05亩，其中渡槽南三棵小榆树地块1.8亩，马坟牛池地块1.35亩，上领后地西洼地块0.9亩，将上述承包地交由张某臣、张某亭、张某全耕种，其中渡槽南三棵小榆树地块0.6亩/人，马坟牛池地块0.45亩/人，上岭后地西洼地块0.3亩/人。张某臣、张某亭、张某全每年向张某名、朱某英交付玉米400斤、小麦500斤。2012年张某名去世后，张某臣、张某亭、张某全同意每年支付朱某英（现已去世）700元。2003年开始张某臣、张某亭、张某全耕种西南地0.48亩。

【案件焦点】

部分农村土地承包经营权人死亡后的经营权属如何确定。

【法院裁判要旨】

河南省宝丰县人民法院经审理认为：我国实行农村土地承包经营制度，农村土地承包采取农村集体经济组织内部的家庭承包方式。宝丰县周庄镇王子孟村在1996年将涉案4.05亩土地以家庭承包方式承包给张某霞、朱某英、张某名，其三人对该土地享有承包经营权。现朱某英、张某名已去世，涉案土地的承包经营权归张某霞所有。张某臣、张某亭、张某全辩称的其尽到赡养义务，应当对父母的土地有继承权的意见，于法无据，不予采信。

河南省宝丰县人民法院依照《中华人民共和国农村土地承包法》第九条[①]，《中华人民共和国民事诉讼法》第一百五十二条规定，作出如下判决：

一、张某臣、张某亭、张某全于本判决生效后十日内返还张某霞的承包地4.05亩；

二、驳回张某霞的其他诉讼请求。

张某臣、张某亭、张某全不服一审判决，提起上诉。

河南省平顶山市中级人民法院经审理认为：一审中张某霞提交的农业补贴存折、分地表等证据证实以张某名为户主，朱某英、张某霞为家庭成员的承包户对案涉土地具有承包经营权。根据《中华人民共和国农村土地承包法》第三条规定，农村土地承包采取农村集体经济组织内部的家庭承包方式。第十五条[②]规定，家庭承包的承包方是本集体经济组织的农户。案涉土地发包时，张某霞与张某名、朱某英系同户家庭成员，作为一个承包户，享有土地承包经营资格。虽然其同户成员张某名、朱某英现已去世，但该承包经营户仍应存在，张某霞对案涉土地仍享有承包经营权。且案涉土地于1996年发包，至今仍在承包期内，该村亦未曾调整过土地，

---

① 编者注：本条对应2018年12月29日发布的《中华人民共和国农村土地承包法》第八条。

② 编者注：本条对应2018年12月29日发布的《中华人民共和国农村土地承包法》第十六条第一款。

故案涉土地的承包经营权仍属于张某霞所在的承包经营户，其在本案中具有诉讼主体资格。至于张某臣、张某亭、张某全称其对案涉土地享有继承权的意见，因承包经营权不符合《中华人民共和国继承法》关于遗产的规定，不能作为其个人遗产发生继承，故对于张某臣、张某亭、张某全的该项主张，不予支持。

河南省平顶山市中级人民法院依照《中华人民共和国民事诉讼法》第一百七十条第一款第一项规定，作出如下判决：

驳回上诉，维持原判。

【法官后语】

农村土地承包及其相关问题往往错综复杂。《中华人民共和国土地管理法》对土地权属的定义是：城市市区的土地属于国家所有。农村和城市郊区的土地，除由法律规定属于国家所有的以外，属于农民集体所有；宅基地和自留地、自留山，属于农民集体所有。由于我国的历史传统，长期以来，涉农村土地事宜，包括宅基地、耕地、农业经营用地等，都由村集体决定，这既是保障国计民生的需要，也是维护社会安定的考虑。因此，村民自治成为处理农村土地案件所要遵循的必要原则。

《中华人民共和国农村土地承包法》规定，农村土地承包采取农村集体经济组织内部的家庭承包方式；《最高人民法院关于审理涉及农村土地承包纠纷案件适用法律问题的解释》第三条进一步明确“前款所称承包方是指以家庭承包方式承包本集体经济组织农村土地的农户……”从该规定可以看出，家庭承包的本质在于享有土地承包经营权的主体是“家庭”，也即农户，而非某个家庭成员，个人并不是家庭承包主体，即便该户只有一个人，在法律意义上，承包主体也是该户。本案中，张某霞与其父母在同一经营户上，对案涉土地享有承包经营权。在村集体没有调整土地的前提下，该经营户仍应是案涉土地的承包权主体，根据《中华人民共和国农村土地承包法》的精神，只要家庭承包经营户内尚存一人，该户就仍然存在，并继续享有基于承包地的权利义务。

那么，既然该户仍然存在，户内成员的子女是否能够继承其经营权呢？首先，土地属于集体所有；其次，在户内成员死亡后，其民事主体资格、集体成员和家庭成员资格均已丧失，不能对承包的土地管理使用，不再享有承包经营权。《中华人民共和国继承法》所规定的可继承的遗产是公民个人的合法财产，基于上述分析，土地承包经营权是承包户从村集体取得的经营权利，不是土地所有权，该权利不是村民个人的财产；从被继承人的主体资格看，其生前是承包经营户的成员，但在其死亡之时，便已丧失了承包户成员的身份，不享有承包资格，就更不涉及经营权利问题，因此，农村土地承包经营权不能发生继承。

编写人：河南省平顶山市中级人民法院　郭洋洋

38

关于遗产继承中征地补偿款的遗产的范围

——袁某义、袁某金诉袁某威、袁某家继承、分家析产案

【案件基本信息】

1. 裁判书字号

广东省阳西县人民法院（2017）粤1721民初440号民事判决书

2. 案由：继承、分家析产纠纷

3. 当事人

原告：袁某义、袁某金

被告：袁某威、袁某家

第三人：阳西县程村镇石龙村民委员会、袁某嫩

【基本案情】

袁某侵（已故）与陈某（已故）夫妇生育儿子袁某端和女儿袁某义。袁某端（已故）与其妻子谢某英（已故）生育儿子袁某威、袁某家、女儿袁某金、袁某嫩。

坐落于阳西县程村镇石龙村委会福龙自然村宗号50号的房屋（以下简称50号房屋）原属袁某侵和陈某所有。袁某侵、陈某、袁某端、谢某英先后去世。2016年5月13日，因50号房屋被列入深茂铁路阳西段的建设范围而需拆除，袁某威、

袁某家（乙方）以其个人名义与案外人阳西县程村镇人民政府（甲方）签订了一份《深茂铁路阳西段房屋征收补偿安置协议书》，协议第二条记载：“1. 补偿方式：乙方选择货币补偿方式；2. 临时安置过渡方式及补偿：乙方同意采取发放临时安置补助款方式，补偿按居住房屋面积 50 元/平方米；3. 搬迁补助：甲方一次性发给乙方搬迁补助费 1500 元/户；4. 付款方式：自签订本协议之日起 5 个工作日内，甲方以转账方式一次性支付乙方房屋征收补偿款、临时安置款、搬迁补助费、其他土地补偿款共 431554 元（详见《房屋征收补偿安置结算表》）。奖励金 73172 元，在乙方搬迁腾空房屋后 7 天，一次性付清。”协议第九条记载：“《深茂铁路房屋征收补偿安置结算表》《房屋测绘和附属物清点成果报告》《房地产征收补偿价值估价分户表》《阳西县深茂铁路项目被征收户奖励签领表》为本协议的共同组成部分，具有同等法律效力。”2016 年 6 月 2 日，阳西县程村镇人民政府依约将 504726 元拆迁补偿款汇入袁某威、袁某家的银行账户。其后，袁某义、袁某金与袁某威、袁某家就该征地补偿款的分配发生纠纷。

诉讼过程中，袁某嫩申请作为有独立请求权的第三人参加诉讼，并表示参与分配 50 号房屋征地拆迁补偿款。在开庭时，其无正当理由不到庭参加诉讼，但没有明确放弃继承财产。

【案件焦点】

征地补偿款是否属于遗产范围。

【法院裁判要旨】

广东省阳西县人民法院经审理认为：对于讼争的遗产范围，袁某义、袁某金诉请依照法律规定分割征地补偿款 504726 元，经查，该征地补偿款 504726 元包括《深茂铁路房屋征收补偿安置查漏复核结算表（补差价）》中记载的补偿金额 141506 元、《深茂铁路房屋征收补偿安置结算表》中记载的补偿金额 290048 元、《阳西县深茂铁路项目被征收户奖励查漏复核签领表》中记载的补偿金额 14498 元、《阳西县深茂铁路项目被征收户奖励签领表》中记载的补偿金额 58674 元，但《深茂铁路房屋征收补偿安置查漏复核结算表（补差价）》中记载的补偿金额 141506 元（含宅基地、围墙、水井、残余地基）属于对程村镇石龙村委会福龙中心洲村土地和建筑物的补偿，而此属袁某威、袁某家自行建造部分，为袁某威、袁某家的财产，不属于袁某侵、陈某、袁某端、谢某英遗留的财产，故不应对该部分财产进行分割。对于《深茂铁路房屋征收补偿安置结算表》中记载的补偿金额290048元，其中包含136.28平方米的宅基地补偿款149908元、集体建设用地补偿款7389元、搬迁补助3000元、临时安置补助5334元。对于宅基地补偿款149908元，因农村宅基地的使用权只能由集体经济组织内的成员享有，而袁某义、袁某金已迁出，至于袁某义、袁某金是否具有福龙村村民资格，应由所属村委会经法定程序予以审查确认，此不属于法院审理的范围，故对此不予审查。若袁某义、袁某金其后享有相应村民资格，可另寻法律途径请求分割农村宅基地的相关补偿款。同理，集体建设用地补偿款7389元为补偿公共巷道的款项，不属于遗产，因此，袁某义、袁某金请求分配集体建设用地补偿款，不予支持。再者，对于其中的搬迁补助3000元、临时安置补助5334元两项，因搬迁补助费是指拆迁人应对被拆迁人支付的搬迁补助费，临时安置补助费是指拆迁人在过渡期可能发生费用的补助，袁某威、袁某家在征收前对被征收房屋进行管理和使用，而在征地过程中，则对被征收房屋进行了清理和搬迁，袁某义、袁某金没有参与搬迁和清理工作，故该部分的补助款应由袁某威、袁某家享有。对于《阳西县深茂铁路项目被征收户奖励查漏复核签领表》和《阳西县深茂铁路项目被征收户奖励签领表》中记载的搬迁奖励和拆迁安置奖励合计共73172元，此属奖励性补偿费，是基于鼓励被拆迁房屋住户积极协助房屋拆迁而设置的，是对协助办理征地清理工作的被拆迁房屋使用人员的补偿，并非因涉案房屋被拆除导致财产损失的补偿，袁某威、袁某家自征地工作之初，就一直配合和协助办理征地工作，故此奖励金应由其二人享有，亦不应作为遗产进行分割。综上，本案应依法分割的财产的范围为《深茂铁路房屋征收补偿安置结算表》中记载的部分补偿款，即房屋及地上附着物补偿款，计124417元。

关于袁某侵、陈某、袁某端、谢某英去世后具体继承人的继承份额如何确定问题。袁某侵、陈某、袁某端、谢某英生前没有立下遗嘱或遗赠扶养协议，同时50号房屋为袁某侵、陈某共同所有，因此在袁某侵去世后，遗产中50%的所有权份额为其配偶陈某所有，其余50%所有权份额应作为其遗产由各法定继承人（配偶陈某、儿子袁某端、女儿袁某义）继承。考虑到陈某、袁某端与袁某侵共同生活，并尽扶养义务，分配遗产时，陈某、袁某端应适当多分。因此，酌定陈某、袁某端各自继承50号房屋18%的份额，袁某义继承14%的份额。陈某去世后，其所有的50

号房屋68%的份额应作为遗产由其法定继承人袁某端、袁某义继承，据上述理由，酌定袁某端继承50号房屋的43%所有权份额，袁某义继承25%所有权份额。综上，袁某端继承50号房屋61%的所有权份额，袁某义继承39%的所有权份额。鉴于50号房屋内的50－1为袁某侵、陈某共同建造，50－2为袁某侵、陈某、袁某端、谢某英共同建造的家庭财产，其四人对50－2应各占四分之一的份额，即袁某侵、陈某的遗产应包括50－1和50－2二分之一的份额，结合《深茂铁路房屋征收补偿安置结算表》上记载项目和应补金额可知，征收房屋款为107274元。按照袁某端、袁某义各自所占份额61%、39%计算，其享有的补偿款分别为65437.14元、41836.86元。谢某英去世后，其遗产应包括：50－1、50－2按份额计算为32718.57元、50－2混合一层（含木阁楼）按份额计算为6939.5元、50－3破房按份额计算为1088元，合计40746.07元。按前面所述的遗产分配原则，考虑与被继承人生活、尽扶养义务的情况，酌定袁某端、袁某威、袁某家各自继承谢某英遗产的22%所有权份额，各分得8964.13元，袁某金和袁某嫩各自继承17%所有权份额，各分得6926.84元；袁某端死亡后，其遗产除包括从其父母处继承的40746.07元外，还应包括其从妻子谢某英处继承所得的8964.13元，合计49710.2元。按前述遗产分配原则，酌定袁某威、袁某家各自继承袁某端遗产的28%所有权份额即13918.86元，袁某金和袁某嫩各自继承22%所有权份额即10936.24元。

广东省阳西县人民法院依照《中华人民共和国民法通则》第一百三十五条、第一百三十七条、第一百四十条和《中华人民共和国继承法》第二条、第三条、第十条、第十三条、第二十五条、第二十六条规定，作出如下判决：

一、袁某威、袁某家返还征收补偿款41836.86元给袁某义，限本判决生效之日起十日内履行；

二、袁某威、袁某家返还征收补偿款17863.08元给袁某金，限本判决生效之日起十日内履行；

三、驳回袁某义、袁某金的其他诉讼请求。

【法官后语】

在涉土地类纠纷中，征地补偿款是比较集中的争议标的，本案的难点一是被征房屋组成复杂，各部分所有权主体不一致，二是存在数个连续的继承关系，其间一直未进行遗产分割。审理重点在于对诉争征地补偿款是否属于遗产范围的认定。审理的主要思路是：首先界定房产中各组成部分的所有权归属及各被继承人的所有权份额；其次明确不同补偿项目的功能以确定其补偿对象，进而确定能够纳入不同被继承人遗产范围的数额；最后根据继承法关于法定继承的规则明确继承人的范围及各继承人的应继承数额。具体分析如下：

首先，明确被继承人遗留房屋被征收后，征地补偿款是征收房屋后给予房屋所有权人及居住人员的相应补偿，因此对被继承人遗留房屋享有继承权的人员，其权利及于征收房屋的补偿款；其次，由于房屋被征收产生的补偿款有各种补偿项目，其中只有针对遗产所有权灭失的补偿，才属于遗产范围，涉案被征50号房屋中，只有房产属于个人遗产，所以只有房屋征收补偿款属于各被继承人的遗产；不属于个人遗产以及非针对遗产的补偿项目不能列入遗产范围，例如拆迁补助、临时安置补助、搬迁奖励等项目系因被拆迁人需搬迁或积极搬迁所产生的补偿及奖励，不应纳入遗产范围；最后，房屋被征收后亦需对相应宅基地以及相应集体建设用地进行补偿，因农村宅基地的使用权只能由集体经济组织内的成员享有，故需明确被继承人是否为该宅基地或集体建设用地的经济组织内成员，若为经济组织内成员，该补偿款可以作为遗产进行分割；但若继承人已迁至他处，该继承人是否具有村民资格，应由所属村委会经法定程序予以审查确认，此不属于法院审理的范围。本案中，由于袁某义、袁某金结婚后已迁出外村生活居住，无法明确其二人是否具有村民资格，因此对涉及宅基地及集体建设用地的征地补偿款在本案中没有进行分割，待其村民资格确定后可另寻法律途径解决。

同时，该判决的作出亦明确了在被继承人生前没有立下遗嘱或遗赠扶养协议的情况下，被继承人子女均对父母遗留的财产享有继承权，但亦需考虑到子女与被继承人共同生活以及对被继承人尽赡养义务的实际情况，合理分配继承份额，既保障女儿的继承权，又保障已尽扶养义务的儿子的合法权益，鼓励子女积极对老人履行赡养义务。

编写人：广东省阳西县人民法院　简晓华

七、其他土地承包经营纠纷

39

土地承包经营权的互换不以备案为生效的必要条件

——巫某伙诉李某琼等土地承包经营权互换合同案

【案件基本信息】

1. 裁判书字号

广东省茂名市中级人民法院（2018）粤09民终1746号民事判决书

2. 案由：土地承包经营权互换合同纠纷

3. 当事人

原告（上诉人）：巫某伙

被告（被上诉人）：李某琼、巫某威、巫某孟、巫某强

【基本案情】

巫某伙与李某琼丈夫巫某芬（于2013年6月18日病故）系同胞兄弟，李某琼与巫某威、巫某孟、巫某强系母子关系。

因落实家庭联产承包责任制，发包方信宜市丁堡镇塘岭村委会村经济合作社将位于本村都礼垌的六斗田（面积0.4亩）、竹篙田（面积0.4亩）分别发包给巫某伙户、巫某芬户经营。2000年8月10日，信宜市人民政府分别向巫某伙、巫某芬颁发《土地承包经营权证书》，明确涉案六斗田、竹篙田的位置、面积、四至、承包期限（自1999年1月1日至2028年12月31日）。为方便耕种，2010年7月14日，巫某伙、巫某芬兄弟两人签订《同意书》，约定由巫某芬将其承包经营的位于

本村都礼垌竹篙田与巫某伙承包经营的位于本村都礼垌六斗田进行同等面积互换。后双方在互换的责任田进行耕种，但双方没有向县级以上地方人民政府申请变更登记。

签订《同意书》后，双方曾因互换土地问题发生纠纷，也经过镇、村人民调解委员会处理。2018 年 3 月，巫某伙将李某琼等种植在竹篙田的桉树苗、木薯梗拔掉，李某琼等则将巫某伙种植在六斗田的农作物损毁，双方再次发生纠纷，此后经镇、村人民调解委员会、派出所处理，未能达成调解协议。巫某伙遂向法院起诉。

【案件焦点】

巫某伙与巫某芬签订的互换承包地的《同意书》是否有法律效力。

【法院裁判要旨】

广东省信宜市人民法院经审理认为：根据《中华人民共和国农村土地承包法》第三十二条[①]“通过家庭承包取得的土地承包经营权可以依法采取转包、出租、互换、转让或者其他方式流转”及第四十条[②]“承包方之间为方便耕种或者各自需要，可以对属于同一集体经济组织的土地的土地承包经营权进行互换”的规定，承包方可以自主决定自己的土地承包经营权是否流转和流转的方式。巫某伙、巫某芬对自己承包土地进行流转是完全自愿的行为，流转后对双方的生产经营更为有利，并未违反法律规定，同时，本案互换合同也没有合同无效的法定情形，因此，巫某伙、巫某芬双方签订的《同意书》为有效合同。双方签订互换合同时，虽然没有报发包方备案或经村民代表签名同意，但根据《最高人民法院关于审理涉及农村土地承包纠纷案件适用法律问题的解释》第十四条“承包方依法采取转包、出租、互换或者其他方式流转土地承包经营权，发包方仅以该土地承包经营权流转合同未报其备案为由，请求确认合同无效的，不予支持”的规定，并不影响互换合同的效力，因此，巫某伙以互换时未经村长、村民代表签名为由主张上述《同意书》无效，没有法律依据，不予支持。对于巫某伙的果树损失问题，巫某伙没有提供证据证实，

---

① 编者注：本条参照 2018 年 12 月 29 日发布的《中华人民共和国农村土地承包法》第三十六条。

② 编者注：本条参照 2018 年 12 月 29 日发布的《中华人民共和国农村土地承包法》第三十三条。

同时，本案为土地承包经营权互换合同纠纷，巫某伙主张的果树损失属侵权纠纷，不属本案的处理范畴，巫某伙可另行主张权利。

广东省信宜市人民法院依照《中华人民共和国合同法》第四十四条、第五十二条，《中华人民共和国农村土地承包法》第三十二条、第三十四条①、第三十八条②、第四十条，《中华人民共和国民事诉讼法》第六十四条，《最高人民法院关于审理涉及农村土地承包纠纷案件适用法律问题的解释》第十四条规定，判决如下：

驳回巫某伙的诉讼请求。

巫某伙不服一审判决，提起上诉。

广东省茂名市中级人民法院经审理同意一审法院裁判意见，判决：

驳回上诉，维持原判。

【法官后语】

随着城市化进程的推进、新农村建设及各类道路优化改造，大大促进了土地价值的增长，特别是农村土地身价翻倍。在这样的背景下，因土地承包经营权流转引发的各种矛盾、纠纷不断显现。土地承包经营权互换是土地承包经营权法定的流转形式之一，是土地承包方之间为了方便耕种或者其他各自需要，将属于同一集体经济组织的土地调换使用的一种行为，表面上是耕种土地的互换，实际上是承包方之间的土地承包经营权进行了互换。那么，承包经营权互换行为的效力应如何认定？

1. 向发包方备案的性质。《中华人民共和国农村土地承包法》第三十七条③规定：“土地承包经营权采取转包、出租、互换、转让或者其他方式流转，当事人双方应当签订书面合同……采取转包、出租、互换或者其他方式流转的，应当报发包方备案……”根据这一规定，承包经营权的互换应当报发包方备案，那么，向发包方备案是不是互换行为成立的必要条件呢？《中华人民共和国物权法》和《中华人民共和国农村土地承包法》规定，承包方自承包合同生效时取得上地承包经营权，

---

① 编者注：本条参照2018年12月29日发布的《中华人民共和国农村土地承包法》第三十六条。

② 编者注：本条参照2018年12月29日发布的《中华人民共和国农村土地承包法》第三十五条。

③ 编者注：本条参照2018年12月29日发布的《中华人民共和国农村土地承包法》第四十条第一款。

《最高人民法院关于审理涉及农村土地承包纠纷案件适用法律问题的解释》第十四条也规定，“承包方依法采取转包、出租、互换或者其他方式流转土地承包经营权，发包方仅以该土地承包经营权流转合同未报其备案为由，请求确认合同无效的，不予支持”，根据上述法律规定可知，向发包方备案并非承包经营权互换行为生效的必要条件。报发包方备案不是效力性强制规定，其立法目的在于加强土地发包方对土地承包经营流转的监督和管理，让发包方及时了解土地承包经营权的变动情况，备案的性质仅为公示，并不影响当事人的权利义务，不是合同的生效要件。

2. 向政府申请登记的意义。《中华人民共和国农村土地承包法》第三十八条规定，“土地承包经营权采取互换、转让方式流转，当事人要求登记的，应当向县级以上地方人民政府申请登记。未经登记，不得对抗善意第三人”，据此可知，登记不是承包经营权互换的生效要件，只是在互换的当事人提出登记要求的时候，才需要向县级以上人民政府申请登记。学理认为，该规定采物权登记对抗主义，即互换土地承包经营权的，物权变动无须登记即可生效，但不经登记不能对抗善意第三人。也就是说，登记不是互换行为的生效要件，不登记不影响互换当事人之间权利义务的效力，但不得以此为依据向善意第三人主张权利，也不得以此为抗辩拒绝向第三人履行义务。反之，土地承包经营权互换一经登记便具有对抗第三人的法律效力。因为登记能够产生公示效力，赋予互换的土地承包经营权以排他性效力。同时，登记也具有权利推定效力，可以政府颁发的农村集体土地承包经营权证推定权利人享有承包经营权，能够更好地维护交易的安全、稳定和善意第三人的合法权益。

本案中，巫某伙和巫某芬互换的承包地属同一集体经济组织所有，双方就互换耕地订有书面合同，尽管双方的互换行为没有经发包方同意，没有向发包方备案，没有向地方政府申请登记，但其互换合同是有效的。

编写人：广东省信宜市人民法院　李继生

40

家庭内部承包地分割经营协议的法律效力认定

——周某奎等诉周某轮土地承包经营权案

【案件基本信息】

1. 裁判书字号

广西壮族自治区河池市中级人民法院（2018）桂12民终526号民事判决书

2. 案由：土地承包经营权纠纷

3. 当事人

原告（被上诉人）：周某奎、周某相

原告：周某珍

被告（上诉人）：周某轮

第三人：周某清、周某龙、周某婷、周某珠、周某琦

【基本案情】

周某珍、周某奎、周某相及周某轮系同胞姐弟关系。1985年第一轮土地承包时，以周某礼为承包户户主，该户承包人口为7人，即周某礼、何某凤、周某珍、周某相、周某奎、周某琼、周某轮。2001年第二轮土地延包时，该户以周某轮为户主继续进行承包，承包经营权证中“家庭人口”为空白。当时生产队只对田进行调整，对土地和山林未进行调整，实际仍由原承包人承包，第二轮土地延包时周某轮户有承包资格的家庭人口为：周某相、周某奎、周某轮、周某礼、何某凤。何某凤于2011年、周某礼于2012年先后去世，周某珍1987年已出嫁至南丹县车河镇骆马村堂皇屯（以下简称堂皇屯）、周某琼已出嫁至广东。在第二轮土地延包实施过程中，周某珍、周某琼的田被生产队调出归生产队所有并重新进行了分配。周某珍出嫁到堂皇屯后于1990年分到4.2分田，其在堂皇屯除了没有土地之外福利与其他社员一样。周某相已分家单独居住多年，周某奎与周某轮于2016年5月2日签订

分家协议，周某相、周某奎、周某轮三人均另立户头。兄弟三人对以周某轮为户主的土地实行分割经营，各自经营管护相应的田地及山林，但均未就各自经营的田、地、山林与生产队重新签订承包合同，亦未就各自经营的土地范围向相关的土地管理部门备案登记，至今仍全部属于周某轮户的土地。2009年，因修建公路通过周某相户经营管护的卧马山经济林地，生产队将补偿款（包括林木补偿款和占用土地补偿款）支付给周某相户。2016年12月16日，南丹县人民政府征用周某轮户的由周某轮户经营管护的饿马山庙台台杂木林6.4478亩，征地费为459934.47元（其中青苗费7447.8元），该款已由周某轮领取。周某珍、周某奎、周某相认为承包合同未变更，共同享有涉案被征地的土地承包经营权，故起诉至法院，请求与周某轮共同分配该被征地的土地补偿款。

【案件焦点】

1. 农户家庭内部成员对家庭承包地的分割经营协议是否具有法律效力；2. 谁对争议被征地享有承包经营权；3. 争议被征地的补偿款应归谁所有或共有。

【法院裁判要旨】

广西壮族自治区南丹县人民法院经审理认为：周某珍1987年已出嫁到堂皇屯，在该屯分到了田，对该屯（除了未分到土地之外）的相关福利与其他村民一样享有，户籍为堂皇屯久居居民，其原在城关镇火幕村更打屯（以下简称更打屯）的户籍因重复已被城关派出所注销，根据相关法律规定，其不再享有更打屯的村民资格，不再享有更打屯的土地承包经营权，因此，其请求分配周某轮户获得的征地补偿费102303.37元没有事实和法律依据，不予支持。周某琼书面声明放弃该补偿费的分配权，有利于家庭的团结和睦，予以支持。争议被征地确属以周某轮为户主的土地，征地时土地的承包人还有周某奎、周某相。虽然周某轮、周某奎、周某相分家多年，各自管护经营土地，但未能改变该土地经营权仍属家庭共有的法律性质，因此，因政府征地行为产生的收益除青苗费外，应属全体承包人共同共有，在没有其他约定的情况下，依法应平均分配。周某礼、何某凤已去世，本案共同共有人为周某轮、周某奎、周某相。周某奎、周某相请求周某轮支付每人102303.37元没有超出其应分享份额，符合法律规定，应予以支持。

广西壮族自治区南丹县人民法院依照《中华人民共和国民法总则》第一百一

十三条，《中华人民共和国物权法》第九十三条、第九十五条、第九十九条，《中华人民共和国农村土地承包法》第三条、第五条、第十六条①规定，作出如下判决：

一、周某轮于本判决生效之日起十日内支付土地补偿费 102303.37 元给周某奎；

二、周某轮于本判决生效之日起十日内支付土地补偿费 102303.37 元给周某相；

三、驳回周某珍的诉讼请求。

周某轮不服一审判决，提起上诉。

广西壮族自治区河池市中级人民法院经审理认为：被征地原为家庭联产承包制度推行时以周某礼为户主，后延包调整以周某轮为户主的家庭承包地。随着周某相、周某奎、周某轮各自独立成家分户，兄弟三人达成协议，对家庭承包地进行了分割，三户人家各自经营管护相应的田地及山林。争议的被征用地是周某轮户实际经营管护的林地。需要判断的是，在未重新办理发包、承包手续的情况下，当事人之间达成的前述协议，是否具有法律效力以及具有何种法律效力的问题。承包经营权是物权的一种，是当事人民事权利的一种。从意思自治的层面看，只要当事人之间达成的协议没有违反法律的禁止性规定，当事人可以处分其相应的民事权利。当事人因独立成家，自愿对原大家庭名下的承包地进行分割，各自经营管护相应部分，这个做法符合当初推行家庭联产承包制的初衷。对承包地分割经营的协议实质上是对原大家庭名下的物权进行分割，没有违反法律的禁止性规定，没有损害发包方或其他村民的利益，是当事人自愿处分其民事权益的行为，应属于合法协议。虽然三人没有与发包方重新签订发包和承包协议，但这不影响协议的合法性。

既然协议合法，当事人应受协议约束。故此，本案当事人关于争议地的民事权利义务应根据协议和相关法律规定确定。当事人达成的协议，主要是周某相、周某奎、周某轮户各自经营管理相应的土地，即各户只能经营管理自己分得的土地，不能在他人分得的土地上耕种。这表明，协议达成后，各户对自己经营管理的土地享

① 编者注：本条参照2018年12月29日发布的《中华人民共和国农村土地承包法》第十七条。

有经营的权利，对他人经营管理的土地不再享有经营的权利。周某相曾单独获得其经营管护土地份额被占用的补偿款，这一事实表明，当事人事实上接受各自享有承包经营权的事实。所以，在周某轮一户经营管护的林地被征用时，其他两户人家以承包合同没有变更为由，主张享有承包经营权，主张分割周某轮户获得的征地补偿款，缺乏事实和法律依据，依法应不予支持。

广西壮族自治区河池市中级人民法院依照《中华人民共和国物权法》第一百三十二条，《中华人民共和国民事诉讼法》第一百七十条第一款第二项规定，作出如下判决：

一、维持广西壮族自治区南丹县人民法院（2017）桂1221民初707号民事判决第三项；

二、撤销广西壮族自治区南丹县人民法院（2017）桂1221民初707号民事判决第一项、第二项；

三、驳回周某奎、周某相的诉讼请求。

【法官后语】

随着国家基本农业政策调整及城乡建设发展，农村生产生活日益繁荣，涉及农村土地承包经营权纠纷案件剧增。农户因子女成年、兄弟分家、婚姻关系、赡养老人等原因，家庭成员间要求分户、对家庭承包地分割经营，是当前农村普遍存在的现象。在未重新办理发包、承包手续的情况下，认定家庭内部成员达成的分割经营协议是否具有法律效力以及具有怎样的法律效力是审理此类案件的关键。

根据《中华人民共和国农村土地承包法》第三条规定，农村土地承包采取农村集体经济组织内部的家庭承包方式；第十五条规定，家庭承包的承包方是本集体经济组织的农户，农户内家庭成员依法平等享有承包土地的各项权益。其含义是指农户作为承包方签订土地承包合同，获得的土地承包经营权应当属于整个家庭，农户家庭成员均享有承包地的各项权益。

土地承包经营权是反映我国经济体制改革中农村承包经营关系的新型物权，权利人有权处分其相应的民事权利。在承包期内，农户内部调整承包地的实际耕种人，是承包方内部成员之间的耕种分工，是调节家庭成员间利益的一种方式。农户内部对其承包地份额如何进行分割经营，一般由家庭内部成员自行协商确定。根据意思自治原则，农户家庭内部成员协商一致达成的分割经营协议，只要不违反法律的强制性、禁止性规定，不损害国家、集体和他人的利益，不存在法定无效情形，应当属于合法有效协议，对协议当事人具有法律约束力。

就本案而言，周某相、周某奎与周某轮已分户，并达成协议，对周某轮户的土地进行了分割，兄弟三人各自经营管护相应的田地及山林。该分割经营协议经当事人协商一致且持续履行，没有违反法律的禁止性规定，没有损害发包方或其他村民的利益，应属于合法有效协议。因此，协议达成后，周某相、周某奎与周某轮三人对自己经营管护的土地享有各项权益，对他人经营管护的土地不再享有经营权。在周某轮一户经营的林地被征收并获得相应补偿款时，其最终归属应按户内成员的协议确定。承包合同约束的是承包户与发包方的关系，故其他两户不能以承包合同为由对内主张对被征地享有承包经营权及分割征地补偿款。

编写人：广西壮族自治区河池市中级人民法院　杨素景

41

在法定承包期内不得随意改变农村土地承包经营权现状

——陈某诉彭甲、彭乙土地承包经营权案

【案件基本信息】

1. 裁判书字号

河南省信阳市中级人民法院（2018）豫15民终2607号民事判决书

2. 案由：土地承包经营权纠纷

3. 当事人

原告（被上诉人）：陈某

被告（上诉人）：彭甲、彭乙

【基本案情】

陈某系河南省息县包信镇北街村陈庄村民组家庭户，第二轮分配责任田时，陈

某家有五口人，共分得10.3亩土地。后陈某外出打工，地由其父母耕种。2017年11月5日，陈某回老家查看耕地补贴时发现自己的地没有了，后经多方打听得知，陈某家的10.3亩耕地被彭甲、彭乙两家耕种，其中彭甲耕种7.1亩，彭乙耕种3.2亩。陈某向彭甲、彭乙追要，彭甲、彭乙以种种借口不予返还耕地。陈某诉诸法院，要求彭甲、彭乙归还其承包的10.3亩土地。

【案件焦点】

1. 如何确认争议土地承包经营权的主体；2. 如何保护承包人的合法权益。

【法院裁判要旨】

河南省息县人民法院经审理认为：国家保护集体土地所有者的合法权益，保护承包方土地承包经营权，任何组织和个人不得侵犯。陈某作为息县包信镇北街村陈庄队村民，依法承包了该队两块耕地共计10.3亩，并且息县包信镇人民政府为陈某颁发了土地承包经营权证，说明陈某取得了该10.3亩土地的承包经营权。故对陈某要求彭甲、彭乙返还其承包土地的诉求，予以支持。彭甲、彭乙辩称诉争土地承包经营权归其所有，因其未提供证据予以证明，故不予支持。

河南省息县人民法院依照《中华人民共和国侵权责任法》第三条、第六条、第十五条，《中华人民共和国农村土地承包法》第九条①、第二十二条②规定，作出如下判决：

一、彭乙于判决生效后十日内返还陈某土地承包经营权证书确权的承包地3.2亩；

二、彭甲于判决生效后十日内返还陈某土地承包经营权证书确权的承包地7.1亩；

三、驳回陈某其他诉讼请求。

彭甲、彭乙不服一审判决，提起上诉。

河南省信阳市中级人民法院经审理认为：农村土地承包经营权证书是国家依法

---

① 编者注：本条对应2018年12月29日发布的《中华人民共和国农村土地承包法》第八条。

② 编者注：本条对应2018年12月29日发布的《中华人民共和国农村土地承包法》第二十三条。

确认承包方享有土地承包经营权的法律凭证。陈某对争议的10.3亩土地主张享有承包经营权，提交了息县包信镇人民政府于1998年9月26日为其颁发的土地承包经营权证。彭甲、彭乙抗辩诉争土地陈某已退还村集体，2001年经村委会重新分配给二人承包经营，二人享有诉争土地的合法承包经营权，并提交了一些证据，虽然能够证明争议土地长期由其二人耕种，但不能证明陈某已自愿将承包经营的土地交回发包的村集体，故彭甲、彭乙提交的证据不能对抗陈某提交的土地承包经营权证的效力。综上所述，彭甲、彭乙的上诉请求不能成立，应予驳回；一审判决认定事实清楚，适用法律正确，应予维持。

河南省信阳市中级人民法院依照《中华人民共和国民事诉讼法》第一百七十条第一款第一项规定，作出如下判决：

驳回上诉，维持原判。

【法官后语】

依据《中华人民共和国农村土地承包法》第二十七条[①]“承包期内，发布方不得调整承包地”的规定，承包期内土地承包经营权应当是稳定的，不可随意变动。2000年左右，由于缴纳农业税，部分土地承包经营者将土地交由他人耕种，耕种所得的利益由耕种人所得。个别村委会甚至在未经本村民组三分之二以上村民同意的情况下，将土地进行再分配。后国家先后实施减免农业税和农业补贴，政策的改变引发利益格局大调整，而这一改变呈现突变性，缺少应有的过渡期。同时，与土地承包、流转等合同及农业生产经营需要相对稳定的要求发生冲突，导致农村土地承包合同纠纷不断，在利益的刺激下，抛荒或弃耕地农民纷纷要争回土地，而实际耕种人在利益面前不愿意轻易交回承包土地，引发了一系列的纠纷。

从法律和政策来看，《中华人民共和国土地承包法》《最高人民法院关于审理涉及农村土地承包纠纷案件适用法律问题的解释》，以及《国务院关于尽快恢复撂荒耕地生产的紧急通知》《国务院关于妥善解决当前土地承包纠纷的紧急通知》，都未规定集体经济组织可以收回抛荒的承包地。据此，审判实践中，应从维护土地承包经营权人的利益出发，对不具备收回承包地法定情形的，应认定农村集体经济

---

① 编者注：本条参照2018年12月29日发布的《中华人民共和国农村土地承包法》第二十八条。

组织收回农户抛荒承包地的行为不具有法律效力，现在承包方起诉要求返还承包地的，原则上应予支持。同时，农村土地承包经营权作为一种物权，自农村土地承包合同生效时成立，农村土地承包经营权证是农村土地承包合同生效后，国家依法确认承包方享有土地承包经营权的法律凭证，是承包方享有农村土地承包经营权的证明，是国家强化对承包权人物权保护的手段。本案中，虽然陈某有将田交给他人耕种的情形，但彭甲、彭乙未有证据证明陈某已放弃该地的承包经营权，也不能证明村委会或村民组重新将该地发包给彭甲、彭乙。故陈某依据土地承包经营权证书主张权利，应予以支持。

编写人：河南省息县人民法院　李孝愚

42

仲裁与诉讼的衔接问题

——见某诉北京市平谷区夏各庄镇南太务村民委员会土地承包经营权案

【案件基本信息】

1. 裁判书字号

北京市第三中级人民法院（2018）京03民终13930号民事判决书

2. 案由：土地承包经营权纠纷

3. 当事人

原告（被上诉人）：北京市平谷区夏各庄镇南太务村民委员会（以下简称南太务村委会）

被告（上诉人）：见某

【基本案情】

2006年，国家征占南太务村委会辖区内高速公路及两侧绿化带。政府在征占的绿化带栽植大量果树，后委托南太务村委会代为管理。2010年4月11日，南太务村委会与见某签订《京平高速路两侧绿化带承包合同》，将托管的绿化带中的下塔坝11号土地共计9亩承包给见某管理。约定承包期20年，果树收益归见某享有。2014年2月18日，南太务村委会（甲方、出让方）与夏各庄镇政府（乙方、受让方）签订《北京市平原生态林用地合同》，约定：乙方用地（含见某承包的9亩土地）期限自2014年3月1日至2017年12月31日；甲方将该土地经营权流转给乙方，限用于北京市平原地区生态林建设；土地交付时间：甲方应于2014年3月1日前将约定土地经营权交付乙方。同年4月17日，由夏各庄镇政府出面收回南太务村委会的涉案绿化带管理权力，并与见某协商解除其承包管理合同，给予其地上物各项经济补偿共计305000元。2016年5月15日，见某以双方仍存在承发包关系为由申请仲裁，同年8月3日，仲裁庭作出平农仲案（2016）第12号裁决书裁决：1. 双方之间签订的承包合同有效；2. 南太务村委会给付见某2014年、2015年土地流转补助金共计20250元；3. 自2016年1月1日起南太务村委会每年将接受的政府土地流转补助金中属于见某承包的9亩土地部分发放给见某至北京市平源生态林土地合同期限届满之日。南太务村委会认为该裁决错误，起诉至法院，

【案件焦点】

1. 南太务村委会的起诉是否符合法律规定，即本案的程序是否符合法律规定；2. 南太务村委会与见某签订的《京平高速路两侧绿化带承包合同》是否已经解除。

【法院裁判要旨】

北京市平谷区人民法院经审理认为：《中华人民共和国合同法》第九十三条规定，当事人协商一致，可以解除合同。南太务村委会与见某签订《京平高速路两侧绿化带承包合同》，该合同是双方真实意思表示，且内容不违反法律、行政法规的强制性规定，应属合法有效，双方据此形成绿化带承包合同关系。南太务村京平高速路两侧土地及高速路联络线两侧土地2009年被平谷区园林绿化局租用用于绿化。根据《京平高速路两侧绿化带承包合同》的约定，南太务村委会将坐落在京平高速路两侧南太务段绿化带内的果树289棵（果树地段第下搭坝地11号，合计约九亩）通过公开招标承包形式发包给见某，从合同的其他内容也可以看出南太务村委会发包的仅是果树的承包经营权。另外，政府租地在先，南太务村委会对绿化带仅有代管权，故夏各庄镇人民政府与见某于2014年4月17日签订《平谷区平原造林地上

物补偿协议书》，就取得见某承包范围内的林木所有权事宜达成补偿协议并已实际履行，可以视为双方已通过协商一致的方式于2014年4月17日将《京平高速路两侧绿化带承包合同》解除，故对南太务村委会的诉讼请求，予以支持。

见某辩称平农仲案（2016）第12号裁决书已经发生法律效力，现南太务村委会起诉已经超过诉讼时效。《中华人民共和国农村土地承包法》第五十二条①规定："当事人对农村土地承包仲裁机构的仲裁裁决不服的，可以在收到裁决书之日起三十日内向人民法院起诉。逾期不起诉的，裁决书即发生法律效力"。南太务村委会在法定期限内起诉，平农仲案（2016）第12号裁决书即不发生法律效力，故对见某该项辩解意见，不予采纳。

北京市平谷区人民法院依照《中华人民共和国合同法》第九十三条，《中华人民共和国农村土地承包法》第五十二条规定，作出如下判决：

确认南太务村委会与见某于2010年4月11日签订的《京平高速路两侧绿化带承包合同》于2014年4月17日解除。

见某不服一审判决，提起上诉。

北京市第三中级人民法院经审理认为：第一，就南太务村委会的起诉是否影响仲裁裁决效力的问题。南太务村委会的起诉符合法律规定，一审程序并无不当。具体理由如下：首先，从农村仲裁裁决启动程序上看，农村仲裁裁决不同于劳动争议案件的程序，是启动法院诉讼的前置必经程序，农村土地承包经营权纠纷案件中赋予了当事人选择权，既不需要经过当事人事先的仲裁协议，也无须申请仲裁的前置裁决，当事人均可以向农村仲裁委员会申请仲裁。而在裁决作出后，当事人仍然可以选择在30日内向法院起诉，这也就意味着农村仲裁裁决委员会在当事人向法院起诉之前，其效力属于不确定的状态，而当事人一旦在法定期限内向法院提起诉讼，仲裁裁决的效力就属于确定的状态，即不发生法律效力。仲裁裁决的内容对于之后的法院审理事项，并不会产生证据法上经过质证的事实效力，也不违反民事诉讼法中的"一事不再理"原则。其次，从诉讼与仲裁的监督与救济途径来看，农村仲裁裁决作出后，除赋予当事人在30日内通过起诉否定仲裁的裁决内容外，并未赋予裁决"一裁终局"或可申请撤销的效力，而仅仅是在特定事项内赋予了司法协

① 编者注：本条已被2018年12月29日发布的《中华人民共和国土地承包法》废止。

助的内容，也就意味着当事人对于仲裁裁决的救济途径就是在法定期限内起诉，此时的起诉属于对仲裁程序和仲裁内容的否定。南太务村委会在30日内起诉，即意味着（2016）第12号裁决书自始不发生法律效力。最后，从诉讼程序角度看，根据《中华人民共和国民事诉讼法》第一百四十五条的规定，当事人在宣判之前，均可以申请撤诉，这是法律赋予当事人的诉权，这种诉权并不因撤诉而消亡，当事人可以在撤诉后，根据《中华人民共和国民事诉讼法》第一百一十九条的规定另行起诉，亦不违反法律规定。因此，南太务村委会的起诉，符合法律规定，一审法院程序并无不当，对见某的该项上诉请求，不予采纳。

第二，就南太务村委会与见某签订的《京平高速路两侧绿化带承包合同》是否已经解除的问题。本案的特殊性在于涉案土地并非常规意义上的集体土地，而是已经被征收、征占的高速路两侧绿化带，该涉案土地的性质已经于2006年发生了变化，且2014年4月17日，夏各庄镇政府与见某签订的《平谷区平原造林地上物补偿协议书》亦明确载明补偿标的是树木及其他地上物，不存在对涉案土地的补偿。此时，涉案土地已归属于夏各庄镇政府，夏各庄镇政府通过与见某签订补偿协议，将原《京平高速路两侧绿化带承包合同》的内容进行了实体的变更，并履行完毕，一审法院认定为双方通过协商一致的意见将原南太务村委会与见某签订的合同解除，并无不当，对见某的该项上诉请求，不予采纳。

北京市第三中级人民法院依照《中华人民共和国民事诉讼法》第一百七十条第一款第一项规定，作出如下判决：

驳回上诉，维持原判。

【法官后语】

一方当事人对农村土地承包案件仲裁裁决不服，在法定期间内起诉后又撤诉，之后再重新起诉，仲裁裁决是否生效，法院是否应受理。见某认为30日内起诉的规定属于除斥期间，起诉后撤诉等于不起诉，裁决应自动生效，且应类推适用劳动争议仲裁的相关规定。对此问题，应首先明确以下几个关系：

一、农村土地承包仲裁案件与诉讼案件的关系

1. 系两种独立的纠纷解决方式。仲裁、诉讼是多元化解决纠纷的不同方式，对于土地承包经营权纠纷，当事人可以申请仲裁机构仲裁解决，也可以到人民法院

通过诉讼程序解决。仲裁裁决不是人民法院受理案件的前置程序，仲裁裁决认定的事实及裁决结果不影响人民法院对纠纷的审理与判决。

2. 二者的衔接关系与一审、二审诉讼审级监督关系不同。仲裁裁决作出后，当事人对仲裁裁决不服，但未在法定期限内提起诉讼的，仲裁裁决即发生法律效力，当事人再向人民法院起诉的，不予受理，已经受理的，裁定驳回起诉。但这不同于上、下审级监督关系。首先，从诉讼请求上看，如果对仲裁裁决不服提起诉讼，诉讼请求并非撤销某一条仲裁裁决，而是提出实体的诉讼请求，法院针对诉讼请求作出实体处理，并不存在撤销仲裁裁决的问题。而对一审裁判不服上诉的，诉讼请求通常是要求撤销一审判决或某一项判决，发回重审或进行改判。其次，从终局性上看，对仲裁裁决不服提起诉讼，只是启动一审诉讼程序，一审所作裁判并不具有终局性；但对一审裁判不服提起上诉，所作的二审裁判是终审裁判。

综上，一审、二审是审级监督关系，仲裁与诉讼的衔接只是起到终止仲裁程序，重新启动诉讼程序的法律效果。

二、农村土地承包仲裁裁决与劳动争议仲裁裁决的关系问题

1. 是否为诉讼前置程序不同。劳动争议仲裁是诉讼的必经前置程序，不能直接起诉，必须先经过仲裁；而农村土地承包经营权纠纷仲裁与诉讼是两个独立的程序，当事人可以选择仲裁也可以选择诉讼。

2. 有关法律规定不同。《中华人民共和国劳动争议调解仲裁法》明确规定起诉后撤诉的原仲裁裁决生效，但农村土地承包仲裁程序中没有类似规定，相关的法律依据散见于《中华人民共和国农村土地承包法》第五十二条，《中华人民共和国农村土地承包经营纠纷调解仲裁法》第四十八条，《最高人民法院关于审理涉及农村土地承包纠纷案件适用法律问题的解释》第二条，但均只规定“当事人对仲裁裁决不服的，可以在收到裁决书之日起三十日内向人民法院起诉。逾期不起诉的，裁决书即发生法律效力”。以上法律规定仅规定逾期不起诉的裁决书生效，并未明确规定起诉后撤诉的如何处理。

综上，农村土地承包仲裁裁决与劳动争议仲裁裁决并不相同，不能类推适用。

三、撤诉是否等于没有起诉

1. 从诉讼程序角度看，撤诉是原告的诉权，可以随时行使，且不影响后续的诉权。根据《中华人民共和国民事诉讼法》第一百四十五条规定，当事人在宣判之

前，均可以申请撤诉，这是法律赋予当事人的诉权，这种诉权并不因撤诉而消亡，当事人可以在撤诉后，根据《中华人民共和国民事诉讼法》第一百一十九条的规定另行起诉。

2. 从撤诉的法律效果看，撤诉不等于没有起诉。根据《中华人民共和国民法总则》第一百九十五条规定，权利人提起诉讼或者申请仲裁的，诉讼时效中断，从中断、有关程序终结时起，诉讼时效期间重新计算。因此，如果起诉后撤诉，对诉讼时效起到中断的法律效果，诉讼时效重新计算。但如果没有起诉则不会有此效果。

总之，农村土地承包经营权纠纷仲裁既不同于劳动争议仲裁，也不同于一审、二审诉讼，仲裁与诉讼是完全独立的两种程序，“对仲裁裁决不服可在30日内起诉，逾期不起诉裁决书即发生法律效力”的规定中，该30日确实是除斥期间、法定期限，不适用有关诉讼时效中止、中断和延长的规定。但根据该规定，只要在法定期限内起诉的，裁决书即自始不发生法律效力，在没有特别规定的情况下，该效力一旦确定就不应再发生改变。在法定期限内起诉只是起到终结仲裁程序、否定仲裁裁决、启动诉讼程序的效力，一旦起诉就重新适用诉讼程序的相关规定。

当然，这样处理也有可能造成不良影响，如会导致一方当事人只要不服仲裁裁决就通过起诉来否定仲裁裁决效力，可能会导致当事人滥用诉权，通过起诉再撤诉的方式轻易否定仲裁裁决的效力，进而弱化仲裁的作用，增加当事人的诉讼成本。但一方面，这种情况毕竟是少数，滥诉对自己也未必有利，也会有诉讼成本，另一方面，对方也有救济途径，也可以通过诉讼来解决问题。尊重立法本意解释法律才是司法的真谛，在此情况下法院仍应当受理并进行实体审理。

编写人：北京市第三中级人民法院　张虹雨

八、宅基地使用权纠纷

43

宅基地使用权转让的效力认定

——张某琼诉刘某合宅基地使用权案

【案件基本信息】

1. 裁判书字号

福建省厦门市中级人民法院（2018）闽02民终580号民事判决书

2. 案由：宅基地使用权纠纷

3. 当事人

原告（上诉人）：张某琼

被告（被上诉人）：刘某合

【基本案情】

1997年6月3日，张某琼依法取得位于福建省厦门市海沧区东孚街道东瑶村大芸社（以下简称东瑶村大芸社）的一块宅基地使用权，用地面积104.16平方米，东至路，南至路沟，西至陈某通围墙1.12米，北至刘某勇围墙1.10米，至2003年2月，张某琼未在该宅基地上进行相应的建筑，其户籍迁移出东瑶村大芸社。2003年2月9日，张某琼将其上述宅基地以口头协议方式转让给刘某合（东瑶村民委员会集体经济组织成员）。同年，刘某合在上述宅基地上建二层半房屋一幢，并居住至今，该房屋是刘某合家庭在东瑶村大芸社的唯一居所。对此，张某琼于2017年之前一直未提出异议。2005年9月27日，张某琼户籍由厦门市集美区日东路×号之一××移入东瑶村，上述宅基地的土地使用权人至今仍登记在张某琼名下。东瑶村民委员会认可双方之间的宅基地转让行为。

【案件焦点】

双方的宅基地使用权流转是否有效。

【法院裁判要旨】

福建省厦门市海沧区人民法院经审理认为：农村宅基地使用权主体有特定的身份限制，非农村集体经济组织成员不得享有，但农村住房是可以转让的，相应的宅基地使用权随着房屋的转让而有条件的转让。刘某合依张某琼的转让行为，实际取得诉争宅基地，在该宅基地上建造房屋，并在此居住生活近15年之久，该房屋系刘某合家庭在其村委会的唯一居所。而在此期间，张某琼始终未提出任何异议，双方所属的东瑶村民委员会亦认可双方之间的宅基地转让行为，并出具了相关证明文件。综上所述，张某琼、刘某合的宅基地使用权转让行为是双方自愿的，是其真实意思表示，该转让行为未违反法律规定，张某琼的主张缺乏事实和法律依据，亦有悖诚信原则，不予支持。

福建省厦门市海沧区人民法院依照《中华人民共和国土地管理法》第六十二条，《中华人民共和国物权法》第十五条、第一百五十三条、第一百五十五条，《中华人民共和国民法通则》第五十八条，《中华人民共和国民法总则》第七条，《中华人民共和国民事诉讼法》第六十四条第一款规定，判决如下：

驳回张某琼的全部诉讼请求。

张某琼不服一审判决，提起上诉。

福建省厦门市中级人民法院经审理认为：张某琼与刘某合系同一集体经济组织成员，鉴于刘某合已在宅基地上建造房屋并长期居住使用，且持有集体土地使用权证和农村房屋所有权证的原件，故张某琼以其将讼争宅基地转让给刘某合，主张转让行为无效缺乏法律依据。依照《中华人民共和国民事诉讼法》第一百七十条第一款第一项规定，判决如下：

驳回上诉，维持原判。

【法官后语】

1. 宅基地使用权的特殊性

(1) 具有福利性和使用限制。根据《中华人民共和国土地管理法》第八条①规定:“城市市区的土地属于国家所有。农村和城市郊区的土地,除由法律规定属于国家所有的以外,属于农民集体所有;宅基地和自留地、自留山,属于农民集体所有。”因此,作为农村集体经济组织的成员,不同于城镇居民要缴纳土地费用,可以向村集体免费申请宅基地,进行房屋以及其他附属设施的建造,实现农村居民的居住权利。

(2) 宅基地使用权的主体是农村集体经济组织成员。根据法律规定,由于农村土地属于农民集体所有,因此,申请宅基地使用权的主体也只能是本村的集体经济组织成员。在该案件中,刘某合取得了张某琼在本村的宅基地使用权。由于刘某合本人也属于该村的集体经济组织成员,因此,仅就这一点来说,刘某合是符合取得宅基地使用权主体资格的。

(3) 一户一宅原则。由于宅基地使用权是福利性质的,满足农村居民生活和基本居住需要的权利。因此,如果不对村集体经济组织成员的宅基地使用权数量加以限制,就可能导致农村土地的集中,最终损害村集体土地制度和集体经济组织成员的合法权益。因此,在农村土地买卖、赠与等合同行为中,如果违反了一户一宅原则,就违反了法律的强制性规定,则该合同应该被认为是无效的。具体到本案件中,刘某合已经在讼争宅基地上建造房屋,居住生活近15年,且该房屋是其在本村集体中的唯一居所。因此,刘某合没有违反一户一宅原则。

2. 宅基地使用权合法转让的要件和限制

既然宅基地使用权具有十分特殊的性质,那么对宅基地使用权的转让也具有特殊的要求。

(1) 双方都是同村集体经济组织成员。由于宅基地使用权是农民集体所有土地的衍生权利,因此,对于宅基地使用权转让有严格的限制。为了防止农村集体用地面积的减少和本村集体经济组织成员权益的保障,转让双方都必须是同一农村集体经济组织成员。在本案中,张某琼获得宅基地使用权与刘某合获得宅基地使用权时

---

① 编者注:本条对应2019年8月26日发布的《中华人民共和国土地管理法》第九条。

均是东瑶村集体经济组织成员。

(2) 满足一户一宅的原则要求。作为宅基地使用权的受让方，其在获得新的宅基地使用权时必须满足《中华人民共和国土地管理法》第六十二条的规定，没有宅基地，或者其宅基地的面积达不到省、自治区、直辖市规定的标准。本案刘某合获取的宅基地是其在该村集体的唯一宅基地，符合法律规定。

(3) 需要获得村集体的同意。根据我国的土地法律规定，宅基地应该属于农民集体所有。村集体经济组织成员只有宅基地的使用权。根据《中华人民共和国土地管理法》第十条①规定，农民集体所有的土地依法属于村农民集体所有的，由村集体经济组织或者村民委员会经营、管理。村集体经济组织对于本村内的宅基地的分配和使用应当具有管理权。因此，对于村宅基地使用权的转让应当得到村集体经济组织或村民委员会的同意或认可。本案双方所属的东瑶村民委员会认可双方之间的宅基地转让行为。因此，该转让行为应属于合法有效。

编写人：福建省厦门市海沧区人民法院 沈国兴 宁鑫

44

宅基地使用权转让合同的效力认定

——苏某才等诉甄某玲宅基地使用权案

【案件基本信息】

1. 裁判书字号

广东省恩平市人民法院（2018）粤0785民初738号民事判决书

2. 案由：宅基地使用权纠纷

3. 当事人

原告：苏某才、张某英、苏某文、苏卫某、苏小某

---

① 编者注：本条对应2019年8月26日发布的《中华人民共和国土地管理法》第十条。

被告：甄某玲

第三人：冯某池

【基本案情】

苏某才与孔某花（2014年去世）系夫妻。苏某文、苏卫某、苏小某是其子女，张某英系苏某文之妻。2009年9月19日，苏某才、张某英、孔某花（甲方）与甄某玲（乙方）签订《宅基地使用权转让协议书》，约定：（1）甲方有空地一块，位于飞鹅塘鹅脑顶村前区×号地，东至苏伟某，南至二十米街，西至苏某斌，北至苏某斌，面积为120.69平方米，现转让给乙方使用。（2）乙方一次性付清甲方土地款壹拾陆万元正。（3）乙方如需办理有关土地使用等证明手续时，甲方应提供方便和协助，办证费用由乙方支付。（4）乙方在建房时，必须按照居委会统一规划开线兴建，否则按章处理。（5）根据有关规定，协议书必须由年满十六周岁以上的家庭成员签名方为有效。（6）甲方及家人无正当理由，不得阻挠乙方建筑。（7）此协议一式四份，甲、乙、村委会和居委会各持一份。苏某才、张某英、孔某花在甲方处签名并按捺指模，甄某玲在乙方处签名并按捺指模，居民小组及飞鹅塘居委会也出具意见并盖上印章。签订协议后，甄某玲通过银行转账的方式，向苏某才指定的银行账户转账160000元。

2018年1月2日，甄某玲（甲方）与冯某池（乙方）签订一份《宅基地使用权转让协议书》，约定将上述涉案土地的使用权以1370000元的价格转让给冯某池使用，飞鹅塘居委会及飞鹅塘村民委员会第九居民小组加盖印章。同年6月11日，恩平市恩城街道飞鹅塘社区第九居民小组即鹅脑顶村民小组委员会出具一份说明："位于飞鹅塘鹅脑顶村前区×号地使用者冯某池，提出兴建房屋，经鹅脑顶村民小组委员会同意给予开线测量。所建筑位置为鹅脑顶建房小组开线测量位置。"

【案件焦点】

1. 涉案《宅基地使用权转让协议书》的效力问题；2. 双方应否返还各自所得的财产。

【法院裁判要旨】

广东省恩平市人民法院经审理认为：关于涉案《宅基地使用权转让协议书》的

效力问题。根据《中华人民共和国土地管理法》第二条第三款“任何单位和个人不得侵占、买卖或者以其他形式非法转让土地。土地使用权可以依法转让”第四十四条[①]“建设占用土地，涉及农用地转为建设用地的，应当办理农用地转用审批手续。省、自治区、直辖市人民政府批准的道路、管线工程和大型基础设施建设项目、国务院批准的建设项目占用土地，涉及农用地转为建设用地的，由国务院批准。在土地利用总体规划确定的城市和村庄、集镇建设用地规模范围内，为实施该规划而将农用地转为建设用地的，按土地利用年度计划分批次由原批准土地利用总体规划的机关批准。在已批准的农用地转用范围内，具体建设项目用地可以由市、县人民政府批准。本条第二款、第三款规定以外的建设项目占用土地，涉及农用地转为建设用地的，由省、自治区、直辖市人民政府批准”第六十二条[②]“农村村民一户只能拥有一处宅基地，其宅基地的面积不得超过省、自治区、直辖市规定的标准。农村村民建住宅，应当符合乡（镇）土地利用总体规划，并尽量使用原有的宅基地和村内空闲地。农村村民住宅用地，经乡（镇）人民政府审核，由县级人民政府批准；其中，涉及占用农用地的，依照本法第四十四条的规定办理审批手续。农村村民出卖、出租住房后，再申请宅基地的，不予批准”以及第六十三条[③]“农民集体所有的土地的使用权不得出让、转让或者出租用于非农业建设；但是，符合土地利用总体规划并依法取得建设用地的企业，因破产、兼并等情形致使土地使用权依法发生转移的除外”的规定，农村宅基地不可以自由流通转让，农村宅基地使用权转让合同是有法律限制的，即应当经过有关政府机关或者部门审批同意；农村宅基地使用权只能向本集体经济组织内的成员转让，不能转让给非本集体成员；转让宅基地使用权后村民不得再申请宅基地。涉案土地位于恩平市恩城街道飞鹅塘社区鹅脑顶村小组，并无国土部门的不动产登记记录，没有办理土地使用权属证书，故无法确定涉案土地的性质及使用权属人。一方面，现有证据不足以证明案涉土地已经相关人民政府批准为农村村民宅基地，也不足以证明在本案起诉前苏某才等已经取得案涉土地的土地使用权证书或者有批准权的人民政府同意转让，另一方面，即使案涉土地为农村宅基地，但甄某玲与苏某才等并非同村村民，甄某玲并非案涉土

① 编者注：本条参照2019年8月26日发布的《中华人民共和国土地管理法》第四十四条。
② 编者注：本条参照2019年8月26日发布的《中华人民共和国土地管理法》第六十二条。
③ 编者注：本条参照2019年8月26日发布的《中华人民共和国土地管理法》第六十三条。

地所在集体经济组织的成员，双方转让农村宅基地亦违反了集体经济组织成员权属性。因此，苏某才等在未取得相应审批手续的情况下，擅自转让涉案土地使用权给非同村村民，其与甄某玲签订的《宅基地使用权转让协议书》应为无效。

关于应否返还转让土地款160000元的问题。根据《中华人民共和国合同法》第五十八条“合同无效或者被撤销后，因该合同取得的财产，应当予以返还；不能返还或者没有必要返还的，应当折价补偿。有过错的一方应当赔偿对方因此所受到的损失，双方都有过错的，应当各自承担相应的责任”的规定，苏某才、张某英、孔某花与甄某玲共同签订了《宅基地使用权转让协议书》，由于《宅基地使用权转让协议书》无效，根据合同相对性，苏某才等作为合同相对方应共同向甄某玲返还案涉土地使用权转让款160000元。但鉴于甄某玲并没有反诉请求苏某才等退还购地款160000元，而苏某才等在诉讼请求中仅请求返还涉案土地，因此，对返还购地款160000元，在本案中不予调整，当事人可另行主张权利。

关于甄某玲是否应将案涉土地使用权返还给苏某才等的问题。该项请求，是苏某才等基于合同无效提出的财产返还请求权。如前述分析，案涉土地权属性质不明，苏某才等提交的证据不足以证明涉案土地的使用权人为苏某才等，而法院依法调取的《证明》仅说明系原分配给苏某才等人家庭使用，而苏某才等亦未提交相关政府批准的证据，故不能据此认定苏某才等已取得涉案土地使用权证书、苏某才等为涉案土地的使用权人。故此，苏某才等请求返还案涉土地使用权，理据不足，不予支持。

综上所述，依照《中华人民共和国土地管理法》第二条第三款、第四十四条、第六十二条、第六十三条，《中华人民共和国民法总则》第一百五十三条第一款，《最高人民法院关于适用〈中华人民共和国民事诉讼法〉的解释》第九十条规定，判决如下：

一、确认苏某才、孔某花、张某英与甄某玲于2009年9月19日签订的《宅基地使用权转让协议书》无效；

二、驳回苏某才、张某英、苏某文、苏卫某、苏小某的其他诉讼请求。

【法官后语】

本案为宅基地使用权纠纷案件。在我国，宅基地使用权是农村集体经济组织成员享有的权利，有着特定的身份条件限制，农村宅基地使用权只能向本集体经济组织内的成员转让，不能转让给非本集体成员，非集体经济组织成员无权取得。农村集体经济组织成员对宅基地只有使用权和处分权，任何人都不得非法买卖或者非法转让宅基地。根据《中华人民共和国合同法》第五十二条规定，违反法律、行政法规的强制性规定的合同无效。农村集体组织成员违反法律规定将宅基地转让给非集体组织成员的行为无效。对于无效合同，根据《中华人民共和国合同法》第五十八条规定，合同无效或者被撤销后，因该合同取得的财产，应当予以返还；不能返还或者没有必要返还的，应当折价补偿。有过错的一方应当赔偿对方因此所受到的损失，双方都有过错的，应当各自承担相应的责任。当事人双方在签订宅基地转让协议时均知该协议为无效协议，仍进行宅基地买卖，故双方均有过错，应各自承担相应的责任。

关于非法转让宅基地使用权案件，在认定转让合同无效后，应区分处理：对于已取得土地使用权证的宅基地，因权属明确，可以依法判决互相返还因合同取得的财产。对于未取得土地使用权的宅基地，属于权属不明，当事人请求返土地使用权的，应驳回诉讼请求。

编写人：广东省恩平市人民法院　吴丽冰

45

历史遗留的农村宅基地使用权纠纷不属于民事诉讼管辖范围

——朱某龙诉朱某兴等宅基地使用权案

【案件基本信息】

1. 裁判书字号

福建省泉州市中级人民法院（2018）闽05民终636号民事裁定书

2. 案由：宅基地使用权纠纷

3. 当事人

原告（上诉人）：朱某龙

被告（被上诉人）：朱某兴、朱某进、黄某丽

【基本案情】

1972年12月，朱某兴、朱某进、朱某宗（已故）之父朱某来申请基建用地，原福建省泉州市双阳农场革命委员会于1973年1月同意该申请。该宗土地东至朱某安厝、南至朱某厝、西至山、北至山。1987年11月，朱某龙（朱某来之侄）申请补办基建用地手续，泉州市鲤城区土地管理局于1988年4月18日决定同意其申请。该宗土地东至路、西至朱某厝、南至柴某厝、北至什（闽南语，意为“杂地”）。

1992年12月，朱某龙经政府有关部门审批及定点放样，在泉州市洛江区双阳华侨农场管区梧峰村仓库门口动用杂地112平方米建房。1993年11月10日，有关部门人员对其建房用地情况进行了验收，发现其超3.3平方米，后经没收拍卖归朱某龙、洪某使用，并补交超面积款。朱某龙按照申请用地审批手续范围基建房屋。

2017年3月31日，泉州市洛江区人民政府双阳街道办事处作出洛双信访告字（2017）6号《不予受理告知书》，内容如下：“洪某女士：您提出的‘你邻居朱某进侵占你100多平方米土地’的信访事项，属于土地权属纠纷，依法应当通过诉讼途径解决。根据《信访条例》规定，请您向洛江区人民法院提出。特此告知”，同时，该告知书由信访人洪某签收。洪某与朱某龙系夫妻关系，其信访的“朱某进侵占100多平方米土地”系本案诉争土地。2017年7月25日，泉州市洛江区双阳街道朝阳社区居民委员会出具《证明》载明：“兹证明本社区居民朱某龙与朱某进等人，双方因宅基地争议二十年来纠纷不断，社区居委会（包括原村委会）曾数次组织双方进行协商调解处理，至今无法达成一致意见。”2017年8月18日，朱某龙诉至法院，请求判令朱某兴、朱某进、黄某丽（朱某宗之妻）停止侵害，排除妨碍，恢复朱某龙的宅基地原状。

【案件焦点】

本案是否属于民事诉讼管辖范围。

【法院裁判要旨】

福建省泉州市洛江区人民法院经审理认为：根据《中华人民共和国土地管理法》第十六条①关于“土地所有权和使用权争议，由当事人协商解决；协商不成的，由人民政府处理。单位之间的争议，由县级以上人民政府处理；个人之间、个人与单位之间的争议，由乡级人民政府或者县级人民政府处理。当事人对有关人民政府的处理决定不服，可以自接到处理决定通知之日起三十日内，向人民法院起诉。在土地所有权和使用权争议解决前，任何一方不得改变土地利用现状”的规定，个人之间的土地使用权争议经乡级人民政府或者县级人民政府处理是提起民事诉讼的必经程序。虽然泉州市洛江区人民政府双阳街道办事处对诉争宅基地纠纷作出《不予受理告知书》，但该告知书系对信访件的回复，非法律意义上的实体处理。朱某龙主张朱某兴等人停止侵害，排除妨碍，恢复宅基地原状，应以朱某龙被确认为诉争宅基地的合法权利人为前提，而本案双方当事人对诉争宅基地使用权争议已久，未能解决。现朱某龙在未经过相关人民政府处理前置程序的情况下，直接向人民法院提起诉讼，不符合法律规定的条件。

福建省泉州市洛江区人民法院依照《中华人民共和国土地管理法》第十六条，《中华人民共和国民事诉讼法》第一百五十四条第一款第三项规定，作出如下裁定：

驳回朱某龙的起诉。

朱某龙不服一审判决，提起上诉。

福建省泉州市中级人民法院经审理认为：一审期间，朱某龙虽提供《占地建房情况登记表》一份，但该登记表仅系泉州市鲤城区土地管理局同意朱某龙补办基建用地的申请手续，不足以证明朱某龙对诉争宅基地享有合法权利。朱某兴、朱某进、黄某丽是否侵权，朱某龙应在相关部门确权后再主张。一审法院根据《中华人民共和国土地管理法》第十六条规定驳回朱某龙的起诉并无不当。

福建省泉州市中级人民法院依照《中华人民共和国民事诉讼法》第一百七十一条规定，作出如下裁定：

驳回上诉，维持原裁定。

---

① 编者注：本条参照2019年8月26日发布的《中华人民共和国土地管理法》第十四条。

【法官后语】

宅基地制度作为中国特有的一项法律制度，形成于二十世纪六十年代，是农村土地公有制改造的产物。其权利属性和架构随着社会的发展虽有所变化，但仍保留具有社会保障性质和落实政策的内涵。这一点从《中华人民共和国土地管理法》第六十二条第一款[①]规定“农村村民一户只能拥有一处宅基地，其宅基地的面积不得超过省、自治区、直辖市规定的标准”中可见一斑。作为该条文的核心，一户一宅原则既保障了无居所的农民申请获得宅基地的权利（当然出卖住房后再申请的，不予批准），又遏制了少数人通过多占土地将私宅无限扩充的现象，确保各户宅基地大小基本一致，体现了社会主义公平分配的原则。实践证明，宅基地制度作为我国土地改革的一大发明，至今仍发挥着维护农村社会稳定的重要作用。

宅基地问题的复杂性，决定了法院在审理涉及农村宅基地纠纷案件时应坚持审慎态度，避免处置不当激化双方当事人矛盾或使得问题更加复杂化。具体讲就是，根据《中华人民共和国土地管理法》第十六条关于“土地所有权和使用权争议，由当事人协商解决，协商解决不成的，由人民政府处理”“当事人对有关人民政府的处理决定不服的……向人民法院起诉”的规定以及《最高人民法院关于房地产案件受理问题的通知》第三条“凡不符合民事诉讼法、行政诉讼法有关起诉条件的属于历史遗留的落实政策性质的房地产纠纷……人民法院应依法不予受理……”的规定，法官在办理此类案件过程中，首先应查明纠纷是否属于法院管辖，如果属于土地使用权争议，应当向当事人告知先向行政登记机关申请处理，当事人对处理结果不服的，再以登记机关为被告向人民法院提起行政诉讼；只有平等主体之间在土地所有权、使用权明确的前提下落不明所生纠纷，才属于人民法院民事诉讼管辖范围，民事法官才有权依照土地管理法、物权法等进行处理。

本案中，争议地点并非朱某龙于1992年12月获批建设的现有住宅，而是其于1987年11月申请的西至朱某厝的一处宅基地。朱某龙对此是否享有使用权（包括原先是否拥有以及在新建住宅之后是否继续享有还是违反一户一宅原则等）即为案件首先应当解决的问题，其次是应当查明该宅基地四至与朱某兴、朱某进、黄某丽

---

① 编者注：本条参照2019年8月26日发布的《中华人民共和国土地管理法》第六十二条第一款。

已建房的南到朱某厝的宅基地之四至是否存在交集，而这些争议的实质是土地使用权属之争，另外单纯从宅基地确权角度分析，对朱某兴、朱某进、黄某丽三人宅基地是否超面积侵占了朱某龙部分宅基地的审查，归根结底还要从朱某来 1973 年 1 月申请获批算起，该时间跨度 40 余年，其权属确定根据原国土资源部《关于进一步加快宅基地和集体建设用地确权登记发证有关问题的通知》（国土资发〔2016〕191 号）应纳入最早的“按照 1982 年《村镇建房用地管理条例》实施以前”的历史阶段处置，从某种意义上可以说是“历史遗留”问题。综上，本案属行政机关行政权的管辖范围，人民法院无权处理。

编写人：福建省泉州市洛江区人民法院　林前枢

九、林地纠纷

46

改变林地用途的不能以支付征地款的方式代替修复责任

——杨某芬诉贵州开磷集团矿肥有限责任公司林地流转合同案

【案件基本信息】

1. 裁判书字号

贵州省清镇市人民法院（2018）黔0181民初1921号民事判决书

2. 案由：林地流转合同纠纷

3. 当事人

原告（反诉被告）：杨某芬

被告（反诉原告）：贵州开磷集团矿肥有限责任公司（以下简称开磷矿肥公司）

【基本案情】

杨某芬系贵州省开阳县金中镇沙坝村（以下简称沙坝村）大坪组村民，分别于2003年10月28日、2009年1月24日获开阳县人民政府颁发的林权证，杨某芬对沙坝村谢家湾、两天窝等林地享有使用权、林木享有所有权。2015年，因开磷矿肥公司大坪南竖井渣场建设，需占用杨某芬林地用于排废渣，开磷矿肥公司、沙坝村委会、开磷集团开阳矿肥基地党委协调部分别作为甲、乙、丙三方签订《大坪南竖井渣场林地覆盖补偿协议》，由开磷矿肥公司提供资金支付给沙坝村委会，由沙坝村委会按每亩4800元的标准给予杨某芬补偿，杨某芬领取了补偿款344160元，并将相应林地交由开磷矿肥公司用于排废渣。

2017 年 7 月 19 日，杨某芬将开磷矿肥公司、沙坝村委会诉至贵州省清镇市人民法院，请求确认开磷矿肥公司、沙坝村委会签订的补偿协议无效。经贵州省清镇市人民法院及贵阳市中级人民法院判决，确认开磷矿肥公司、沙坝村委会签订的《大坪南竖井渣场林地覆盖补偿协议》无效。

【案件焦点】

1. 案涉合同无效后，后果如何处理；2. 杨某芬能否以折价方式获得赔偿。

【法院裁判要旨】

贵州省清镇市人民法院经审理认为：根据生效判决，本案所涉协议被确认无效，是因为协议将林地改为非林地，违反了法律禁止规定。法律之所以作出禁止性规定，其目的是保护林地资源，保护生态红线。依照《中华人民共和国合同法》第五十八条之规定，合同无效后，因该合同取得的财产，应当予以返还。而就本案具体情况，杨某芬提起诉讼，应该诉请开磷矿肥公司返还其林地，而不能请求法院判决按征地费用对其进行赔偿，否则，就会出现杨某芬依据一个无效合同实际获得征地补偿款，开磷矿肥公司则依据一个无效合同通过赔偿反而合法取得林地使用权的情形，这显然是与立法宗旨和立法目的相悖的。在法院释明后，杨某芬同意按照合同无效后果处理，要求开磷矿肥公司返还林地，对此诉请，予以支持。但杨某芬认为开磷矿肥公司已经改变了林地用途，实际已不能进行修复，应当折价补偿的主张，与法律规定不符，不予支持。开磷矿肥公司在庭审中表示可以在渣土上覆土进行修复后返还杨某芬。简单的覆土并不足以恢复林地使用功能，应当以专业机构、专业人员的修复方案为准，包括将堆放在林地上的渣土清运，采取覆土等相关措施进行修复等，以使案涉林地种植功能恢复到与周边林地功能相近。对于开磷矿肥公司提起的要求杨某芬返还已经领取的补偿款的反诉请求，符合《中华人民共和国合同法》的规定，予以支持（在本诉中，杨某芬自认领取了补偿款 369600 元，开磷矿肥公司认为有 1 万余元与合同无关，只主张其中 344160 元）。但如前所述，合同无效后果应当是双方各自返还因合同取得的财产，在杨某芬返还开磷矿肥公司林地补偿款的同时，开磷矿肥公司也应当将林地恢复相应功能返还杨某芬。而鉴于开磷矿肥公司恢复林地原状尚需要制作修复方案，故应给开磷矿肥公司合理时间制作修复方案并进行修复，在将案涉林地修复返还杨某芬时，才能向杨某芬主张返还所领取的款项。对于开磷矿肥公司要求杨某芬支付其银行利息的诉请，开磷矿肥公司在签订《大坪南竖井渣场林地覆盖补偿协议》时，主观上存在过错，且其实际也占有使用了杨某芬的林地，因此，其应当自行承担由此造成的损失，故对其该诉请不予支持。

贵州省清镇市人民法院依照《中华人民共和国合同法》第五十八条规定，作出如下判决：

一、开磷矿肥公司于本判决生效之日起180日内将杨某芬的林地修复并返回杨某芬；

二、杨某芬于开磷矿肥公司返还其林地的同时将已领取的土地补偿款344160元返还开磷矿肥公司；

三、驳回杨某芬的其他诉讼请求；

四、驳回开磷矿肥公司的其他诉讼请求。

【法官后语】

当前，我国因工程建设对林地进行占用的现象越来越多，方便工程建设的同时，给生态环境带来了威胁。所以，司法应加强对林地资源的保护。

1. 违反法律禁止性规定的合同无效。《中华人民共和国森林法》第十五条第一款规定："下列森林、林木、林地使用权可以依法转让，也可以依法作价入股或者作为合资、合作造林、经营林木的出资、合作条件，但不得将林地改为非林地：（一）用材林、经济林、薪炭林；（二）用材林、经济林、薪炭林的林地使用权；（三）用材林、经济林、薪炭林的采伐迹地、火烧迹地的林地使用权；（四）国务院规定的其他森林、林木和其他林地使用权。"第三款规定："除本条第一款规定的情形外，其他森林、林木和其他林地使用权不得转让……"可见，防护林地不在上述可转让的范围内，不得进行转让。用材林、经济林、薪碳林地使用权虽可进行转让，但也不得将林地改为非林地。而本案双方当事人签订的防护林地流转合同，直接约定将林地用于堆放矿渣，完全改变了林地用途，违反法律禁止性规定，合同自始无效。按照合同法基本原理，在合同被确认无效后，双方应当按照法律规定相互返还因合同履行所得财产。流转林地的一方应当返还已收取的流转价款，获得林地使用权的一方应当返还林地。

2. 司法应当为生态环境保护提供服务和保障。习近平总书记指出："用最严格制度最严密法治保护生态环境，加快制度创新，强化制度执行，让制度成为刚性的约束和不可触碰的高压线。"法院审理涉环境保护案件应当严守"红线意识"，为新时代生态环境保护提供司法服务和保障。本案双方当事人签订流转合同后，开磷矿肥公司已经在案涉林地上堆放了大量矿渣，如果要返还林地，必须将林地上的矿渣清理转运，需要花费巨额资金，且实施起来较为困难。《中华人民共和国合同法》第五十八条规定："合同无效或者被撤销后，因该合同取得的财产，应当予以返还；不能返还或者没有必要返还的，应当折价补偿。有过错的一方应当赔偿对方因此所受到的损失，双方都有过错的，应当各自承担相应的责任。"杨某芬实际上想利用这一规定，以林地已被矿渣覆盖不能恢复、不能返还为由，要求折价补偿，而所谓的折价金额，就是参照征占用林地征补偿款进行计算。对于一般的标的物而言，适用这一规定当然没有问题。但本案系特殊标的，是受法律保护的林地资源。守住生态红线是环境资源审判中必须坚持的司法理念。法院不可能通过司法裁判把一个违反法律规定的流转合同通过折价补偿的方式变相地合法化，损害社会公共利益，损害生态环境，必须旗帜鲜明地宣示对林地资源的严格保护。因此，转让林地一方当事人不能以林地不能返还为由，变相索取征地补偿款；使用林地一方也不可能通过支付赔偿款的方式实际获得林地使用权挪作他用，破坏林地资源，占用的林地必须返还。

3. 环境司法中应当坚持修复生态环境为终极目的理念。对于已经被占用、被破坏的林地，如本案林地被堆放了矿渣的，法院在判决相互返还时，应明确必须先恢复林地功能再返还。这里的恢复林地功能作何理解：其一，恢复林地功能并非将林地恢复成原始状况，恢复林地原状显然不可能也没有必要。其二，也不能简单地在林地上覆土即认为恢复了林地功能。为避免在返还时产生纠纷，法院在作出判决时，向双方当事人作了释明：其一，恢复林地功能以专业机构、专业人员鉴定意见为依据。即法院明确由专业机构制订修复方案，将林地上的矿渣清理，把林地恢复到与周边林地功能相近再返还。其二，至于开磷矿肥公司堆放矿渣期间可能造成林地上林木的损害，不属本案审理范围，当事人可另行解决。

用最严密的法治保护好生态环境，守住生态红线，坚持恢复性司法，维护社会公平正义，是人民法院环境司法的初心和使命。

编写人：贵州省清镇市人民法院　罗光黔

47

承包经营权未到期，土地补偿费如何分配

——孔某枫诉河北省围场满族蒙古族自治县棋盘山村民委员会、河北省围场满族蒙古族自治县棋盘山村十组承包地征收补偿费用分配案

【案件基本信息】

1. 裁判书字号

河北省承德市中级人民法院（2018）冀08民终3159号民事判决书

2. 案由：承包地征收补偿费用分配纠纷

3. 当事人

原告（上诉人）：孔某枫

被告（被上诉人）：河北省围场满族蒙古族自治县棋盘山村民委员会（以下简称棋盘山村委会）、河北省围场满族蒙古族自治县棋盘山村十组（以下简称棋盘山村十组）

【基本案情】

1988年1月1日，围场县棋盘山镇棋盘山村经济合作社（甲方）与孔某枫（乙方）签订荒山承包合同，约定孔某枫承包坐落在桥上河滩的9.77亩荒山，承包期为50年，自1988年1月1日至2037年12月31日，承包期内乙方新植树木按总收入分成，甲方占5%，乙方占95%，该合同经过公证。此后，孔某枫申办林权证，并于2008年换新证，登记的林地所有权权利人为棋盘山村十组，林地使用权权利人、林木所有权权利人、林木使用权权利人均为孔某枫。因棋盘山外环路工程建设需要，征占棋盘山镇棋盘山村十组、十一组部分集体所有土地，包括孔某枫承包的7.3777亩林地。该7.3777亩林地按照每亩10000元的标准给付土地补偿款，

围场满族蒙古族自治县公路建设拆迁安置暨施工保障工作领导小组办公室向孔某枫送达了补偿评估结果告知书，内容显示“经调查了解该征占土地权属为棋盘山村十组集体所有，所征占的土地补偿款应对准棋盘山村十组，地上的各类用材林补偿归孔某枫所有”。关于地上附着物补偿孔某枫已经与政府初步达成补偿协议。孔某枫与棋盘山村委会、棋盘山村十组因土地补偿费用分配意见分歧较大，故导致诉讼。

【案件焦点】

土地补偿费用如何分配。

【法院裁判要旨】

河北省围场满族蒙古族自治县人民法院经审理认为：根据《中华人民共和国农村土地承包法》第四十四条①规定，不宜采取家庭承包方式的荒山、荒沟、荒丘、荒滩等农村土地，通过招标、拍卖、公开协商等方式承包的，适用本章规定。第四十五条规定，以其他方式承包农村土地的，应当签订承包合同。当事人的权利和义务、承包期限等，由双方协商确定。以公开协商等方式承包的，承包费由双方议定。再根据《中华人民共和国土地管理法》第四十七条②第一款、第三款规定，征收土地的，按照被征收土地的原用途给予补偿。征收其他土地的土地补偿费和安置补助费标准，由省、自治区、直辖市参照征收耕地的土地补偿费和安置补助费的标准规定。《河北省人民政府关于实行征地区片价的通知》规定，被征土地没有土地使用权人和集体经济组织未发包以及实行其他方式承包的土地，土地补偿费全部归集体经济组织，由村集体经济组织依法分配或者使用。考虑孔某枫承包期还有 19 年没有到期，法院酌定将土地补偿款的 20% 给孔某枫作为补偿。

依照《中华人民共和国农村土地承包法》第四十四条，《中华人民共和国土地管理法》第四十七条第一款、第三款规定，判决如下：

一、棋盘山村十组于本判决生效之日起十日内一次性给付孔某枫林地征地补偿款 14755.40 元；

---

① 编者注：本条对应 2018 年 12 月 29 日发布的《中华人民共和国农村土地承包法》第四十八条。

② 编者注：本条参照 2019 年 8 月 26 日发布的《中华人民共和国土地管理法》第四十八条第一款、第四款。

二、棋盘山村委会不承担给付责任。

孔某枫不服一审判决，提起上诉。

河北省承德市中级人民法院经审理认为：被征土地没有土地使用权人和集体经济组织未发包以及实行其他方式承包的土地，土地补偿费全部归集体经济组织，由村集体经济组织使用。因孔某枫承包荒山期限截至被征用时，尚有近20年的承包期，在承包期内孔某枫也有投入、管理和维护，应得到一定补偿，但应在土地补偿款范围内酌定补偿数额。一审法院综合本案实际情况，酌定20%的标准，较为妥善。判决：

驳回上诉，维持原判。

【法官后语】

随着我国农村城镇化、城市化进程的加快，农村土地大量被征收、征用，由此引发的征收补偿费分配纠纷案件大幅上升，此类涉民生案件往往涉及面广、矛盾尖锐、审理难度大，及时、依法、妥善地处理好这类纠纷，既有利于保护农民的合法权益，也有利于农村社会和谐稳定。

根据《中华人民共和国物权法》《中华人民共和国土地管理法》和《中华人民共和国土地管理法实施条例》等法律法规相关规定，土地征收补偿费主要包括土地补偿费、安置补助费及地上附着物和青苗补偿费等。实践中，在征地补偿费用分配中，就安置补助费和地上附着物及青苗补偿费引发的纠纷较少，发生纠纷最多的是土地补偿费分配，本案即是原告与所在集体经济组织因土地补偿费分配所引发的纠纷。现行法律对此类纠纷规定得比较笼统，导致实践中审理难度较大，甚至出现同案不同判结果。笔者认为，实践中审理此类案件既要依照现行法律法规的规定，也要参照所在地方政府部门对此作出的比较具体的规范性文件，同时还要结合案件双方当事人在合同中有无明确约定，合同约定是否损害国家、集体和社会公共利益以及合同履行程度等具体情况进行裁判。

就本案而言，虽然根据《中华人民共和国土地管理法实施条例》第二十六条规定，土地补偿费原则上应归农村集体经济组织所有，但是现行法律对征收土地补偿费的分配问题没有明确具体的分配标准，在双方签订的承包合同中对此也没有明确约定，根据《中华人民共和国土地管理法》第四十七条规定，征收其他土地的土地补偿费和安置补助费标准，由省、自治区、直辖市参照征收耕地的土地补偿费和安置补助费的标准规定。本案中参考了《河北省人民政府关于实行征地区片价的通知》，虽然该通知在性质上属于规范性文件，效力位阶较低，但该份行政规范性文件在河北省范围内参考适用能够有效地补充和完善法律法规的实施。该通知规定：“土地补偿费20%归集体经济组织，80%归被征地的土地使用权人或者按照家庭承包方式承包土地的农户；被征土地没有土地使用权人和集体经济组织未发包以及实行其他方式承包的土地，土地补偿费全部归集体经济组织，由村集体经济组织依法分配或者使用。”

本案中，孔某枫与所在集体经济组织以协商签订荒山承包合同的形式，承包了所在集体经济组织山林，属于以其他方式承包土地，并不属于上述通知规定的以家庭承包方式承包土地的农户，并且双方在合同中对将来涉及土地补偿费分配亦无明确约定，因此，孔某枫主张应依据上述通知分得80%土地补偿费，属于理解错误，对其主张不应予以支持。但是，依照《中华人民共和国物权法》第四十二条、第一百三十二条规定，其他方式承包的土地使用权人可以获得相应补偿。在审理中，考虑到林木收益本身周期较长，本案是承包合同履行中因征地这一客观情势变更因素的介入，才导致合同不能继续履行，而孔某枫在合同履行中有较大投入，且剩余承包期限较长，如果对其土地承包经营权不予适当补偿，对孔某枫有失公平。所以，综合考量上述因素，确定了补偿的比例。

本案在法理上首先明确了土地补偿款的性质系给土地所有权人永久丧失土地的补偿，其次结合法律法规、参照地方政府规范性文件，根据案件具体实际情况，综合考量其他因素，最后裁判以合理比例分配土地补偿款，既平衡了双方当事人的利益，又使当事人息诉罢访，且对辖区内其他处于观望状态的被征地使用权人起到指导教育作用，收到了较好的法律效果、社会效果。

编写人：河北省围场满族蒙古族自治县人民法院　张倩影

48

村民可基于实际经营农村荒地享有优先承包权

——福建省惠安县紫山镇蓝田村民委员会诉黄某良占有物返还案

【案件基本信息】

1. 裁判书字号

福建省惠安县人民法院（2018）闽0521民初3634号判决书

2. 案由：占有物返还纠纷

3. 当事人

原告：福建省惠安县紫山镇蓝田村民委员会（以下简称蓝田村委会）

被告：黄某良

【基本案情】

黄某良、黄某山、黄某林均为蓝田村村民。1990年2月1日，蓝田村委会与黄某山、黄某林签订《茶场承包合同书》，约定将址于该村墓殊自然村周边的茶场山地、茶园地承包给黄某山、黄某林经营管理，承包期限至1999年12月31日。茶场有石结构工房平屋两座。黄某山、黄某林二人未对茶园和林地进行实际经营管理，导致茶园和林地落荒。2002年起，黄某良自行出资开荒扩路、架设用电设施、修复破房并种植茶油苗和速生林上百亩。蓝田村委会自2006年起知道黄某良占用前述茶场山地、茶园地并实际开发经营茶场及扩展周边林地。2012年10月17日，黄某良申请注册登记惠安县紫竹林果场，经营范围为果树种植、果苗培育，营业场所为蓝田村墓殊自然村（即茶场工房所在地），蓝田村委会加盖公章给予办理。2016年、2017年，惠安县财政局、农林局针对2013年至2015年、2015年至2016年生物防火林带抚育及新建发放补助资金，其中有惠安县紫竹林果场2013年至2015年新建75亩、实拨15万元；2015年至2016年新建38亩、抚育75亩，实拨11.35万元。

2015年7月2日，蓝田村委会就前述茶山、茶园地与案外人佘某民签订《土地租赁协议》，约定土地租赁期为30年，自2015年5月12日至2045年5月11日，年租金为3000元。2014年9月11日，蓝田村委会收取佘某民一次性支付的20年土地租金60000元。蓝田村委会与佘某民未对黄某良所经营管理的茶油树、果树、速生林进行补偿。

【案件焦点】

黄某良事实占用经营茶场及周边林地，蓝田村委会明知不反对，黄某良是否享有优先承包权，蓝田村委会能否请求黄某良退还占用的茶场。

【法院裁判要旨】

福建省惠安县人民法院经审理认为：蓝田村墓殊自然村并未选举任命小组长、村民小组，不具有独立财产，蓝田村委会有权管理本村属于村农民集体所有的土地和其他财产。案涉茶园山地虽曾经由蓝田村委会发包给黄某山等，但在黄某良经营前，承包人没有实际经营，导致茶山撂荒。《中华人民共和国土地管理法》第三十八条[①]规定："国家鼓励单位和个人按照土地利用总体规划，在保护和改善生态环境、防止水土流失和土地荒漠化的前提下，开发未利用的土地；适宜开发为农用地的，应当优先开发成农用地。国家依法保护开发者的合法权益。"参照《福建省高级人民法院关于林业民事审判若干问题的会议纪要》（闽高法〔2008〕361号）："单位或个人征得林地所有权人或使用权人的同意或默认，在宜林荒山上造林，则取得该林木所有权。"《中华人民共和国农村土地承包法》第四十七条[②]规定："以其他方式承包农村土地，在同等条件下，本集体经济组织成员享有优先承包权。"黄某良作为蓝田村墓殊村村民，其实际开荒经营涉案茶场及周边林地十年有余，所种植的茶油树、速生林已成规模，改善了生态环境，并取得了一定的经济效益，黄某良愿意继续经营该茶场及周边林地，蓝田村委会应保障其享有的优先承包权。蓝田村委会未按照法定的程序进行招投标，且在明知黄某良已实际占有、经营多年的情况下，未征求黄某良的意见，未就黄某良十几年来的投入及种植物等进行协商赔偿，而是先收取案外人佘某民的土地租金，并事后与之签订土地租赁协议，蓝田村

---

① 编者注：本条参照2019年8月26日发布的《中华人民共和国土地管理法》第三十九条。

② 编者注：本条参照2018年12月29日发布的《中华人民共和国农村土地承包法》第五十一条。

委会应自行承担因此造成的不利法律后果，其请求黄某良退还墓殊茶场的请求有悖其职责和公平原则，不予支持。黄某良实际占有并经营案涉茶场，却从未缴纳土地租金，蓝田村委会请求其支付自2014年9月1日至2017年8月31日按每年3000元标准计算的租金计9000元，予以支持。2017年9月1日后的租金及相关权利义务，由双方另行协商处理。

依照《中华人民共和国民法总则》第六条，《中华人民共和国土地管理法》第三十八条，《中华人民共和国村民委员会组织法》第八条，《中华人民共和国民事诉讼法》第六十四条，《最高人民法院关于适用〈中华人民共和国民事诉讼法〉的解释》第九十条规定，判决如下：

一、黄某良应于本判决生效之日起十五日内支付蓝田村委会自2014年9月1日起计算至2017年8月31日止的土地租金9000元；

二、驳回蓝田村委会的其他诉讼请求。

【法官后语】

本案的关键点在于黄某良未签订承包协议而对涉案茶场及周边林地进行开发利用的行为如何定性，其是否享有优先承包权的问题。案件审理过程中，一种意见认为，村民开荒村集体所有的无主地或撂荒地并无偿使用以获取一定的经济利益或者农业利益，但不能由此认定其事实承包了该土地并享有优先承包权，否则就有可能出现随意占地自用的风险，村委会作为集体经济组织财产的管理者，有权要求黄某良退还所占用的茶场及林地。能否认定黄某良为事实承包人为本案的瓶颈。但最后的裁判结论还是倾向于认为黄某良与蓝田村委会之间构成事实承包关系。

1. 涉案茶场及周边林地在黄某良管理前处于撂荒状态，黄某良自行出资，实施了开荒、种植行为，也得到了蓝田村委会的支持，蓝田村委会协助其办理林果场的工商营业执照，申请生物防火林带抚育及新建补助资金，可以认定蓝田村委会默认黄某良占有经营茶场及周边林地，黄某良实际取得了涉案茶场及周边林地的经营权和所种植林木的所有权。

2. 土地优先承包权是土地承包经营权人在合同期满后根据法律规定或合同约定取得的一种优先权。同等条件下，原土地承包经营权人享有取得原土地承包经营权的优先权。本案中，黄某良与蓝田村委会就涉案茶场及周边林地虽然未签订过书面承包合同，但是其已通过实际的经营行为以及蓝田村委会的默认，在事实上取得了涉案茶场及周边林地的承包经营权且长达十余年，足以认定蓝田村委会对黄某良作为承包经营者进行了追认。由于蓝田村委会与黄某良未签订书面承包合同，可视为不定期的承包合同关系，蓝田村委会可随时主张对土地进行管理并按照法律规定的程序进行发包，但应保障黄某良的合法权益和优先承包权。《最高人民法院关于审理农业承包合同纠纷案件若干问题的规定（试行）》第十三条规定："对实行专业承包或者招标承包的承包方，在承包期满后对原承包经营的标的物在同等条件下主张优先承包经营权的，人民法院应当予以保护。"因此，基于涉案茶场及周边林地黄某良已实际经营十余年，且已成一定规模，在蓝田村委会实行招投标发包时，黄某良享有同等条件下的优先承包权，且黄某良为蓝田村墓殊村村民小组成员，案涉茶场属于墓殊村，根据《最高人民法院关于审理涉及农村土地承包纠纷案件适用法律问题的解释》第十九条针对其他方式承包纠纷的处理规定，"本集体经济组织成员在承包费、承包期限等主要内容相同的条件下主张优先承包权的，应予支持"。认可黄某良享有优先承包权更符合该解释本意。综合以上法律规定和客观事实，蓝田村委会在向第三人发包或出租该土地承包经营权时，应尊重并保障黄某良的优先权。但其未经征求黄某良意愿，直接将涉案茶场及周边林地出租，在黄某良有继续承包意愿的情况下，蓝田村委会的行为侵犯了黄某良的优先权，其主张黄某良返还涉案茶场及周边林地的请求未能获得支持。

福建省森林覆盖率连续43年保持全国第一，境内山地、丘陵面积所占比重较大，有些山区地方经济比较落后，像黄某良这样的土著居民，法律意识较弱，自行开发利用无主土地的情况不在少数，由于林业投资周期长、效益低，在二十世纪九十年代初期，当地村民和经济组织也不太重视。随着经济发展和道路开发建设，很多当时没有经济价值的穷乡僻壤成为开发建设的优质资源。对此类开荒利用土地者，法律上规定比较笼统，具体如何保障其权益，是否属于事实承包及法律意义上是否享有优先权的问题没有明确规定。本案基于公平原则，综合考虑黄某良实际开荒经营十年有余，所种植的茶油树、速生林已成规模，且其愿意继续经营该茶场及周边林地等情况，法院认为事实上的土地承包经营权利人也应当享有优先承包权，该裁判思路对支持鼓励开发荒地，促进土地资源合理利用，优化环境生态资源以及促进社会诚信都有裨益。

编写人：福建省惠安县人民法院　陈丽云

十、建设用地使用权纠纷

49

受让人对同一块土地只需支付一次出让金，不能以合同相对性要求其重复支付

——清镇市国土资源局诉贵州同榆贵房地产开发有限公司建设用地使用权出让合同案

【案件基本信息】

1. 裁判书字号

贵州省高级人民法院（2018）黔民终1153号民事判决书

2. 案由：建设用地使用权出让合同纠纷

3. 当事人

原告（被上诉人）：清镇市国土资源局（以下简称清镇国土局）

被告（上诉人）：贵州同榆贵房地产开发有限责任公司（以下简称同榆贵公司）

第三人：清镇市人民政府、清镇市站街镇人民政府

【基本案情】

2016年3月15日，清镇国土局（出让人）与同榆贵公司（受让人）签订《国有建设用地使用权出让合同》，约定：清镇国土局将坐落于清镇市站街镇席关村，宗地总面积为33684平方米土地的国有土地使用权出让给同榆贵公司。出让宗地的用途为商业、住宅，出让年期为商业40年、住宅70年。出让价款为30570000元，每平方米907.55元。出让定金为8900000元，定金抵作土地出让价款。合同签订后

1个月内受让人必须缴纳出让价款50%的首付款，合同签订之日起365日内，一次性付清出让价款。出让人在受让人付清成交价款后10个工作日内将出让宗地交付给受让人。受让人按约定付清全部出让价款后，持本合同和出让价款缴纳凭证等相关证明材料，申请出让国有建设用地使用权登记。受让人不能按时支付出让价款的，自滞纳之日起，每日按迟延支付款项的1‰向出让人缴纳违约金，延期付款超过60日的，经出让人催交后仍不能支付出让价款的，出让人有权解除合同，受让人无权要求返还定金，出让人并可请求受让人赔偿损失。

合同签订后，同榆贵公司于2016年3月17日向清镇市财政局支付土地出让定金8900000元。此后，同榆贵公司又向清镇市财政局分别于2016年3月29日支付3463564元、2016年8月22日支付2550000元、2016年12月2日支付2790000元、2017年10月30日支付200000元、2018年4月25日支付1296316元，共计19199880元。清镇国土局分别于2016年6月14日至2017年9月22日先后四次向同榆贵公司发出书面《出让金催缴通知》，催缴欠付的土地出让金及由此产生的违约金。另外，清镇国土局称，案涉土地于2015年起由同榆贵公司实际占用。同榆贵公司称其于2014年开始开发该宗土地。

另，2014年10月21日，同榆贵公司（乙方）与清镇市人民政府（甲方）签订《站街镇小城镇建设开发投资协议》，约定：项目名称为站街镇新城区山体公园建设及周边商住开发项目，项目选址在站街新城站马线与规划7号、8号、15号路合围地块，面积约170亩。协议第七条“项目用地取得及价格”中约定：乙方依法取得土地使用权，若乙方顺利摘牌，甲方同意对乙方项目进行扶持，扶持额度等同于项目商业用地摘牌价中超出38万/亩部分（不包括契税）。乙方须按照摘牌价全额缴清土地出让总付款后，甲方在三个月内对乙方进行扶持，用于支持本项目基础设施建设。若乙方未能顺利摘牌，则乙方在5个工作日内将前期投入资金的相关资料报甲方，甲方在收到该资料1个月内组织审计等相关部门会同乙方审计完毕。甲方在摘牌方缴清土地出让金15个工作日内，将乙方前期投入资金支付给乙方。协议第八条“土地款的支付”中约定：（1）在本协议签订之日起7日内，乙方一次性将1000万元项目保证金打入甲方指定账户，待乙方项目启动后，该保证金自动转为项目征地拆迁及土地报批前期工作费用……（3）2014年12月30日前乙方要按每亩20万元的标准将商住开发用地110亩的土地报批前期费用2200万元打入上述指定账户（以上款项均计入土地总价款），若在土地报批过程中实际需要的土地报批费用超出2200万元，乙方要在甲方的通知时间内（甲方提前通知至少30个工作日）按时足额缴纳（计入土地出让总付款）。(4) 如乙方未按约定时间足额将项目保证金打入上述指定账户，本协议自动作废；如乙方未按约定时间足额将项目征地拆迁款、土地报批前期费用打入上述指定账户，甲方有权终止本协议且乙方无条件提出，所有投资归甲方所有。

【案件焦点】

1. 本案属于行政诉讼还是民事诉讼的受案范围；2. 同榆贵公司支付的15380694元是否能够作为土地出让价款抵扣；3. 违约金如何计算。

【法院裁判要旨】

贵州省贵阳市中级人民法院经审理认为：清镇国土局与同榆贵公司于2016年3月15日签订的《国有建设用地使用权出让合同》系双方当事人的真实意思表示，内容并不违反法律、行政法规的效力性强制规定，应属合法有效。双方当事人均应按照合同约定全面履行各自的义务。对于同榆贵公司提出的其依据2014年10月21日与清镇市人民政府签订的《站街镇小城镇建设开发投资协议》支付的前期征地费、土地费1538万余元应当抵扣本案土地出让价款的答辩意见，因本案《国有建设用地使用权出让合同》与《站街镇小城镇建设开发投资协议》的合同主体并不相同，清镇国土局并非“开发投资协议”的合同当事人，根据合同相对性原理，合同只在缔约当事人之间具有法律约束力，对合同关系以外的第三人不产生法律约束力。虽然清镇国土局与清镇市人民政府之间存在行政上的隶属管理关系，但是两者均享有独立的民事主体资格，在法律、行政法规没有明确规定的情况下，行政隶属关系不能成为突破两者各自独立对外订立的合同仍具有相对性的合理理由。同时，清镇国土局派员参加政府组织的相关专题会议系该级行政系统内部管理的履职行为，并不能因此改变清镇国土局并非开发投资协议合同当事人的这一基本法律事实。因此，《站街镇小城镇建设开发投资协议》对于在本案中以独立主体身份签订本案协议的清镇国土局不具有法律上的约束力。同榆贵公司提出的其依据“开发投资协议”支付的款项应当抵扣本案土地出让价款的答辩意见，因于约于法均无合理、有效依据，不予支持。同榆贵公司如果认为清镇市人民政府未履行“开发投资协议”的相关约定，其完全可以通过协商或者另诉的方式维护自身的合法权益。截至2018年4月25日同榆贵公司支付的土地出让金总金额共计为19199880元，尚欠11370120元未支付。因此，同榆贵公司理应足额支付上述款项。

对于逾期付款违约金的计算标准，同榆贵公司主张约定标准过高，应予调整。土地使用权出让合同关于违约金标准的确定，依据是《国务院国有土地收支通知》的明确规定，因此，本案逾期付款违约金应当按照合同约定的欠缴金额日1‰的标准计算。

对于逾期付款违约金的具体数额，根据本案合同约定，同榆贵公司应当在合同签订后1个月内即2016年4月15日前缴纳出让价款50%的首付款即15285000元，在合同签订之日起365日内即2017年3月15日前，一次性付清出让价款。在合同签订后1个月内，同榆贵公司实际支付的土地出让金共计为12363564元。据此，首付款逾期金额为2921436元。此后，同榆贵公司不同时间段的逾期金额分别为：2016年4月16日至8月22日，逾期金额为2921436元；2016年8月23日至12月2日，逾期金额为371436元；2017年3月16日至10月30日，逾期金额为12866436元；2017年10月31日至2018年4月25日，逾期金额为12666436元；2018年4月26日起逾期金额为11370120元。因此，同榆贵公司应在以上述各时间段内逾期付款金额为基数，按每日1‰的标准向清镇国土局支付违约金。

贵州省贵阳市中级人民法院依照《中华人民共和国合同法》第六十条、第一百零九条、第一百一十四条第二款以及《中华人民共和国民事诉讼法》第一百五十二条规定，作出如下判决：

一、同榆贵公司于本判决生效之日起15日内向清镇国土局支付国有建设用地使用权出让价款11370120元；

二、同榆贵公司于本判决生效之日起15日内，以下列时间段为计算期间、以下列逾期金额为基数（略，时间段及对应逾期金额详见前述），按每日1‰的标准，向清镇国土局支付违约金；

三、驳回清镇国土局的其余诉讼请求。

同榆贵公司不服一审判决，提起上诉。

贵州省高级人民法院经审理认为：第一，根据《中华人民共和国城市房地产管理法》第八条“土地使用权出让，是指国家将国有土地使用权（以下简称土地使用权）在一定年限内出让给土地使用者，由土地使用者向国家支付土地使用权出让金的行为”的规定，本案当事人双方签订《国有建设用地使用权出让合同》系国家作为国有土地使用权人将土地使用权在一定年限内出让给土地使用者，由土地使用者向国家支付土地使用权出让金而签订的民事合同，第二，国家在以土地所有权人身份从事土地使用权出让行为时，其法律地位只是一个特殊的民事主体，与土地使用权受让人的法律地位完全平等，土地使用权出让合同的订立完全遵循平等、自愿、有偿的原则，合同内容也是当事人真实的意思表示。第三，《最高人民法院关于审理涉及国有土地使用权合同纠纷案件适用法律问题的解释》已明确将国有土地使用权合同纠纷定性为民事合同。第四，《最高人民法院民事案件案由规定》第七十七条第一项明确规定了建设用地使用权出让合同纠纷，也说明本案应当作为民事案件进行审理。综上，案涉《国有建设用地使用权出让合同》属于民事合同，本案属于民事诉讼的受案范围。同榆贵公司认为该《国有建设用地使用权出让合同》属行政合同，理由不成立，不予支持。

关于同榆贵公司支付的15380694元是否能够作为土地出让价款抵扣的问题，首先，各方对于清镇市政府与同榆贵公司签订的《站街镇小城镇建设开发投资协议》约定的项目用地和本案中清镇国土局出让给同榆贵公司的土地具有同一性不持异议，且在签订《国有建设用地使用权出让合同》之前，案涉土地已经交付给同榆贵公司开发建设。其次，清镇市政府与同榆贵公司签订的《站街镇小城镇建设开发投资协议》上，清镇国土局确实没有作为合同当事人签字盖章，但在签订该协议之前，清镇国土局参加了清镇市政府召开的专题会议，并形成《关于推动站街镇小城镇项目招商建设的专题会议纪要》第二条“原则同意《站街镇小城镇开发投资协议》”的内容，清镇国土局对《站街镇小城镇建设开发投资协议》原则上是同意的，该协议对清镇国土局具有约束力。最后，《站街镇小城镇建设开发投资协议》第八条就土地款的支付第（1）项约定支付的100000元保证金自动转为项目征地拆迁及土地报批前期工作费用，第（3）项约定土地报批前期费用计入土地出让总价款。清镇市政府亦收到了同榆贵公司支付的15380694元土地征地款及土地前期报批费用。综上，同榆贵公司在与清镇国土局签订《国有建设用地使用权出让合同》之前支付的15380694元应当作为土地出让价款予以抵扣。

关于违约金的问题。同榆贵公司在与清镇国土局签订《国有建设用地使用权出让合同》之前，已向清镇市站街镇会计核算中心及清镇市重点项目办共计转款15380694元，签订《国有建设用地使用权出让合同》之后，于2016年3月17日至2016年12月2日分三次共计支付33084258元。此时，同榆贵公司支付的款项已达到《国有建设用地使用权出让合同》约定的土地出让价款数额，故同榆贵公司支付土地出让价款并未违反合同约定，清镇国土局请求支付土地出让价款并支付违约金的请求，无事实依据，不予支持。

综上，同榆贵公司的上诉请求理由成立，应予支持。一审认定事实清楚，适用法律错误。贵州省高级人民法院依照《中华人民共和国民事诉讼法》第一百七十条第一款第二项规定，作出如下判决：

一、撤销贵州省贵阳市中级人民法院作出的（2018）黔01民初242号民事判决；

二、驳回清镇国土局的诉讼请求。

【法官后语】

本案一审、二审法院认定事实完全一致，但判决结果却相反，在审理中主要涉及两个问题：一是当事人提出的本案是行政诉讼还是民事诉讼的问题，二是一审、二审法院认识不一致的同榆贵公司先期支付的相关款项是否能够作为土地价款的问题。

第一，2005年8月1日起施行的《最高人民法院关于审理涉及国有土地使用权合同纠纷案件适用法律问题的解释》（法释〔2005〕第5号）第一条规定："本解释所称的土地使用权出让合同，是指市、县人民政府土地管理部门作为出让方将国有土地使用权在一定年限内让与受让方，受让方支付土地使用权出让金的协议。"从这一规定可以看出，土地管理部门是作为出让方签订协议的，在协议中双方权利义务平等，该协议显然不属于土地管理部门单方作出的关于国有土地使用权的处理决定，也就不属于行政合同。2007年10月1日起施行的《中华人民共和国物权法》第一百三十五条规定："建设用地使用权人依法对国家所有的土地享有占有、使用和收益的权利，有权利用该土地建造建筑物、构筑物及其附属设施。"这是对建设用地使用权作为用益物权进行的定义性规定，用益物权是非所有权人对他人之物享有占有、使用、收益的排他性权利。通过宪法、土地管理法、物权法等法律确立国有土地使用权有偿使用制度，使以建设建筑物等为利用目的，以出让方式取得的土地使用权具备了用益物权的性质。《中华人民共和国物权法》第一百三十七条第一款规定："设立建设用地使用权，可以采取出让或者划拨等方式。"这一规定进一步明确，以出让方式设立建设用地使用权，由建设用地使用权人通过向国家支付建设用地使用权出让金的方式，由国家以土地所有者的身份将土地使用权在一定期限内让与土地使用者，用以建造建筑物、构筑物及其附属设施。因此，在《建设用地使用权出让合同》中，国土资源局是作为特殊的民事主体参与的，而不是作为行政管理者参与，其与受让方对土地面积、价金等合同内容和确定地位是平等的，享有相同的权利，依法承担相应的义务。因此，本案作为民事诉讼案件受理正确，当事人上诉称本案属于行政诉讼案件没有法律依据。

第二，同榆贵公司先期支付的相关款项能否作为土地出让价款抵扣的问题，清镇国土局、清镇市人民政府、清镇市站街镇人民政府和同榆贵公司，一审和二审意见完全相反。

本案一审审理中，同榆贵公司就依据其与清镇市人民政府签订的《站街镇小城镇建设开发投资协议》提出抗辩，认为其支付的前期征地款15380694元应抵扣本案土地出让金。而清镇国土局及清镇市人民政府、清镇市站街镇人民政府则认为二者是不同的法律关系，不能抵扣，获得一审法院支持。

二审中，全面采纳了同榆贵公司的意见。主要理由为，依照我国宪法及相关法律规定，土地所有者是国家，本案中，在清镇市辖区内，作为土地所有者（国家）的代表，首先是清镇市人民政府，在双方签订《建设用地使用权出让合同》时，清镇国土局是依据市政府对下属各局的职能分工及法律、法规授权作为国有土地所有者（国家）的代表签名，因此，对清镇市人民政府前期的承诺，相关的专题会议纪要是要依照执行的。在签订出让协议后，一般情况下，受让人的主要义务是依约定缴纳土地出让金，国土资源部门的义务是交付"三通一平"净地。而案涉土地是在签订出让协议之前，政府已和受让人签有相关开发协议，并将土地交与受让人开展前期工作，受让人亦支付了相关费用。虽然正式签订出让合同时，没有对前期所支付费用作出约定，但根据清镇市政府的专题会议纪要，受让人前期对案涉工地的开发是政府对该开发项目的具体安排，作为政府部门的国土资源局应遵照执行，如以国土资源局不是《站街镇小城镇建设开发投资协议》的签约一方，就否认该协议约定土地报批前期费用计入土地总价，从而拒绝作为相应抵扣与本案事实不符，并且，同一宗土地只能付一次土地出让金，如受让人前期支付的款项不能抵扣土地出让金，那前期支付的款项性质怎么确定，政府是否应当退返，这将使问题复杂化，不利于本案的解决，也不能从根本上化解矛盾。

编写人：贵州省贵阳市中级人民法院　施辉法　刘永菊

50

当事人不能请求对国有建设用地使用权出让合同中的违约金标准进行调整

——贵州中凯瑞房地产开发有限公司等诉贵阳市国土资源局建设用地使用权出让合同案

【案件基本信息】

1. 裁判书字号

贵州省高级人民法院（2018）黔民终779号民事判决书

2. 案由：建设用地使用权出让合同纠纷

3. 当事人

原告（被上诉人）：贵州中凯瑞房地产开发有限公司（以下简称中凯瑞公司）、贵州中锐达商业投资管理有限公司（以下简称中锐达公司）、贵州光大天元投资有限公司（以下简称光大天元公司）、贵州光大黔地投资有限公司（以下简称光大黔地公司）

被告（上诉人）：贵阳市国土资源局

【基本案情】

经贵阳市人民政府批准，贵阳市国土资源局于2012年7月30日至8月8日对坐落于贵阳市南明区太慈桥的G（12）34号地块举行国有建设用地使用权挂牌出让。经招投标，中凯瑞公司、中锐达公司、光大天元公司、光大黔地公司（受让人，以下简称四公司）联合竞买了该地块，并与贵阳市国土资源局（出让人）签订《国有建设用地使用权出让合同》（以下简称出让合同），约定：1. 本合同项下出让宗地编号为G（12）34，宗地总面积98235平方米，其中出让宗地面积为44897平方米。2. 本合同项下宗地的国有建设用地使用权出让价款为228650000元，每平方米5092.77元。3. 本合同项下宗地的定金为出让总价款的20%计45730000元，定金抵作土地出让价款。4. 受让人按以下时间和金额分两期向出让人支付国有建设用地使用权出让价款：第一期：114325000元，付款时间：2012年9月15日之前；第二期：114325000元，付款时间：2013年8月15日之前。5. 如果受让人不能按时支付土地使用权出让价款，按以下方式处理：……（2）受让人未能按时付清首期款项的，取消受让人竞得资格，本合同解除，收回土地使用权，其所交保证金不予退还，并由其承担重新组织该幅土地使用权再次招标拍卖挂牌出让所需费用和再次招标拍卖挂牌出让成交价低于本次成交价差额。（3）受让人已按时付清首期款额，剩余款额未能按时支付的，自滞纳之日起，每日按迟延支付款项的1‰向出让人缴纳滞纳金，延期付款超过60日的，出让人有权解除合同，收回土地使用权，受让人无权要求返还定金，出让人并可请求受让人赔偿损失。《出让合同》签订后，贵阳市国土资源局如约向四原告交付上述地块。

2012年9月5日，中凯瑞公司向贵阳市财政局支付国有土地收益基金11432500元、国有土地使用权出让金12489789元、农业土地开发资金583661元；中锐达投资公司向贵阳市财政局支付国有土地使用权出让金17148750元；光大天元公司向贵阳市财政局支付国有土地使用权出让金11432500元；光大黔地公司向贵阳市财政局支付国有土地使用权出让金17148750元；贵阳市土地矿产资源交易管理处代贵阳市财政局支付国有土地使用权出让金44089050元，以上付款共计114325000元。第一期国有建设用地使用权出让价款已如约付清。

2015年8月14日，四公司（受让方）与贵阳市国土资源局（出让方）签订《〈G（12）34号国有建设用地使用权出让合同〉补充协议》（以下简称补充协议），约定：《出让合同》第十条中二期款缴款金额变更为55131227元，缴款时间变更为补充协议签订后一个月内缴清。该条款下其他内容不变。2018年2月12日，中凯瑞公司向贵阳市财政局支付国有土地使用权出让金55131227元。四公司以双方签订之滞纳金过高为由，诉至法院要求调整。

【案件焦点】

涉案合同约定的滞纳金计算标准应否进行调整。

【法院裁判要旨】

贵州省贵阳市中级人民法院经审理认为：《出让合同》《补充协议》均系双方当事人自愿签订，且未违反法律、行政法规效力性禁止性规定，依法有效，并对当事人具有法律约束力，双方均应按约全面履行合同义务。贵阳市国土资源局已如约向四公司交付出让地块，但是，四公司却未按约支付第二期出让金，其行为已构成违约，依法应当承担支付滞纳金等违约责任。关于滞纳金，虽然系双方依据有关行政管理规范进行约定，但是，本案系平等民事主体之间的法律关系，滞纳金的本质系违约金，依照《中华人民共和国合同法》第一百一十四条“当事人可以约定一方违约时应当根据违约情况向对方支付一定数额的违约金，也可以约定因违约产生的损失赔偿额的计算方法。约定的违约金低于造成的损失的，当事人可以请求人民法院或者仲裁机构予以增加；约定的违约金过分高于造成的损失的，当事人可以请求人民法院或者仲裁机构予以适当减少。当事人就迟延履行约定违约金的，违约方支付违约金后，还应当履行债务”之规定，当事人申请调整违约金之权利不可剥夺。违约金之调整，应以实际损失为基础。关于实际损失，贵阳市国土资源局并无证据予以佐证。在当事人无力证明实际损失之情形下，守约方之实际损失即为四公司拖欠土地出让金的利息损失。综合考虑合同的履行情况、当事人的过错程度以及预期利益等因素，根据公平原则和诚实信用原则，法院酌情以中国人民银行公布的同期同类贷款基准利率的二倍计算涉案违约金，违约金以55131227元为基数，自2015年9月15日起计算至2018年2月12日止。

贵州省贵阳市中级人民法院依照《中华人民共和国合同法》第六条、第八条、第一百一十四条以及《最高人民法院关于适用〈中华人民共和国合同法〉若干问题的解释（二）》第二十九条规定，作出如下判决：

四公司与贵阳市国土资源局签订的《国有建设用地使用权出让合同》《〈G（12）34号国有建设用地使用权出让合同〉补充协议》项下关于第二期国有建设用地使用权出让价款滞纳金由约定之每日按迟延支付款项的1‰计算调整为按照中国

人民银行公布的同期同类贷款基准利率的二倍计算（以55131227元为基数，自2015年9月15日起计算至2018年2月12日止）。

贵阳市国土资源局不服一审判决，提起上诉。

贵州省高级人民法院经审理认为：土地出让合同相较于普通的民事合同具有其特殊性，其中一方主体为政府国土资源行政主管部门，由其提供的土地出让合同格式文本必然会受到相关法律法规和规范性文件的约束，《国务院办公厅关于规范国有土地使用权出让收支管理的通知》对于国有土地出让合同中土地使用者不按时足额缴纳土地出让收入的违约金标准作了明确规定，并明确对违反本通知规定的责任后果。此规范性文件中关于土地出让合同违约金标准的规定，系针对国有土地交易市场作出的政策性规定，体现在土地出让合同中，不属于双方能够任意协商的条款，该类条款如不存在违反法律、行政法规强制性效力性规定的情形，原则上不宜以私法判决的方式否定其效力，亦不宜依职权作相应调整，而应以此为依据确认各方当事人的民事权利义务。况且，房地产企业在签订合同、取得土地使用权时，对于土地出让合同的内容包括违约责任的约定应当是知道的，合同一旦签署，应当对政府主管部门和房地产企业双方具有约束力。案涉《出让合同》系双方真实意思表示，四公司作为专业的房地产开发公司，在取得国有土地使用权时应当知道违约责任后果，亦不存在其不能预见的情形。因此，原审法院将四公司承担逾期交付土地出让金的违约金责任，由约定按每日迟延交付款项的1‰调整为按同期银行贷款利率二倍计算不当，予以纠正。

综上，一审法院将滞纳金计算标准调减为中国人民银行同期同类贷款利率二倍标准，系适用法律错误。贵阳市国土资源局的上诉请求成立，予以支持。贵州省高级人民法院依照《中华人民共和国民事诉讼法》第一百七十条第一款第二项规定，作出如下判决：

一、撤销贵州省贵阳市中级人民法院（2018）黔01民初208号民事判决；

二、驳回四公司的诉讼请求。

【法官后语】

本案双方当事人在一审、二审程序中都是紧紧围绕“《出让合同》及《补充协议》约定的违约金计算标准应否进行调整”这一焦点来进行的。而这个问题在理论界和审判实践中都有争议。

第一种意见认为，现行国有建设用地使用权出让合同中的违约金条款是根据《国务院办公厅关于规范国有土地使用权出让收支管理的通知》而来，所以全国上下所签订的“土地出让合同”中，都有“受让方不按时足额缴纳土地出让金的，按日加收违约金额1‰的违约金”的约定，这说明，土地管理部门与土地使用者签订协议时，已经将该内容作为“法定违约金”制度纳入合同中了，受让方必须接受，这明显有违合同“诚实信用、平等、自愿协商”的原则，由于国土资源部门的垄断性地位，这成为土地出让合同中的一条“霸王条款”。《中华人民共和国合同法》第一百一十四条规定：“……约定的违约金过分高于造成的损失的，当事人可以请求人民法院或仲裁机构予以适当减少……”《最高人民法院关于适用〈中华人民共和国合同法〉若干问题的解释（二）》也有类似明确的规定，且合同法及其司法解释的效力明显高于《国务院办公厅关于规范国有土地使用权出让收支管理的通知》，因此，本案受让人认为违约金过高，可以双方协商解决，协商不成提起诉讼，请求人民法院调低符合法律规定，法院应予以支持。

第二种意见则认为，国有建设用地使用权出让合同相较于普通民事合同具有特殊性，对合同中关于违约金标准的约定如何认识，《国务院办公厅关于规范国有土地使用权出让收支管理的通知》第七条规定，关于土地出让合同、征地协议等应约定对土地使用者不按时足额缴纳土地出让收入的，按日加收违约金额1‰的违约金。将此规定写入合同，是对国有土地出让交易作出的政策性规定，虽然体现在双方签字认可的出让合同中，但不属于双方协商达成的条款，只要不存在违反法律、行政法规强制性效力性规定的情形，合同当事人一方不能诉至人民法院，请求对违约金标准进行调整。

笔者同意第二种意见，理由为：

1.《出让合同》相较于一般民事合同确有其特殊性。出让人和受让人权利法定，不能依约定改变。土地所有权属于国家，出让人权利是根据法律授权出让国有建设用地使用权，受让人权利是对依法取得的国家建设用地，在出让期内享有占有、使用、收益等权利，有权利用该土地依法建造建筑物、构筑物及其他附属设施。比如，出让的土地面积多少、土地用途等都是依据国家法律、地方总体规划而定。虽不是双方约定的内容，但双方必须共同遵守。就是说，合同签订作为国有建设用地出让的最后一个环节，是将出让行为实施过程中所明确的权利义务以书面形式固定下来。按照批准的土地用途填写合同是对双方最根本的要求。因此，出让土地的面积是固定的，未经批准，土地用途不得改变，出让土地的使用年限必须依法确定，不是双方约定的，但双方必须共同遵守。同理，出让合同中关于违约金的条款，依据是《国务院办公厅关于规范国有土地使用权出让收支管理的通知》，也不属于双方协商约定的内容，是国家政策规定，不能通过双方协商约定改变，也不能由任何一方诉请法院调整。

2. 关于出让合同的违约金能否调整，在审判实践中亦多有争议，最高人民法院和地方各级法院依据不同的理由，作出了支持和不支持两种判决。但2018年年初，最高人民法院作出关于《昆明市国土资源局、昆明滇池国家旅游度假区管理委员会建设用地使用权出让合同纠纷案》（〔2017〕最高民终561号）民事判决后，全国法院基本统一了认识。

3. 有利于维护正常的建设土地使用权出让管理秩序。案涉《出让合同》系双方真实意思表示，四公司作为专业的房地产开发公司，对合同违约金的条款完全知晓，在取得国有土地使用权时应当知道不按约定支付出让金的法律后果，也知道违约金计算标准的依据来源，亦不存在四公司不能预见的情形，因此，四公司在逾期支付出让金，明显违约的情形下，却以原合同约定违约金计算标准过高为由诉至法院请求调整没有依据。法院本着对守约方的保护和维护土地交易中土地出让金应足额及时缴纳的正确导向，对国有建设用地使用权出让合同约定的滞纳额日1‰的违约金计算方式不作调整。如果支持四公司的诉请作出调整，会导致大部分受让人签合同时认可全部条款后又找借口不按期支付出让金，并诉至法院要求调减违约金，这一方面扰乱了建设土地使用权出让的管理秩序，也大大增加了社会诚信风险。

综上，案涉《出让合同》中约定的违约金标准，受行政文件及部门规章的约束，受让方逾期支付土地出让金给出让方造成的资金损失，不能简单地以银行同期贷款利率或民间借贷规定的利息标准进行评判，应当考虑违约金条款内容的法定性、行政管理的强制性、违约责任的可预见性等因素，在无特殊情形下原则上应不予调减。

编写人：贵州省贵阳市中级人民法院　刘永菊　施辉法

51

合同双方为第三人设定非纯履行给付义务之内容的效力认定

——资阳市国土资源局诉四川雅筑投资有限责任公司建设用地使用权案

【案件基本信息】

1. 裁判书字号

四川省资阳市中级人民法院（2018）川20民初139号民事判决书

2. 案由：建设用地使用权纠纷

3. 当事人

原告：资阳市国土资源局（以下简称资阳市国土局）

被告：四川雅筑投资有限责任公司（以下简称雅筑公司）

第三人：资阳市雁兴建设开发投资有限公司（以下简称雁兴公司）

【基本案情】

2010年4月，资阳市雁江区人民政府资雁府函（2010）139号文载明："市政府……会议纪要明确百威英博啤酒项目拆迁、安置和场平工作由雁江区负责……经区政府研究，决定由……雁兴公司作为项目业主……"次月，雁兴公司作为甲方与广安银大建司作为乙方，签订《百威英博西南（资阳）啤酒生产基地项目拆迁安置及场平工程代建协议》（以下简称《代建协议》），约定：安置房工程建设、场平工程执行2009年《四川省建设工程工程量清单计价定额》及相关配套文件，工程量按实计算，工程造价不下浮。2011年8月，广安银大建司作为甲方与雅筑公司作为乙方签订《联合代建协议》。后广安银大建司向雁兴公司发函，委托雅筑公司全权代表其履行《代建协议》，并承担全部义务享有相关权利。

2012年9月，资阳市国土局作为甲方与雅筑公司作为乙方，签订《国有建设用地使用权出让合同》（以下简称《出让合同》），将……土地以5600万元价款出让给雅筑公司，同时补充条款约定：1. 须代建……安置房（安置房代建成本按1800元/平方米锁定，涉及具体结算以区政府相关纪要为依据，由竞得人与区政府进行结算），建成后提供给百威项目作拆迁安置房使用……后雅筑公司按合同支付了出让金，资阳市国土局亦交付了出让土地。

2012～2013年，雁兴公司两次向雅筑公司发出《停工通知》。2014年，资阳市国土局向雅筑公司发函，要求其按合同约定时间开工、竣工。2015年，雁兴公司致函雅筑公司：我公司要求你司暂停该项目建设，待市政府专题研究明确后，再实施该项目。2017年，资阳市国土局向雅筑公司发出《关于尽快交付安置房的函》。另，百威项目的拆迁安置房已经另行择地进行安置。雅筑公司事实上已经不能履行原合同义务，资阳市国土局遂向法院起诉，要求雅筑公司继续履行合同。

【案件焦点】

1. 资阳市国土局的主体资格是否适格；2. 若资阳市国土局的主体适格，其诉讼请求应否得到支持。

【法院裁判要旨】

四川省资阳市中级人民法院经审理认为：依法成立的合同，受法律保护。《出让合同》系资阳市国土局与雅筑公司签订，雅筑公司支付了出让金，资阳市国土局交付了出让土地，双方合同主要义务已经履行完毕，按照合同相对性原则，资阳市国土局可以作为土地出让合同一方当事人主张权利，故资阳市国土局原告主体适格。

资阳市国土局作为资阳市人民政府的职能部门，虽然《出让合同》系其与雅筑公司签订，但补充条款内容涉及雁江区政府和雁兴公司，其约定安置房代建成本按1800元/平方米锁定，属于变更了雁兴公司与雅筑公司的合同约定，根据《中华人民共和国合同法》第六十四条“当事人约定由债务人向第三人履行债务的，债务人未向第三人履行债务或者履行债务不符合约定，应当向债权人承担违约责任”的规定，资阳市国土局与雅筑公司之间的补充条款约定的内容系变更雅筑公司与雁兴公司的代建合同条款，该条款变更与否涉及雁兴公司利害关系甚大，属于第三人意思自治范畴，不得由资阳市国土局与雅筑公司径行约定，且该补充条款既无经雁兴公司同意，也无经雁兴公司事后追认的证据，故该补充条款约定效力待定；同时该补充条款与资阳市国土局的诉讼请求并无关联。经法院依法向资阳市国土局进行释明，资阳市国土局坚持不变更其诉讼请求，根据《最高人民法院关于适用〈中华人民共和国民事诉讼法〉的解释》第九十条“当事人对自己提出的诉讼请求所依据的事实或者反驳对方诉讼请求所依据的事实，应当提供证据加以证明，但法律另有规定的除外。在作出判决前，当事人未能提供证据或者证据不足以证明其事实主张的，由负有举证证明责任的当事人承担不利的后果”之规定，资阳市国土局要求雅筑公司继续履行合同，立即启动安置房建设并限期交付安置房的诉讼请求，不予支持。

综上所述，依照《中华人民共和国民事诉讼法》第六十四条规定，判决如下：

驳回资阳市国土局的诉讼请求。

【法官后语】

本案案情简单明了，典型之处在于案涉补充条款之于《出让合同》性质为何，以及该补充条款涉及对第三人意思自治范畴之内容进行变更，有突破合同相对性之嫌，其效力如何，在理论上有研究和讨论之价值与必要。

1. 关于合同联立

根据传统民法学说，非典型合同分为纯粹非典型合同（无名合同）、合同联立和混合合同三类。王泽鉴教授认为，合同联立是指数个契约（典型或非典型）具有互相结合的关系。此结合包括两种情况，一是单纯外观的结合，即数个独立的契约仅因缔结契约的行为（如订立一个书面合同）而结合，相互间不具有依存关系；二是具有一定依存关系的结合，即依当事人之意思，一个契约的效力依存于另一个契约的效力。

本案中，资阳市国土局与雅筑公司签订《出让合同》及补充条款，从合同主体来看，均为资阳市国土局、雅筑公司双方；从合同内容来看，前者是对国有土地使用权出让的付款期限、开竣工时间等进行规定，后者则是约定变更雅筑公司与雁兴公司所签合同中关于造价的条款，合同内容间不具有依存关系。为此，案涉两个合同符合合同联立中数个独立的契约仅因缔结契约的行为而结合，相互间不具有依存关系的结合方式。那么其效力如何呢？依学理上之见解，若仅为单纯外观结合的合同联立，则合同之间彼此不发生牵连，只需分别适用各个合同独立的适用规则即可。《出让合同》系双方真实意思表示，无《中华人民共和国合同法》第五十二条规定的无效合同之情形，故其合法有效；而补充条款中约定的是变更雅筑公司与雁兴公司所签合同中关于造价的条款，但不符合可突破合同相对性原则之向第三人履行合同制度，亦未经雁兴公司同意或事后追认，故不应认定为有效。

2. 本案处理规则：严格把握合同相对性原则及突破之例外

合同相对性原则是贯彻意思自治、契约自由的私法精神的重要体现，否定合同相对性将对民法的内在体系构成威胁。然随着社会经济的发展，合同相对性原则已不能完全平衡各方利益，不管是我国还是域外国家，逐步出现了突破合同相对性的立法。如《中华人民共和国合同法》第六十四条规定的向第三人履行合同制度。

本案中，根据合同相对性原则，即使补充条款第一款规定了造价，但结合该补充条款内容和雁兴公司一系列行为来看，也仅仅约定变更雅筑公司与雁兴公司所签订合同的造价条款。若雅筑公司不与雁兴公司修改造价，资阳市国土局也只得要求雅筑公司与雁兴公司修改原合同内容（造价约定），而无权请求开工（本案诉求）。从突破合同相对性来看，补充条款约定了雅筑公司应与雁兴公司变更合同关于造价的内容，但与合同法规定的向第三人履行债务不同。合同法该条款规定仅为纯履行给付义务可向第三人履行，而本案双方当事人之间补充条款约定之内容系变更雅筑公司与雁兴公司的合同条款，该条款之变更与否涉及雁兴公司利害关系甚大，就其性质显示系第三人意思自治范畴，故不得由资阳市国土局与雅筑公司径行约定。且该补充条款既未经雁兴公司同意，亦未经雁兴公司事后追认，故约定无效。

编写人：四川省资阳市中级人民法院　杨江涛　吴晴

图书在版编目（CIP）数据

中国法院2020年度案例．土地纠纷：含林地纠纷/国家法官学院，最高人民法院司法案例研究院编．—北京：中国法制出版社，2020.3

ISBN 978-7-5216-0932-5

Ⅰ.①中… Ⅱ.①国…②最… Ⅲ.①土地-民事纠纷-案例-汇编-中国 Ⅳ.①D920.5

中国版本图书馆CIP数据核字（2020）第035702号

策划编辑：李小草（lixiaocao2008@sina.cn）

责任编辑：韩璐玮　王紫晶　　封面设计：温培英　李宁

中国法院2020年度案例·土地纠纷

ZHONGGUO FAYUAN 2020 NIANDU ANLI · TUDI JIUFEN

编者/国家法官学院，最高人民法院司法案例研究院

经销/新华书店

印刷/三河市紫恒印装有限公司

开本/730毫米×1030毫米　16开　　印张/14.5　字数/187千

版次/2020年3月第1版　　2020年3月第1次印刷

中国法制出版社出版

书号 ISBN 978-7-5216-0932-5　　定价：52.00元

北京西单横二条2号

邮政编码 100031　　传真：010-66031119

网址：http://www.zgfzs.com　　**编辑部电话：010-66070041**

市场营销部电话：010-66033393　　**邮购部电话：010-66033288**

（如有印装质量问题，请与本社印务部联系调换。电话：010-66032926）

最高人民法院指导性案例裁判规则理解与适用系列

公司卷二	98元	物权卷	88元
公司卷（第三版）（上下册）	139元	婚姻家庭卷（第二版）	68元
民事诉讼卷（第二版）（上下册）	145元	合同卷四（第二版）	98元
侵权赔偿卷二	69元	合同卷三（第二版）	98元
侵权赔偿卷一	69元	合同卷二（第二版）	108元
房地产卷	98元	合同卷一（第二版）	108元
劳动争议卷	58元	担保卷（第二版）（上下册）	139元

最高人民法院知识产权审判实务系列

最高人民法院知识产权审判案例指导（第11辑）	86元
最高人民法院知识产权审判案例指导（第10辑）	98元
最高人民法院知识产权审判案例指导（第9辑）	88元
最高人民法院知识产权审判案例指导（第8辑）	88元
最高人民法院知识产权审判案例指导（第7辑）	98元
最高人民法院知识产权审判案例指导（第6辑）	78元
最高人民法院知识产权审判案例指导（第5辑）	88元
最高人民法院知识产权审判案例指导（第4辑）	78元
最高人民法院知识产权审判案例指导（第3辑）	78元
最高人民法院知识产权审判案例指导（第2辑）	78元
最高人民法院知识产权审判案例指导（第1辑）	48元
中国知识产权指导案例评注（第10辑）	128元
中国知识产权指导案例评注（第9辑）	108元
中国知识产权指导案例评注（第8辑）	98元
中国知识产权指导案例评注（第7辑）	118元
中国知识产权指导案例评注（第6辑）	128元
中国知识产权指导案例评注（第5辑）	118元
中国知识产权指导案例评注（第4辑）	98元
中国知识产权指导案例评注（第3辑）	98元
中国知识产权指导案例评注（上、下卷）	188元
商标法适用的基本问题（增订版）	78元
反不正当竞争法的创新性适用【精装】	68元
知识产权法律适用的基本问题——司法哲学、司法政策与裁判方法	168元
最高人民法院知识产权司法解释理解与适用（最新增订版）	69元
最高人民法院知识产权案件年度报告（2008～2015）（中英文版）	198元
知识产权司法实务新型疑难问题：专利、商标与著作权热点问题	138元
知识产权司法实务新型疑难问题：知识产权司法保护与产业发展	120元

最高人民法院审判指导书系

执行规范理解与适用——最新民事诉讼法与民诉法解释保全、执行条文关联解读（增订2版）	159元
最高人民法院民事立案业务指导	108元
最高人民法院审判监督业务指导	128元
最高人民法院执行业务指导	128元